パキスタン財閥のファミリービジネス

後発国における工業化の発展動力

川満直樹
[著]

ミネルヴァ書房

パキスタン財閥のファミリービジネス
――後発国における工業化の発展動力――

目　次

序　章　後発国パキスタンの工業化と財閥 ……………………… 1
　　1　本書の意義と課題 ……………………………………………… 1
　　2　財閥研究史と本書の構成 ……………………………………… 5

第1章　パキスタン経済と財閥 …………………………………… 19
　　1　パキスタン経済の始動期──分離独立から1950年代 ……… 19
　　2　PIDC のパキスタン経済へ果たした役割と
　　　　財閥との関係 ………………………………………………… 29
　　3　パキスタン経済の発展期──1960年代 …………………… 37
　　4　パキスタン経済の停滞期──1970年代 …………………… 40
　　5　パキスタン経済の再出発と模索期──1980年代 ………… 47
　　6　パキスタンと財閥 …………………………………………… 51

第2章　ハビーブ財閥 ……………………………………………… 57
　　1　ハビーブ財閥とパキスタン ………………………………… 57
　　2　ハビーブ家の活動 …………………………………………… 58
　　3　ハビーブ財閥の金融業 ……………………………………… 61
　　4　ハビーブ財閥とインダス・モーター ……………………… 63
　　5　ムハンマドアリー・ハビーブ・グループ ………………… 77
　　6　ダーウード・ハビーブ・グループ ………………………… 85
　　7　ハビーブ家とハビーブ財閥 ………………………………… 97

第3章　アーダムジー財閥 ………………………………………… 103
　　1　アーダムジー財閥とパキスタン …………………………… 103
　　2　サー・アーダムジーとアーダムジー家の活動 …………… 104
　　3　アーダムジー家とアーダムジー財閥傘下企業の関係 …… 112

4　アーダムジー家と傘下企業の関係……………………………………… 119
　　5　アーダムジー家とアーダムジー財閥…………………………………… 122

第4章　ダーウード財閥 ………………………………………………………… 127
　　1　ダーウード財閥とパキスタン…………………………………………… 127
　　2　ダーウード家の出自と同家の活動……………………………………… 128
　　3　ダーウード財閥の傘下企業……………………………………………… 130
　　4　ダーウード家とダーウード財閥傘下企業の関係……………………… 134
　　5　ダーウード家とダーウード財閥………………………………………… 143

第5章　アトラス財閥 …………………………………………………………… 147
　　1　アトラス財閥とパキスタン……………………………………………… 147
　　2　アトラス財閥の傘下企業………………………………………………… 148
　　3　アトラス財閥のオートバイ・自動車関連の企業……………………… 152
　　4　アトラス財閥の所有と経営に関する考察……………………………… 160
　　5　シラーズィー家とアトラス財閥………………………………………… 173

第6章　ビボージー財閥 ………………………………………………………… 177
　　1　ビボージー財閥とパキスタン…………………………………………… 177
　　2　ハタック家の活動………………………………………………………… 179
　　3　ビボージー財閥の形成過程……………………………………………… 183
　　4　ハタック家と傘下企業の関係…………………………………………… 189
　　5　ハタック家とビボージー財閥…………………………………………… 199

第7章　ラークサン財閥 ………………………………………………………… 205
　　1　ラークサン財閥とパキスタン…………………………………………… 205

2　ラークサン財閥の傘下企業……………………………………205
  3　ラーカーニー家とラークサン財閥傘下企業の関係………212
  4　ラーカーニー家とラークサン財閥……………………………227

第8章　ファミリービジネスにおける一族員・傘下企業・
　　　　株式所有……………………………………………………231
  1　パキスタン財閥の発展と形成…………………………………231
  2　財閥傘下企業への財閥一族員の役員就任状況………………233
  3　財閥一族と傘下企業等による財閥傘下企業の
　　　株式所有状況…………………………………………………243
  4　パキスタン財閥のファミリービジネスの継承………………252
  5　財閥一族と財閥傘下企業の関係………………………………258

終　章　パキスタン財閥におけるビジネスの継承………………263
  1　各章の整理………………………………………………………263
  2　パキスタン財閥のファミリービジネス………………………267
  3　パキスタン財閥の特徴…………………………………………269
  4　ムスリム商人が財閥化した要因についての試論……………272
  5　パキスタン財閥の今後…………………………………………273

参考文献……277
あとがき……291
人名・事項索引……297

序　章
後発国パキスタンの工業化と財閥

1　本書の意義と課題

パキスタン研究の意義

　現在，財閥(1)がパキスタン経済に与える影響は極めて大きい。
　本書の主な目的は，イスラーム国家パキスタンの有力財閥(2)の形成・発展過程ならびに財閥一族がいかなる方法でビジネスを次世代へ継承していくのか，などを個々の財閥のケーススタディをつうじて明らかにすることである。より具体的には，パキスタンの工業化のけん引役としての財閥が，どのような階層（コミュニティ）から出自し，また財閥一族がどのような所有と経営支配のもとに財閥運営と傘下企業の継承と拡大に努めてきたか，といった点の解明が本書の中心テーマとなる。
　なぜ，ここでパキスタンを取り上げるのか。その意義と課題について述べておきたい。
　2001年にアメリカで起こった同時多発テロ事件（9.11事件）がきっかけとなり，それらに関連し日本でもパキスタン関係の報道が多くなされた。しかし，日本に入ってくるパキスタン関連の情報の多くは，どちらかといえばマイナスのものが多かったと思う。そのようななか，2014年のパキスタン人マララ・ユースフザイー（Malala Yousafzai）のノーベル平和賞受賞は，パキスタンにとって明るいニュースであり日本でも報道された。
　上記のように，近年，日本でもパキスタンという国名を頻繁に耳にするようになったが，日本とパキスタンの関係は意外と古い。周知のとおり，日本にとって工業化の初期よりこの地域（英領インド期）は，日本紡績業の原綿供給

地として戦略的に重要であった。日本のエリート商社マンたちが，この地域の奥深くまで分け行って原綿の「現地買い」に奔走し，輸送ルートとしての遠洋航路を築き，日本の第1次産業革命のけん引役として活躍したことは，今なお日本産業史の語り草となっている。英領インドから分離独立後もパキスタンは，日本繊維産業にとって重要な存在であった。しかしながら，日本での産業高度化の進展にともなう繊維産業の衰退と，他方ではパキスタンでの政情不安といった要因が重なり，日本にとってパキスタンは次第に「遠い国」となっていった。さらには，アフガニスタンと隣接するという地政学的な事情から，一般的にはテロリストが隠れ住む国といったマイナスのイメージがこの傾向を増幅させた。そうしたなかで，早くも1982年にスズキ自動車がパキスタン自動車公団との間で合弁契約を締結し，その翌年にパック・スズキ・モーター（Pak Suzuki Motor Co. Ltd.）を設立し，パキスタンで先駆的事業に乗り出したことは注目すべきことである。

　また，グローバル化の進展にともない，最近のパキスタンに対する国際的な評価も大きく変化しつつある。パキスタンは BRICs（ブラジル，ロシア，インド，中国）に次ぐ，ネクストイレブン（イラン，インドネシア，エジプト，韓国，トルコ，パキスタン，バングラデシュ，フィリピン，ベトナム，ナイジェリア，メキシコ）の1つに選定された。また，2014年時点でのパキスタンの人口は約1億8,500万人（表序-1）で，世界で6番目に人口の多い国であるが，何よりも注目されるのは，若年層が人口に占める割合が高いという点である。パキスタンの2010年時点での15歳未満の従属人口は35.4％，中位年齢は21.6歳となっている。同時期の日本の15歳未満の従属人口は13.2％，先進国のそれは16.4％，また日本の中位年齢は45歳，先進国のそれは39.9歳である。パキスタンと日本や先進国のそれら数値を比較した場合，パキスタンがいかに若年層の多い国かがわかる。

　それに加え，『ジェトロセンサー』（2012年12月号）によれば，2010年時点のパキスタンの35歳以下の人口に占める割合は約72％，2050年のそれは約50％となっている。しかも，パキスタンの人口はかなりのペースで増え続けており，2030年には約2億3,200万人，2050年には2億7,100万人になると予想され，中間層の拡大も見込まれることからイスラーム圏内だけではなく世界的にみても巨大市場となることが予測されている。

さらに，パキスタンはインドと同様海外移民も極めて多い。英語が公用語であることから英米や，また近年ではイスラーム圏ということで中近東諸国を中心に分布し，彼らからの巨額の送金やパキスタンへの投資，また里帰りもパキスタン経済を潤している。それに加え，最近女性の社会参加も進み，カラーチーでは仏カルフールや英デベナムズほかのショッピングモールも事業を開始した。こうした状況下で，アフガニスタン情勢が正常化し安定したならば港をもたない中央アジアへ，パキスタン製品や外国からパキスタンを経由した製品が輸送されることも可能となる。これまで南アジアといえば圧倒的にインドであったが，今やバングラデシュとともにパキスタンが生産拠点として，また未開拓の巨大な消費市場としてクローズ・アップされているのである。2012年は日本とパキスタン国交樹立60周年で，このところ両国の経済交流の一層の活発化に向けた取り組みが本格化しつつある。本書でパキスタンを取り上げる意義はここにもある。

表序-1　国別にみた人口上位10カ国（2014年）　（単位：100万人）

順位	国名	人口
1	中国	1,394
2	インド	1,267
3	アメリカ	323
4	インドネシア	253
5	ブラジル	202
6	パキスタン	185
7	ナイジェリア	179
8	バングラデシュ	159
9	ロシア	142
10	日本	127

（出典）総務省統計局『世界の統計 2015』（日本統計協会，2015年）17頁。

パキスタン財閥研究の意義と課題

では，より具体的にパキスタン財閥について論じる意義と課題について述べよう。

パキスタンは，1947年8月14日にイスラーム教徒（ムスリム）が中心となり誕生した国家である。英領インドからの分離独立であったため，膨大な人的ならびに物的資源が流出した。現パキスタンの地に居住していた商工業者や企業家の多くが宗教上の理由から現インド地域へ移住したのである。ちなみに，その混乱のなかで印パ併せて約1,500万人もの人々が命を落としたといわれる。このように新生パキスタンは，経済発展の担い手となる人材の不足など，劣悪な条件のもとでの出発を余儀なくされた。

しかしながら，印パ分離独立から約20年で，パキスタン経済は大方の予想を

くつがえし，1960年代にはかなりの成長を享受しうるまでに発展を遂げた。そして，早くもこの頃には「22家族」の動向が注目されるようになった。パキスタンの初期工業化過程において先導的役割を果たした有力ビジネス・コミュニティの出自にかんしてもっとも興味深い特徴の1つは，彼らがヒンドゥー教徒からの改宗者であり，その昔香辛料貿易などに従事していたムスリム商人の後裔であったという点である。また，コミュニティとは民族，言語，宗教，また地縁，血縁などをともにし，独自の文化と強い連帯性を持つ社会集団である。そのようななかにあって，パキスタンでは特に家族（一族）の結束力・団結力は強い。パキスタンでは財閥一族だけがあるコミュニティに属しているのではなく，一般のパキスタン人も何らかの形でコミュニティに属している。パキスタンで活動しているほとんどの財閥がホージャ（Khoja），ボホラ（Bohra）やメーモン（Memon）などの有力なビジネス・コミュニティに属している。また，彼らが宗教的難民「ムハージル（muhajir）」からいかにして「建国企業（Nation Building Companies）」に上昇していくのか，その社会的出自の詳細と活動の実態が明らかにされねばならない。なお，1980年代よりこれらのムハージル系財閥に加えてパンジャーブを中心とする地元系財閥の台頭が顕著となる。

　パキスタンは，一般的には知られていないが，鍛冶技術を活かした刃物や手術用メスなどの医療器具の製造で世界的に高い評価をえている。のみならずスポーツ用品，特に皮革加工技術をいかしたサッカーボールは，サッカーワールドカップでも公式に使用されているほどである。1980年代以降は，限定的ではあるが外資提携を軸にオートバイや自動車産業，情報技術産業などの分野で，実にダイナミックな活動が展開されてきた。このようなパキスタンの経済界や産業界をけん引してきたのは，いうまでもなく一族が中心となり企業経営を行っているいわゆる財閥であった。

　印パ分離独立から現在までに，すでに半世紀以上が経過したが，パキスタン経済の主導的役割を果たした財閥，特に個々の財閥の活動は明らかにされてこなかった。ケーススタディをつうじた財閥の活動実態の実証的考察が必要である。より具体的には，冒頭に指摘したように財閥の形成過程と発展過程について，ならびに財閥一族と傘下企業の関係，特に所有と経営などについての解明が求められる。他方，パキスタンでは印パ分離独立以降，幾度となく政変が繰り返されて

きたが，政治的権力と財閥の関係についての考察も重要な課題となる。

2　財閥研究史と本書の構成

財閥研究について

　わが国では，古くから財閥にかんし議論がなされ，財閥一族ならびに財閥傘下企業などにかんする多くの研究成果が発表されてきた。それに加え，財閥の定義にかんする議論も多くなされてきた。現在，代表的な財閥の定義は，安岡重明の定義と森川英正の定義であろう。安岡は財閥を「家族または同族が出資し支配する多角的事業体であって，そのうちの大規模な事業部門（または企業）は国民経済・地方経済に大きな影響力をおよぼすほどの規模を有する」と述べ，(10)また安岡はかなり早くから財閥の国際比較の重要性を唱えている。いっぽう，(11)森川は「富豪の家族ないし同族の封鎖的な所有・支配の下に成り立つ多角的事業経営体」と述べた。財閥の代表的な定義を提示した安岡ならびに森川の財閥(12)研究にかんして，中村青志は安岡の財閥史研究を「共有財産制度を中心とする(13)同族の強固な結合を財閥形成の重要な要因とみる安岡の視点は，財閥の財産および組織的統合原理として構造的側面の説明に有効である」と述べ，また森川の財閥史研究を「工業化志向の専門経営者が推進する多角的工業化戦略を考察する森川のアプローチは財閥の動態的発展の説明原理として有効である」と述べ，日本の財閥史研究の総合的把握のために，同族サイドからの組織化の側面と，彼らが日本の工業化の過程で急速に多角化してきた側面からの分析が必要であり，「財閥の構造と動態の両面にかんして説明原理が求められている」と述べている。

　安岡と森川以外でも，橋本寿朗，橘川武郎，山崎広明らが財閥の定義づけを(14)(15)(16)試みている。以上，財閥にかんする代表的な定義に触れたが，紙幅の関係上，この場で改めてこれまでの財閥の定義について整理することはしない。しかし，(17)いずれの定義にも共通するのは「家族（一族）による支配・事業の多角化・寡占的な市場支配」という点である。もちろん，それら定義は主として日本の財閥を中心として定義化されたものであり，それを本書で取り上げるパキスタンで行われている「家族を中心とした企業支配」に当てはめることができるのか，

という疑問もあるだろう。これまでパキスタン財閥を扱った研究では，パキスタンのそれを表すのに「財閥」という語は使用されず，主に「ビジネスグループ（Business Group）」という語が使用されてきた。その理由は，日本の財閥研究において定義化されてきた財閥とは，若干性格を異にするところもあるからである。しかし，既述した定義の共通点「家族支配・多角化・寡占」という点を照らし合わせた場合，パキスタンのそれも財閥と呼ぶことに抵抗はないと思う。

　いっぽう，日本の財閥研究から外国のそれに目を転じると，日本国内でこれまでにも活発な議論（特に途上国について）がなされ，それにともない日本でも多くの研究成果が発表されている。例えば，各国の財閥を取り上げた研究としては，米川伸一編『世界の財閥経営——先進国・途上国の大ファミリー・ビジネス』（日本経済新聞社，1981年）や伊藤正二編『発展途上国の財閥』（アジア経済研究所，1983年）などがあり，また対象国を1カ国に絞った研究としては，服部民夫『韓国の経営発展』（文眞堂，1988年），安倍誠『韓国財閥の成長と変容——四大グループの組織改革と資源配分構造』（岩波書店，2011年）や末廣昭・南原真『タイの財閥』（同文舘出版，1991年），また三上敦史『インド財閥経営史研究』（同文舘出版，1993年）などがある。また，上記にあげた研究成果に関連するが「所有と経営」にかんしても，星野妙子や末廣昭らにより途上国におけるファミリービジネスの展開ならびに継承の観点から活発な議論が展開されている。

パキスタン財閥の研究

　最後に，パキスタン財閥の研究について述べておこう。パキスタンの財閥あるいは企業家についての研究は，わが国においても山中一郎を中心に行われ，多くのパイオニア的労作がある。山中は，1960年代より一貫してパキスタンに存在するビジネスグループ（財閥）や企業家について研究を行ってきた。また，瀬岡誠はパキスタンの企業者活動がどのように生成し，そして発展してきたのかを G. F. パパネック（G. F. Papanek）の議論を中心に企業者史学的な観点からの分析を試みている。山中や瀬岡の研究は，個別の財閥に焦点をあてた研究というよりも，どちらかといえば主に財閥全体の生成・発展・動向に焦点をあて

たものである。

　日本以外では，G. F. パパネック[23]が分離独立後のパキスタン経済の分析ならびにパキスタンの経済発展の主導的担い手となった一族の出自や彼らの学歴など，またコミュニティなどの分析を行っている。また，パキスタンの経済発展を担った一族の形成・発展過程，そして経済力集中の問題などを扱ったコチャネック[24]（S. A. Kochanek）やホワイト[25]（L. J. White）などの研究もある。さらに，個別財閥一族の形成過程，財閥傘下企業の資産額の紹介ならびに財閥一族が所属するコミュニティなどについて検討したシャーヒドゥッラフマーン[26]（Shahid-ur-Rehman）の研究なども重要である。

　ただし，山中や G. F. パパネックらの研究を含む上記の研究は，個別財閥に焦点をあて研究を行ったものではなく，財閥と経済発展との関係や一族が所属するコミュニティについて，あるいは政権に対する財閥の行動傾向など，財閥を取り巻く環境との関係で論じてきたものが多い。個々の財閥のケーススタディ，例えば財閥傘下企業と財閥一族の関係や一族内のビジネスに対する行動原理などについて，これまで論じられることはなかった。

　パキスタン財閥の個別研究が手つかずであったのは，資料的制約によるところが大きい。そこで著者は，財閥傘下企業の「年次報告書（Annual Report）」の収集に努め，現地でのフィールドワークを数回行い，財閥本部および財閥傘下企業を訪問し資料を収集し，また関係者への聞き取り調査などを行ってきた。しかし，情報面でガードの固い財閥も多く，断片的な資料ならびに情報しか入手しえないなど調査が困難であったことを付記しておきたい。

　次頁の〈各財閥傘下企業の「年次報告書」の入手状況〉は，著者が収集した各財閥傘下企業の「年次報告書」の一覧である。本書では，主にそれらの「年次報告書」を使用し，財閥傘下企業と財閥一族との関係などを中心に検討した。年によっては，「年次報告書」を入手することができなかったものもある。また，2002年から「年次報告書」に株主名と持株数が掲載されるようになった。それ以前はカテゴリーごとに株式数がまとめられ，それらの合計株式数のみ掲載されていた。よって，2002年以降の「年次報告書」を使用することにより，パキスタンに存在する財閥一族の所有にかんする分析が可能となる。

〈各財閥傘下企業の「年次報告書」の入手状況〉

(※数字は「年次報告書」の発行年を示す。)

ダーウード・ハビーブ・グループ
- ハビーブ・インシュアランス(Habib Insurance Co. Ltd.) 2006~2011年。
- バンク AL ハビーブ(Bank AL Habib Ltd.) 1996, 1997, 1999~2011年。
- バローチスターン・パーティクルボード(Baluchistan Particle Board Ltd.) 1999, 2004~2011年。
- ハビーブ・シュガー(Habib Sugar Mills Ltd.) 1996, 1998~2001, 2004~2011年。

ムハンマドアリー・ハビーブ・グループ
- ダイネア・パキスタン(Dynea Pakistan Ltd.) 2003, 2007~2011年。
- ハビーブ・メトロポリタン・バンク(Habib Metropolitan Bank Ltd.) 2003~2011年。
- インダス・モーター(Indus Motor Co. Ltd.) 1996~2000, 2002~2011年。
- パキスタン・ペーパーサック(Pakistan Papersack Corporation Ltd.) 1999, 2001, 2004年。
- シャビル・タイル&セラミックス(Shabbir Tiles & Ceramics Ltd.) 1999, 2000, 2006~2011年。
- タール(Thal Ltd.) 2003~2011年。

アーダムジー財閥
- アーダムジー・インシュアランス(Adamjee Insurance Co. Ltd.) 1996~2010年。

ダーウード財閥
- セントラル・インシュアランス(Central Insurance Co. Ltd.) 1996, 2004~2011年。
- スイ・ノーザン・ガス・パイプラインズ(Sui Northern Gas Pipelines Ltd.) 1997~2011年。

- ダーウード・ロウレンスプール（Dawood Lawrencepur Ltd.） 1997〜2001, 2004〜2011年。
- エングロ・ケミカル・パキスタン（Engro Chemical Pakistan Ltd.） 1996, 1997, 1999〜2001, 2003〜2011年。
- ダーウード・ハーキュリーズ・ケミカルズ（Dawood Hercules Chemicals Ltd.） 1995, 1997〜2001, 2003〜2011年。

アトラス財閥
- アトラス・インベストメント・バンク（Atlas Investment Bank Ltd.） 1998, 2000, 2003年。
- アトラス・リース（Atlas Lease Ltd.） 1996〜2000年。
- アトラス・バンク（Atlas Bank Ltd.） 2006〜2009年。
- アトラス・バッテリー（Atlas Battery Ltd.） 1996〜2011年。
- オールウィン・エンジニアリング・インダストリーズ（Allwin Engineering Industries Ltd.） 1998〜2007年。
- アトラス・エンジニアリング（Atlas Engineering Ltd.） 2008〜2011年。
- ムスリム・インシュアランス（Muslim Insurance Co. Ltd.） 1997, 2001〜2004年。
- アトラス・インシュアランス（Atlas Insurance Ltd.） 2005〜2011年。
- ホンダ・アトラス・カーズ・パキスタン（Honda Atlas Cars (Pakistan) Ltd.） 1996〜1998, 2001, 2003〜2011年。
- アトラス・ホンダ（Atlas Honda Ltd.） 1996〜1998, 2000〜2011年。

ビボージー財閥
- ガンダーラ・インダストリーズ（Ghandhara Industries Ltd.） 1995, 1998〜2000, 2006〜2011年。
- ガンダーラ・ニッサン・ディーゼル（Ghandhara Nissan Diesel Ltd.） 1996, 1997, 1999〜2001年。
- ガンダーラ・ニッサン（Ghandhara Nissan Ltd.） 1996, 1997, 1999〜2001, 2003, 2005〜2009年。

- ユニバーサル・インシュアランス（The Universal Insurance Co. Ltd.） 1997，2007〜2011年。
- ジェネラル・タイヤ＆ラバー・オブ・パキスタン（General Tyre & Rubber Co. of Pakistan Ltd.） 1996〜2001，2006〜2011年。
- バーブリー・コットン（Babri Cotton Mills Ltd.） 1997，1999，2007〜2011年。
- バンヌー・ウォレン（Bannu Woollen Mills Ltd.） 1999，2000，2006，2008〜2011年。
- ジャナナ・デ・マラチョ・テキスタイル（Janana De Malucho Textile Mills Ltd.） 2006〜2011年。

ラークサン財閥

- センチュリー・インシュアランス（Century Insurance Co. Ltd.） 1997，2001，2003〜2011年。
- クローバー・パキスタン（Clover Pakistan〔Pvt.〕Ltd.） 1999，2002，2004，2006〜2011年。
- センチュリー・ペーパー＆ボード（Century Paper & Board Mills Ltd.） 1998〜2001，2003〜2011年。
- コルゲート・パルモリーブ・パキスタン（Colgate-Palmolive (Pakistan) Ltd.） 1996〜2003，2005〜2011年。
- ラークサン・タバコ（Lakson Tobacco Co. Ltd.） 1996〜2002，2004〜2009年。
- トリテックス・コットン（Tritex Cotton Mills Ltd.） 1999，2004年。
- メリット・パッケージング（Merit Packaging Ltd.） 2000〜2002，2008〜2011年。

　本書では，ハビーブ（Habib）財閥，アーダムジー（Adamjee）財閥，ダーウード（Dawood）財閥，アトラス（Atlas）財閥，ビボージー（Bibojee）財閥，ラークサン（Lakson）財閥の6つの財閥を取り上げ，個々の財閥について既述した観点から分析を試みた。それら6つの財閥を取り上げた主な理由は以下の

とおりである。

　第1が，財閥の形成ならびに発展時期についてである。財閥の形成・発展の時期区分を大きく以下の3つにわけることができる。

第1財閥形成・発展期（第1形成期）　1940～50年代。
第2財閥形成・発展期（第2形成期）　1960年代。
第3財閥形成・発展期（第3形成期）　1980年代以降。

　第2が，財閥一族が所属しているコミュニティについてである。コミュニティについては，先に述べたように独自の文化と強い連帯性を持つ社会集団のことである。パキスタン財閥はメーモン，ホージャ，ボホラ，またパンジャービーなど，それぞれが特定のコミュニティに属している（第1章を参照）。
　第3が，財閥一族の出身地あるいは主な本拠地についてである。パキスタン財閥の出自は，現パキスタン地域以外（ムハージルとしてパキスタンへ移住）と現パキスタン地域の大きく2つにわけることができる。また本拠地（財閥本社）は，主にカラーチーとラーホールの2つの都市にわけることができる。
　本書では，上記の点（①形成・発展期，②コミュニティ，③出身地・主な本拠地）などを考慮し6つの財閥を個別に取り上げ分析を行った。

- ハビーブ　①第1形成期。②ホージャ・イスナシャリー。③カーティアーワール（バントゥワ）・ムハージル。
- アーダムジー　①第1形成期。②メーモン。③カーティアーワール（ジェトプール）・ムハージル。
- ダーウード　①第1形成期。②メーモン。③カーティアーワール（バントゥワ）・ムハージル。
- アトラス　①第2形成期。②パンジャービー。③パンジャーブ。
- ビボージー　①第2形成期。②パターン。③西パンジャーブ。
- ラークサン　①第3形成期。②イスマーイール。③カラーチー。

本書の構成

本書の構成は，以下のとおりである。

第1章「パキスタン経済と財閥」では，パキスタン財閥の出自的背景ならびにパキスタン経済の成長の軌跡を財閥との関係で論じる。

第2章から第7章では，財閥を個別に取り上げ，財閥一族の出自や財閥一族と傘下企業の関係などを中心に検討する。具体的には，以下のとおりである。

第2章では，ハビーブ財閥を取り上げる。ハビーブは，英領インド期の1941年にインド亜大陸で初となるイスラーム系のハビーブ・バンク（Habib Bank）を設立し，パキスタン建国当初からパキスタンの金融界に大きく貢献した財閥である。また，1993年にはトヨタ自動車株式会社，豊田通商株式会社と合弁企業を設立し，自動車製造業へ進出し現在に至っている。

本章では，ハビーブ財閥のムハンマドアリー・ハビーブ・グループ（Mohammedali Habib Group）とダーウード・ハビーブ・グループ（Dawood Habib Group）の活動を中心に，それぞれの中核的な事業である金融業と自動車製造業を考察し，それに加えハビーブ家（ムハンマドアリー・ハビーブ一族とダーウード・ハビーブ一族）と傘下企業の関係について検討する。

第3章では，アーダムジー財閥を取り上げる。アーダムジー財閥はパキスタン建国当初より，パキスタンで保険会社を設立し，また他の一族とともに航空会社（オリエント・エアウェイズ（Orient Airways））を設立し，ハビーブ財閥などと同じく初期のパキスタン経済をけん引した財閥である。

本章では，英領インド時代に活躍した数少ないムスリム系企業家の1人であるサー・アーダムジー・ハージー・ダーウード（Sir Adamjee Haji Dawood）の活動を明らかにすると同時に，アーダムジー家と傘下企業との関係を中心に考察する。

第4章では，ダーウード財閥を取り上げる。ダーウード財閥は，当初，紡績業や貿易業を中心にビジネスを展開していたが，近年では化学や肥料，さらにガスパイプラインなどの分野へ積極的に進出し事業を展開し現在に至っている。

本章では，ダーウード財閥創始者であるアフマド・ダーウード（Ahmed Dawood）の活動を明らかにし，またダーウード家と財閥傘下企業の関係について考察する。

序　章　後発国パキスタンの工業化と財閥

　第5章では，アトラス財閥について論じる。アトラス財閥は，1960年代以降に誕生し発展してきた財閥である。同財閥は，パキスタン国内で日本の本田技研工業株式会社との合弁企業を中心に，自動車や自動車部品の製造などを中心にビジネスを展開してきた。

　本章では，アトラス財閥の中心的事業である自動車製造業ならびにアトラス財閥傘下企業の変遷過程を考察し，それに加えシラーズィー（Shirazi）家と傘下企業の関係を検討する。

　第6章では，ビボージー財閥を取り上げる。ビボージー財閥は，軍人から企業家へ転身したことで著名なハビーブッラー・ハーン・ハタック（Habibullah Khan Khattak）が興した財閥である。ビボージー財閥もアトラス財閥同様に1960年代以降に誕生し発展してきた財閥である。同財閥の主力事業は，自動車製造業（主にトラックとバス）であり，日本のいすゞ自動車株式会社，UDトラックス株式会社と合弁企業を設立し事業を行っている。

　本章では，ハタック（Khattak）家の主要メンバーであるハビーブッラー・ハーン・ハタックとその兄弟の活動を考察し，同家の特徴を明らかにする。また，ビボージー財閥の形成過程について，さらにハタック家とビボージー財閥傘下企業の関係などについて検討し，同財閥の特徴を明らかにする。

　第7章では，ラークサン財閥を取り上げ論じる。ラークサン財閥は，外資との積極的な提携により石鹸・洗剤・歯磨き・タバコなどの消費財関連を中心に，外食産業，製紙，メディア，ITなどの幅広い事業を手掛けるが，手術用具などの医療器具の製造でも名を馳せる。

　本章では，ラークサン財閥傘下企業について考察すると同時に，ラーカーニー（Lakhani）家と同財閥傘下企業との関係やラーカーニー家メンバーの株式所有状況の変化などを中心に検討する。

　第8章「ファミリービジネスにおける一族員・傘下企業・株式所有」では，以上の議論を踏まえ，財閥一族と財閥傘下企業との関係，特に所有と経営による財閥一族の支配の態様について検討する。具体的には，パキスタン財閥のファミリービジネスの継承方法の解明を試みる。とりわけ，パキスタン財閥に特徴的な点だと思われる「プライベート・カンパニー」を介在させた支配手法に注目し，「プライベート・カンパニー」の傘下企業の株式所有状況や株式所

有数（割合）の変遷などについて考察する。

注
(1) 財閥の定義として安岡重明の定義を分析の手がかりとして使用する。「家族または同族が出資し支配する多角的事業体であって，そのうちの大規模な事業部門（または企業）は国民経済・地方経済に大きな影響力を及ぼすほどの規模を有する」（安岡重明・同志社大学人文科学研究所編『財閥の比較史的研究』（ミネルヴァ書房，1985年）5頁，安岡重明『財閥経営の歴史的研究』（岩波書店，1998年）265頁などを参照）。
(2) 正式名称は，パキスタン・イスラーム共和国（Islamic Republic of Pakistan）である。パキスタンは分離独立当初，インド亜大陸の東西に領土を持つ飛び地国家であった。西側を西パキスタン（現パキスタン），東側を東パキスタン（現バングラデシュ）と呼んでいた。本書で取り上げるパキスタンとは，現在のパキスタンをさす。東パキスタンを示す場合には，1971年以前であれば東パキスタン，それ以降であればバングラデシュと呼ぶ。
(3) 三上敦史「関西系繊維商社の形成とインド綿業市場の成立」作道洋太郎編『近代大阪の企業者活動』（思文閣出版，1997年）などを参照のこと。
(4) パック・スズキ・モーター(株)「会社概要」（1999年12月）より。またスズキ自動車のパキスタンへの進出については，永尾博文「自動車産業」土橋久男編著『海外職業訓練ハンドブック パキスタン』（海外職業訓練協会，1990年）などを参照のこと。
(5) ここでの先進国とは，「日本，アメリカ合衆国，カナダ，オーストラリア，ニュージーランドおよびヨーロッパの国（地域）」のことである（総務省統計局『世界の統計 2015』（日本統計協会，2015年）8頁）。
(6) 総務省統計局前掲書『世界の統計 2015』18-19頁。
(7) 白石薫「パキスタン 増える人口，伸びる所得 手つかずの市場」『ジェトロセンサー』2012年12月号，50頁。
(8) 2030年の上位10カ国は多い順にインド，中国，アメリカ，インドネシア，ナイジェリア，パキスタン，ブラジル，バングラデシュ，メキシコ，エチオピアであり（日本は13位），2050年のそれはインド，中国，ナイジェリア，アメリカ，インドネシア，パキスタン，ブラジル，バングラデシュ，エチオピア，フィリピンとなっている（総務省統計局前掲書『世界の統計 2015』17頁）。また，小野澤麻衣「パキスタン――食品分野に見る市場の潜在力」『ジェトロセンサー』2014年3月号および石塚賢司「パキスタン――中間層が消費市場を活性化」『ジェトロセンサー』2015年3月号なども参照のこと。
(9) 南アジア系の移民については，古賀正則・内藤雅雄・浜口恒夫編『移民から市民

序　章　後発国パキスタンの工業化と財閥

　　へ──世界のインド系コミュニティ』(東京大学出版会, 2000年) などを参照のこ
　　と。
⑽　安岡・同志社大学人文科学研究所編前掲書『財閥の比較史的研究』5頁。安岡前
　　掲書『財閥経営の歴史的研究』265頁。
⑾　森川も財閥という組織体が日本独自の現象ではないと述べ, 諸外国にも多く見出
　　されるものであると述べている (森川英正『財閥の経営史的研究』(東洋経済新報
　　社, 1980年) 298-299頁)。
⑿　森川同上書『財閥の経営史的研究』4-6頁。森川英正『トップ・マネジメントの
　　経営史──経営者企業と家族企業』(有斐閣, 1996年) 91-92頁。
⒀　中村青志「財閥」『日本史研究の新視点』(吉川弘文館, 1986年) 289-300頁。
⒁　橋本寿朗「課題と分析・叙述の視覚」法政大学産業情報センター・橋本寿朗・武
　　田晴人編『日本経済の発展と企業集団』(東京大学出版会, 1992年) 3-5頁。
⒂　橘川武郎「第1次世界大戦前後の日本におけるコンツェルン形成運動の歴史的意
　　義」『青山経営論集』第22巻第1号 (1987年) 33-36頁。
⒃　山崎広明の経営史学会第15回大会統一論題「大正期における中規模財閥の成長と
　　限界」での発言 (湯沢威・森川英正「第15回大会統一論題　大正期における中規模
　　財閥の成長と限界　討議報告」『経営史学』第15巻第1号 (1980年) 122頁)。
⒄　財閥とはいかなるものか, あるいはどのように考えられているのか, などの見解
　　(定義, 財閥の性格規定) ならびに研究整理については, さしあたり安岡重明編著
　　『日本経営史講座第3巻　日本の財閥』(日本経済新聞社, 1976年) 10-14頁, 森川前
　　掲書『トップ・マネジメントの経営史』91-92頁, 廣山謙介「最近の財閥経営史研
　　究について」『経営史学』第15巻第3号 (1980年), 武田晴人「最近の財閥史研究を
　　めぐって──『大倉財閥の研究』を中心に」『経済評論』第31巻第10号 (1982年)
　　117-121頁, 橘川前掲論文「第1次世界大戦前後の日本におけるコンツェルン形成
　　運動の歴史的意義」, 橘川武郎「財閥史と企業集団史の論理」『経営史学』第30巻第
　　2号 (1995年) などを参照のこと。
⒅　それ以外の研究成果 (日本での) としては, 朝日新聞経済部『アジアの100社』
　　(朝日新聞社, 1990年), 小池賢治・星野妙子編『発展途上国のビジネスグループ』
　　(アジア経済研究所, 1993年), 井上隆一郎『アジアの財閥と企業』(日本経済新聞
　　社, 1994年), 澤田貴之『アジアのビジネスグループ──新興国企業の経営戦略と
　　プロフェッショナル』(創成社, 2011年) などを参照のこと。他にも論文などに
　　よって発表された研究成果は多数存在する。
⒆　それ以外にも研究成果 (日本での) は多数発表されている。例えば, 服部民夫・
　　大道康則『韓国の企業　人と経営──有力20財閥・200社の戦略』(日本経済新聞社,
　　1985年), 星野妙子編著『ラテンアメリカの企業と産業発展』(アジア経済研究所,
　　1996年), 財団法人アジアクラブ編『インドの財閥と有力企業グループ──現代の
　　インド産業界を支える実力企業集団』(財団法人国際経済交流財団, 1997年), 小島

眞『タタ財閥』(東洋経済新報社，2008年)，須貝信一『インド財閥のすべて――躍進するインド経済の原動力』(平凡社，2011年)などを参照のこと。もちろん論文などによって発表された成果は多数存在する。

(20) 一連の研究成果については，星野妙子「特集国際ワークショップ報告 発展途上国のファミリービジネス――アジアとラテンアメリカの比較」『ラテンアメリカ・レポート』第21巻第1号(アジア経済研究所，2004年)，星野妙子編著『ファミリービジネスの経営と革新――アジアとラテンアメリカ』(アジア経済研究所，2004年)，星野妙子・末廣昭編著『ファミリービジネスのトップマネジメント――アジアとラテンアメリカにおける企業経営』(アジア経済研究所，2006年)，末廣昭『ファミリービジネス論――後発工業化の担い手』(名古屋大学出版会，2006年)などがある。

(21) 山中一郎は，以下のような有益な研究成果を発表してきた。山中一郎「パキスタンにおける資本の集中と支配」『アジア経済』第17巻第6号(アジア経済研究所，1976年)，同「産業資本家層――歴代政権との対応を中心として」山中一郎編『パキスタンにおける政治と権力――統治エリートについての考察』(アジア経済研究所，1992年)，同「パキスタンにおけるビジネスグループ――その生成と発展に関する一考察」小池賢治・星野妙子編著『発展途上国のビジネスグループ』(アジア経済研究所，1993年)など他多数ある。

また，山上達人「発展途上国の企業分析について――パキスタンのジュート産業と財閥支配」『経営研究』第101・102・103合併号(大阪市立大学経営学会，1969年)，同『パキスタンの企業』(アジア経済研究所，1970年)なども大変貴重な文献である。なお，パキスタンにかんする文献については，日本パキスタン協会編『パキスタン入門 文献案内』(日本パキスタン協会，1994年)，浜口恒夫「日本におけるパキスタン研究」大阪外国語大学特定地域プロジェクト研究編『世界地域学への招待』(嵯峨野書院，1998年)などを参照のこと。日本語で書かれた黒崎卓・子島進・山根聡編著『現代パキスタン分析――民族・国民・国家』(岩波書店，2004年)および広瀬崇子・小田尚也・山根聡編著『パキスタンを知るための60章』(明石書店，2003年)などは，パキスタン全般について書かれたものであり，パキスタン研究を志す者にとって必読書である。またパキスタンの政治史や2001年に起こったアメリカ同時多発テロ事件(9.11事件)以降のパキスタンの状況については，多くの記事や論文などがあるが，とりわけ中野勝一『パキスタン政治史――民主国家への苦難の道』(明石書店，2014年)や水谷章『苦悩するパキスタン』(花伝社，2011年)などを参照のこと。

(22) 瀬岡誠「企業者活動供給理論の展開(三)」『大阪大学経済学』第23巻第1号(1973年)。

(23) Papanek, G. F., *Pakistan's Development : Social Goals and Private Incentives*, Harvard University Press, 1967. 他にも論文など多数ある。

(24) Kochanek, Stanley A., *Interest Groups and Development : Business and Politics in Pakistan*, Oxford University Press, 1983. 他にも論文など多数ある。
(25) White, Lawrence J., *Industrial Concentration and Economic Power in Pakistan*, Princeton University Press, 1974. 他にも論文など多数ある。
(26) Shahid-ur-Rehman, *Who owns Pakistan? : Fluctuating fortunes of business Mughals*, Aelia Communications, 1998.

第1章
パキスタン経済と財閥

本章では，パキスタンの経済発展過程を分離独立から1950年代，1960年代，1970年代，1980年代の4つの時期に区分し，それぞれの時期の特徴を述べると同時に，財閥とパキスタン経済と政権との関係を検討する。

1 パキスタン経済の始動期——分離独立から1950年代

分離独立当初のパキスタン経済の状況

分離独立から1950年代にかけて，パキスタン経済は工業化始動の時期であり，別の言葉でいうならばパキスタン経済の胎動期であったといえる。

1947年に英領インドから分離独立を果たしたパキスタンは，人的，経済的にも悪条件のもとでの出発を余儀なくされた。なぜなら，分離独立以前のインド亜大陸において，パキスタン地域（東西パキスタン）はこれといった産業もなく，農業を中心とした地域であり，また工業的には後進地であったからである。それに加え同地域で活動していたのはムスリムではなく，ムスリム以外の者たちが中心であったため，分離独立と同時に現パキスタンの地に居住していた商工業者の多くが，宗教上の理由からパキスタン国内にとどまらずインドへ移住した。このように新生パキスタンは，経済発展の担い手となる人材の不足など，インドと比べて悪条件のもとでの出発を余儀なくされた。表1-1は，そのような状況を示している。同表は，1945年時における現インド地域とパキスタン地域別にみた事業所と労働者の数と割合を示したものである。事業所の割合で両地域を比較するとインド地域が90.4％，パキスタン地域が9.6％となっている。また労働者の割合ではインド地域が93.5％，パキスタン地域が6.5％となっている。このことからもパキスタン地域が，工業が中心の地域ではなかっ

表1-1 地域別の事業所と労働者の数と割合（1945年）

	事業所数	労働者数
インド地域	13,263 (90.4%)	2,935,729 (93.5%)
パキスタン地域	1,414 (9.6%)	206,045 (6.5%)
合　計	14,677 (100%)	3,141,774 (100%)

（出典）Vakil, Chandulal Nagindas, *Economic Consequences of Divided India*, Bombay, 1950, p. 247.

表1-2 コミュニティ別のムスリム企業家（1959年）（単位：%）

コミュニティ	ムスリム系企業	全企業	対人口比
主要ムスリム企業家	100	67	88
ハーラーイ・メーモン	26.5	18	0.16
チニョーティーズ	9	6	0.03
ダーウーディ・ボホラ	5	3.5	0.02
ホージャ・イスナシャリー	5.5	4	0.02
ホージャ・イスマーイール	5	3.5	0.06
その他のムスリム商業コミュニティ	5.5	4	0.08
サイイド，シャイフ	18	12	
パターン	8	5.5	7
ベンガーリー・ムスリム	3.5	2.5	43
その他のムスリム	14	8.5	37.5
ヒンドゥー系・パールスィー系・外資系企業		21.5	12.5
ベンガーリー・ヒンドゥー		8.5	10
マールワーリー		2	
他のヒンドゥー，シェイク		1.5	2.5
パールスィー		1	0.01
イギリス		7.5	
アメリカ人，その他外国人		1	
政府系企業		12	
パキスタン産業開発公社（PIDC）		7	
政　府		5	

（注）数値は足しても100%にならないものもある（出典どおり）。
（出典）Papanek, G. F., *Pakistan's Development : Social Goals and Private Incentives*, Harvard University Press, 1967, p. 42.

表1-3 パキスタン財閥とコミュニティ

財閥名	コミュニティ	出身地
サヘガル	パンジャービー・シェイク	西パンジャーブ
ハビーブ	ホージャ・イスナシャリー	カーティアーワール
ダーウード	メーモン	カーティアーワール
クレセント	パンジャービー・シェイク	西パンジャーブ
アーダムジー	メーモン	カーティアーワール
コロニー	パンジャービー・シェイク	西パンジャーブ
ヴァリーカ	ボホラ	ボンベイ
ホティー	パターン	NWFP
アミーン	パンジャービー・シェイク	西パンジャーブ
ワズィール・アリー	パンジャービー サイイド	西パンジャーブ
ファンシー	ホージャ・イスマーイール	カーティアーワール
BECO	パンジャービー・シェイク	東パンジャーブ
フサイン	メーモン	カーティアーワール
ガンダーラ	パターン	西パンジャーブ
プレミア	パターン	NWFP
ハールーン	スンニー	
ニシャート	パンジャービー・シェイク	西パンジャーブ
G. アフメド	パンジャービー	ファイサラーバード
アラグ	メーモン	カーティアーワール
ハイサンズ	パンジャービー	マイソール
Z. エフサーン	パターン	NWFP
バワニー	メーモン	カーティアーワール
ゴーハル・アユーブ	パターン	ハザーラ
イスファハーニー	シーア	イラン
カリーム	メーモン	カーティアーワール
ラングーンワーラー	メーモン	

(出典) Papanek, Hanna, Pakistan's Big Businessmen: Muslim Separatism, Entrepreneurship, and Partial Modernization, *Economic Development and Cultural Change*, 21(1), October 1972, p. 27. および山中一郎「産業資本家層——歴代政権との対応を中心として」山中一郎編著『パキスタンにおける政治と権力——統治エリートについての考察』(アジア経済研究所, 1992年) 302-303頁などより抜粋し作成。

たことがわかる。

　しかし，分離独立から約20年の間にパキスタン経済は，その大方の予想をくつがえし，1960年代には，かなりの成長を享受しうるまでに発展を遂げた。とりわけそれを可能にしたのが，イギリス人あるいはヒンドゥー，パールスィーではなくムスリムであり，彼らが原動力となり，パキスタン経済をけん引したのである。

ところで，パキスタン経済の初期において活動した彼らムスリム商人・企業家の特徴は，次の2点である。第1に，彼らの多くがその昔ヒンドゥーからイスラームへ改宗した者たちであり，香辛料をはじめとする国際貿易に従事していたイスラーム教徒（ムスリム）の商人の後裔が多く，分離独立にともない現インド地域あるいはそれ以外の地域から現パキスタン地域（東パキスタン地域も含む）へ移住してきた宗教的避難民「ムハージル（muhajir）」であったことである。第2に，彼らが特定のコミュニティに属していたことである。パキスタンでは，ほとんどの人がそれぞれの民族・言語・宗教（派）などをともにする独自の文化を持ち，一般にコミュニティという概念でとらえられる社会集団への強い帰属意識を持っている。これらのいくつかのコミュニティ（ビジネスに関係の深いコミュニティをビジネス・コミュニティと呼んでいる）からパキスタン建国を支えるムスリム企業家（財閥一族）が輩出された。特に有力なビジネス・コミュニティはメーモン，ホージャ，ボホラなどである。表1-2は，1950年代後半のパキスタンにおけるコミュニティ別にみた人口の割合を示したものである。表1-2から主要なビジネス・コミュニティに属する者たち（主にメーモン，ボホラ，ホージャ，チニョーティーズなど）は，パキスタン総人口の1％に満たず，パキスタンの経済発展は限られた者たちによってけん引されたことがわかる。

　表1-3は，パキスタン財閥とコミュニティの関係を示したものである。ほとんどの財閥が何かしらのコミュニティに属していることが同表からわかる。例えば，メーモンにはアーダムジーやダーウード，ホージャにはハビーブやファンシー，ボホラにはヴァリーカなどが属している。また，後で触れるがパキスタン財閥の近年の動向をみると，ニシャート（Nishat）のようなパンジャービー系の財閥が台頭してきている。

　それでは，次に「分離独立当初のパキスタン経済を担ったムスリム商人たちの出自的背景」でビジネス・コミュニティの特徴などについて検討する。

分離独立当初のパキスタン経済を担ったムスリム商人たちの出自的背景
　さて，分離独立当初から活動してきたメーモンやホージャなどのコミュニティは，いったいどのような出自的背景を持っていたのだろうか。それらについては，すでにいくつかの先行研究やそれらコミュニティについて部分的に触

第1章　パキスタン経済と財閥

れている研究もあるため，それらを要約する形で確認しておきたい。⁽²⁾

　それらのビジネス・コミュニティは，主にインド西部のグジャラートのカーティアーワール半島を出身としている。そもそもグジャラートは，古来より国際貿易の中心として栄えてきた。すでに1500年代のアジアには，いくつかの国際貿易ルートが存在し，グジャラートもそのなかに組み込まれ重要な役割を果たしていた。そして，その国際貿易ルートで重要な働きをしていた商人はグジャラートの商人であり，彼らはグジャラートの産品，例えば織物や藍などはもとより他国の産品，胡椒や香料などを取り扱っていた。

　なぜ，グジャラートが国際貿易ルートに組み込まれ重要な役割を果たすことができたのだろうか。それはグジャラートの地理的条件，そしてグジャラート商人の活動，また同地が多様な人々（人種，宗教など）を受け入れることのできる空間であったことなどが要因として考えられる。先に，アジアにはいくつかの国際貿易ルートが存在し，グジャラートもそのなかに組み込まれていた，と述べた。インドを中心に世界地図をみると国際貿易ルートの中心にグジャラートが位置していることがわかる。グジャラートを中心に東に東南アジア，西は中東やアフリカが位置している。グジャラートは，それら地域を結ぶ結節点となっており，国際貿易の重要な中継地となっていた。ピアスンはグジャラートのこのような状況を「グジャラートのもっとも重要な貿易はこれらの大きな港（カンベイ，ディウ，スラート，ランデル：川満注）を中継地としてアデンとマラッカをつなぐものであった」⁽³⁾と述べている。

　グジャラートの商人は，多種多様の商品を扱い，その活動範囲はインド内はもちろんのこと，それ以外の地にもおよんでいた。グジャラートは，各地域を結ぶ結節点であり中継貿易の拠点であったため人種や民族，そして宗教なども多様であった。グジャラートの商人として交易活動に従事していたのは，ヒンドゥーの商人とムスリムの商人たちであったが，そのようななかでヒンドゥーからイスラームへの改宗も多くなされたといわれている。本書に関係するのはムスリムの商人であり，なかでもいくつかのイスラームのビジネス・コミュニティが，印パ分離独立前後にパキスタンへわたり，パキスタン経済の発展に大きな役割を果たすことになる。そのビジネス・コミュニティとはメーモン，ホージャ，ボホラである。

メーモンはスンニー派に属し，12世紀頃にヒンドゥーのロハーナーとカッチアーというジャーティ（職業集団）から改宗したコミュニティといわれている。ロハーナーという名称は，パンジャーブのローハンプル，ローホーカトの地名に由来するといわれ，もともと商業を生業としてきたコミュニティであり，またカッチアーは園芸や野菜，果実などを販売する職業を生業とするコミュニティである。当初，モーミン（信者の意）と呼ばれていたが，それが訛り現在のメーモンになったといわれている。また，メーモン・コミュニティは出身地により，カッチー・メーモンとハーラーイ・メーモンにわけることができる。

　次に，シーア派に属するホージャは，メーモンと同じくヒンドゥーのロハーナーに属していた者たちが14世紀頃にイスマーイール派の宣教使節の影響によって改宗したコミュニティだといわれている。ヒンドゥーの相続法やシャクティ崇拝を認めている点は，他のムスリム・コミュニティと異なる点である。また，彼らはアーガー・ハーンを仰いでいる集団である。

　最後に，ボホラはホージャと同じくシーア派に属する。同コミュニティは，11世紀頃にシーア派の宣教師によってヒンドゥーから改宗した者たちであるといわれている。ボホラという名称は，彼らの多くが就いていた仕事（商業）を反映したグジャラート語の *vohrvun*（to trade）に由来するといわれているが，それ以外にも諸説存在する。ボホラはシーア派に属する者たちと，スンニー派に属する者たちがあり，シーア派のボホラの商業活動はメーモン同様に広範囲にわたっている。(4)

　では，それらのコミュニティはどのような特徴を持っていたのだろうか。ピアスンは，ホージャとボホラについて以下のように述べている。(5)

- ホジャ，ボーラの双方とも，相続やさらには宗教上の問題についてさえもヒンドゥー教の特質を多く残していた。
- ホジャとボーラのイスラムへの改宗はこのようにとても完全といえたものではなかったが，それでもかれらの宗派の商業活動を大いに助けた。
- ホジャやボーラはヒンドゥー教の相続慣行を保持することによって，死亡に際して死者の財産があまりにも細分されることを避けたのである。
- ホジャとボーラが高利貸を禁止したイスラムの掟(6)（利子をとることは『コーラ

ン』において禁止されている）によって仕事を妨げられることがなかったことは明らかだといってもよい。

　また，上記との関連でコチャネックや山中一郎は，それらのコミュニティに属し分離独立後のパキスタンで活動したムスリム商人一族（財閥）の出自などについて，以下のように述べている。

- 彼らは出自的にはグジャラーティーであり，新国家パキスタンに移住後も，グジャラーティー語を話すムハージル（難民）の商人一族としての共通のアイデンティティーをもっていた。（山中）
- その出自にかかわる地縁，血縁関係の重視，といった求心的な力がきわめて強く作用している。それらは，イスラームという紐帯で結ばれ包括されているが，個々人や利益集団の行動様式には，ムスリムとしての連帯感はなく，それぞれの帰属するコミュニティの利益が優先され重視されている。（山中）
- こうした宗派別のコミュニティは，かならずしも強固な信仰の上に築かれた特定の宗教的グループと言うよりも，実態としては，インドの商人カーストに類似した世襲的な性格を持った社会的グループであると言えよう。（山中）
- 一族による支配は雇用慣行にも特徴があり，共通の言語，価値観や伝統を共有する者を採用する傾向にあった。（コチャネック）

　上記からメーモン，ホージャ，ボホラなどのコミュニティは，ヒンドゥー的な側面とイスラーム的な側面を併せ持った者たちであったといえる。このような状況にあった彼らコミュニティについて，瀬岡誠の企業者史学の理論で説明することができる。瀬岡は，革新的な企業者あるいは創造的革新者がどのようにして登場するのかを，学際的な観点からマージナル・マン，マージナル・シチュエイション，また準拠人や準拠集団などの概念を用い説明している。特に，ここでの議論に重要な概念はマージナル・マンである。マージナル・マンとは，文化的・人種的・言語的，ないしは社会構造的立脚点からみてあいまいな位置にいる人間のことである。

　メーモン，ホージャそしてボホラは，上記の意味でマージナル・マンといえ

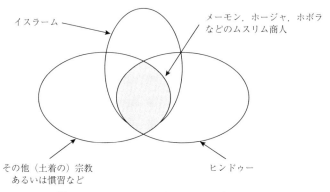

図1-1 メーモン，ホージャ，ボホラなどについて

るであろう。なぜならヒンドゥーが多数を占めるインドにあって，ムスリムでありながらヒンドゥー的な価値（特質）を残し，またムスリムであるがゆえにヒンドゥーの枠組みから外れた集団だからである。

そのような彼らの存在を図に示そうと試みたのが図1-1である。図に示したそれぞれの円（マル）は，それぞれの宗教を示す。円（マル）が重なり合っている場所（網掛けの箇所）がメーモンやホージャなどのコミュニティの位置（マージナル・シチュエイション）を示し，図からわかるように彼ら（メーモンやホージャなど）は，それぞれの宗教から影響を受けるような形になっている。このように彼らは，イスラームの血とヒンドゥーの血が流れる「宗教的混血」であった。したがって，彼らは両宗教のタブーに縛られない自由な衣を身にまとう逸脱的な存在でありマージナル・マンであったと思われる。

メーモンやホージャなどのコミュニティは，マージナルなシュチュエイションにおかれ緊張や葛藤などをとおして，そのおかれた状況への適応性や客観性などを高めつつ行動する者たちであったといえる。それに加え，インド亜大陸以外の者たち（主に商人）ともかかわりを持っていたため，彼らの志向は内向きではなく外に向いていた。

メーモンやホージャなどのコミュニティがおかれた状況，そして彼らの活動が革新的である程度自由に商業活動を行い，また彼らのマインドが広域志向的になったこともマージナル・マンの理論に合致するものといえるであろう。

分離独立当初のムスリム商人たちのパキスタンでの活動

　本書で取り上げるいくつかの財閥もムハージルであり，それと同時に先に述べたホージャ，ボホラやメーモンなどの有力なビジネス・コミュニティに属している。これらのコミュニティのなかからパキスタン建国を支えるムスリム企業家（一族）が輩出された。具体的にはハビーブ，アーダムジー，イスファハーニー（Ispahani），ハールーン（Haroon），ワズィール・アリー（Wazir Ali）などの一族である。彼らは，植民地期インドにおいてパールスィー系やヒンドゥー系企業家の大々的な活動に比べ大きく遅れをとったが，分離独立を機にムスリムの国家建設という M. A. ジンナー（M. A. Jinnah）の理念に共鳴し，ムハージルとしてパキスタンへ移住してきた者たちであった。そして，彼らは分離独立運動時の全インド・ムスリム連盟（All-India Muslim League）への資金提供やパキスタン建国に際し，早急に必要とする公共性の高い諸企業（金融，運輸，建設，etc.）の設立および資金提供を積極的に行った。それはインド独立にあたり，ビルラ財閥がインド国民会議派へ支援を行ったケースと類似している。パキスタン建国にかかわった一族は「建国企業（Nation Building Companies）」と呼ばれ，現在でもパキスタンにおいて名門一族である。

　建国企業により設立された企業はハビーブ・バンク（Habib Bank），ムスリム・コマーシャル・バンク（Muslim Commercial Bank），オリエント・エアウェイズ（Orient Airways），ムハンマディー・スティームシップ（Muhammadi Steamship Co. Ltd.），イースタン・フェデラル・インシュアランス（Eastern Federal Insurance）などの公共性の高いものであり，パキスタンの社会的および経済的インフラの整備に貢献するものであった。以下に，それらいくつかの企業について説明を加えたい。

　ハビーブ・バンクについては，第2章で述べるが，同行はハビーブ家により分離独立の機運が高まる1941年にボンベイ（現ムンバイ）に設立された。ちなみに同行は，インド亜大陸初のムスリム系金融機関である。その後，同行は1947年に本店をボンベイからカラーチーへ移し，1974年には金融機関の国有化政策（Z. A. ブットーの社会主義型経済政策）により国有化された。また，その後のパキスタン政府の民営化政策により，ハビーブ・バンクは2003年12月にアーガー・ハーン（Agha Khan）財団に売却され現在に至っている。

また，ムスリム・コマーシャル・バンクは1947年にアーダムジーが中心となりインドのカルカッタで設立された。分離独立後は本店を東パキスタン（現バングラデシュ）のダッカへ，1956年には西パキスタン（現パキスタン）のカラーチーへと移した。同行は，1974年にハビーブ・バンク同様に国有化され，その後，1980年代以降のパキスタン政府の民営化政策により1991年4月にミヤーン・ムハンマド・マンシャー（Mian Mohammad Mansha）が率いるニシャートへ売却され民営化された。[14]また，2003年には社名をムスリム・コマーシャル・バンクからMCBバンク（MCB Bank Ltd.）へ変更し現在に至っている。

　次に，オリエント・エアウェイズはM. A. ジンナーの要請により，1946年10月にイスファハーニーとアーダムジーなどが中心となりカルカッタに設立された。[15]周知のとおり，パキスタンは東西に離れた領土を持つ世界でも珍しい飛び地国家として誕生した。そのため同社の設立目的は，飛び地国家東西パキスタン間で迅速かつ効率的にヒトとモノの輸送を行うことであった。また，1951年にはパキスタン政府主導のもと，主に国際線の開発を進めることを目的とした国営のパキスタン国際航空（Pakistan International Airlines）が設立された。その後，オリエント・エアウェイズとパキスタン国際航空の両社は，1955年に発展的に合併し新たにパキスタン国際航空（Pakistan International Airlines Corporation：PIA）となり，同年4月1日から正式運行を開始した。[16]

パキスタン経済の方向性

　さて，分離独立当初インドが「社会主義型経済政策」を発表したのに対し，パキスタンは民間企業の活動を重視した，いわば「資本主義型経済政策」を発表した。それは1947年12月にカラーチーで開催された「産業会議」によるものであり，同会議により新国家パキスタンの経済開発にかんする事項，主に消費財産業の優先，民間企業の強化および育成が確認された。それらは翌年の1948年4月に「産業政策声明」として発表された。[17]

　1950年に勃発した朝鮮戦争は，パキスタン新政府の打ち出した「産業政策声明」と重なり，パキスタンの経済発展に大きな契機を与えるものであった。朝鮮戦争により，パキスタンの主要輸出品目である綿花とジュートの国際価格は上昇し，パキスタンは多額の外貨収入をえることになった。結果として，朝鮮

戦争はパキスタンに多大な経済的恵みを与えることになった。

〈政府系の公社〉
(※年は設立年を示す。)

パキスタン産業金融公社（PIFC）　1949年
パキスタン産業開発公社（PIDC）　1952年
パキスタン保険公社（PIC）　1953年
農業開発金融公社（ADFC）　1953年
住宅建設金融公社（HBFC）　1953年
中小企業公社（SIC）　1956年
パキスタン産業信用投資公社（PICIC）　1957年

　この時期、パキスタン政府は工業発展の後押しとなる金融機関（政府系金融公社）、開発機関（政府系開発公社）の設立を積極的に行った（〈政府系の公社〉を参照）。特に水利や灌漑に対する投資は、1960年代の農業生産の拡大に大きな役割を果たす結果となる。また、それに加え金融機関と開発機関の工業面に対する投資は、パキスタンの工業化の基礎をなすものであった。

　次に、いわばパキスタン版殖産興業政策の中核をなすパキスタン産業開発公社（Pakistan Industrial Development Corporation：PIDC）の創設とその役割について付言しておこう。

2　PIDCのパキスタン経済へ果たした役割と財閥との関係

パキスタン経済とPIDC

　パキスタンは、分離独立当初から民間による工業化を推進してきた。なかでもパキスタン政府が力を入れ、「産業政策声明」でも優先した具体的な産業分野は、綿紡績、ジュート紡績、皮革加工、タバコ製造、製糖、製紙、食品加工などであった。既述したように、特に綿紡績は1950年の朝鮮戦争を契機に発展し、多くのムスリム商人が綿紡績業へ投資を行った。朝鮮戦争は、新生パキスタンにとって工業化への足掛かりとなった。表1-4からも明らかなように、

表1-4 主要製造業の業種別生産量

	砂 糖	ベジタブル・ギー	お 茶	綿 布	綿 糸	ジュート製品	セメント
単 位	1000 tons	1000 tons	Lakh lbs.	(注)を参照	1000 tons	(注)を参照	(注)を参照
1948年	30.4	0.3	445	881 L	297 L	—	324 t
1949年	38.6	2.5	471	924 L	339 L	—	422 t
1950年	32.7	4.2	532	1,063 L	431 L	—	413 t
1951年	42.8	6	534	1,277 L	534 L	—	499 t
1952年	64	8	531	1,742 L	697 L	10[a]	530 t
1953年	85.7	10.8	557	2,516 L	1,206 L	40	595 t
1954年	75.5	11.1	558	3,452 L	1,924 L	53	671 t
1955年	95.1	14.5	537	4,532 L	2,745 L	103	611 t
1956年	107.7	16.7	562	5,004 L	3,007 L	142	773 t
1957年	111.5	18	476	5,270 L	3,159 L	149	1,078 t
1958年	162.6	20.4	575	5,762 L	3,451 L	172	1,072 t
1959年	167.2	27.1	580	6,185 L	3,921 L	233	966 t
1959-60年	144	30	508	60.6 C	40.3 C	265[b]	10.3 Lt
1960-61年	109	40	499	68.3 C	40.8 C	250[b]	11.4 Lt
1961-62年	189	54	560	70 C	42.1 C	286[b]	12.9 Lt
1962-63年	274	71	537	72.7 C	43.9 C	298	14.4 Lt
1963-64年	243	89	608	74.1 C	50.2 C	331	14.5 Lt
1964-65年	233	95	623	76.4 C	51.8 C	289	16.9 Lt
1965-66年	456	105	619	69.1 C	50.1 C	409	16.5 Lt
1966-67年	426	90	670	73.9 C	53.1 C	404	20.1 Lt
1967-68年	378	96[c]	627	76.7 C	57.3 C	513	22.1 Lt[c]
1968-69年	458	103	637	77.1 C	62.1 C	518	25.7 Lt
1969-70年	690	129	696	78.4 C	70.8 C	580	26.6 Lt[d]

(注) 綿布の単位は L:Lakh Yards, C:Crore yds. を示す。綿糸は L:Lakh lbs., C:Crore lbs. を示す。セメントの単位は t:1000 tons, Lt:Lakh tons を示す。(a):4月〜12月。(b):カレンダーどおり1959-60年の場合は1960年をさし他も同様である。(c):改定。(d):暫定。
(出典) Government of Pakistan, *Pakistan Economic Survey 1964-65*, Statistical Section, pp. 40-42, Government of Pakistan, *Pakistan Economic Survey 1969-70*, Statistical Section, pp. 20-21, Government of Pakistan, *Pakistan Economic Survey 1972-73*, Statistical Section, pp. 26-28. より抜粋し作成。

1950年代に入り綿および綿製品,またジュートの生産量は増加し,それにともないパキスタンの輸出量も増加し,輸出業に携わっていた者に多大な利益をもたらす結果となった。しかし,朝鮮戦争による特需は長くは続かず,1953年の休戦を機にパキスタンの主力輸出商品である綿やジュートなどの1次産品の国際価格は急落した。また,国際収支の悪化などもあって,輸出業に携わっていた者の利潤は減少していった。

第 1 章　パキスタン経済と財閥

表 1-5　パキスタンにおける綿紡績の状況

	紡錘数	織機台数	綿糸生産量	綿布生産量
単　位	1,000	1,000	1,000 lbs.	1,000 lbs.
1948年	177	5	29,684	88,059
1949年	236	5	33,913	92,445
1950年	290	5	43,054	106,295
1951年	333	6	53,419	127,666
1952年	630	9	69,699	174,160
1953年	793	12	120,570	251,576
1953-54年	924	14	156,079	305,740
1954-55年	1,566	23	231,998	387,186
1955-56年	1,722	26	298,434	482,867
1956-57年	1,815	28	305,310	521,691
1957-58年	1,878	28	324,197	555,845
1958-59年	1,927	29	370,171	597,282
1959-60年	1,941	30	402,749	606,466
1960-61年	1,960	30	407,775	683,074
1961-62年	2,047	31	421,375	706,245
1962-63年	2,342	32	438,792	726,857
1963-64年	2,434	34	501,679	741,443
1964-65年	2,584	36	518,055	763,528
1965-66年	2,710	37	500,682	691,379
1966-67年	2,704	37	530,684	738,635
1967-68年	2,710	37	572,582	766,851

（注）記載年は資料のとおり。会計年度：1948～1953年はカレンダーどおり，それ以外は7月～翌年6月。
（出典）Government of Pakistan, *Pakistan Statistical Yearbook 1968*, pp. 162-163.

　しかし，このようなパキスタン経済にとって不利ともいえる状況が，逆にパキスタン経済にとって好都合となった。パキスタン国内で第1次産品を扱っていたムスリム商人は輸出をやめ，彼らの多くは朝鮮戦争でえた資金を紡績工場などの新設にあてた。多くのムスリム商人が工場経営に乗り出し，1950年代半ばまでに多くの紡績工場が設立された（商業資本から産業資本へ）。それにより工場での綿糸布生産量は，手織りのそれも含め増加し，綿製品のパキスタンでの国内自給を達成した。そのようなパキスタンの状況を表1-5は示している。紡錘数が1952年頃から急激に増加していることが同表からわかる。それと比例する形で綿糸および綿布ともに生産量を順調にのばし，紡績はパキスタンの中

心的な産業となっていった。

　パキスタン政府は,「産業政策声明」に対し多大な期待をよせたが, その期待の前提となっていたのは工業化への民間による活発な投資活動であった。紡績産業においては, 表1-5が示すように一応の成果をみることができた。しかし, 他の産業分野においては民間の投資活動は消極的であり政府の期待どおりとはいかなかった。資本蓄積も少なく, 多くのムスリム商人が商業資本から産業資本へ移ったとはいえ, 依然として商業資本的な性格を根強く持つムスリム商人にとって, 膨大な資本, 長期的な投資を必要とする大規模産業（綿紡績産業を除く）への投資は魅力のあるものではなかった。ムスリム商人・企業家は危険の少ない軽工業を好み, そのような産業への投資を行ったのである。

　このような状況に対しパキスタン政府は, 政府自ら大規模産業への投資を行う必要性に迫られた。それによって設立されたのがいくつかの公社（〈政府系の公社〉を参照）であった。それら公社のなかでも1952年に設立されたパキスタン産業開発公社（PIDC）[18]は, パキスタンの工業化に大きく貢献することになる。PIDCは, 同公社の設立の背景について以下のように述べている。

　　パキスタン政府は, 最初の3年間, レッセフェールの方針のもと民間資本に自由な活動を与えた。しかし, その結果は納得するものではなかった。民間資本は活動をしたが, しかし, 発展は突発的であり組織的なものではなかった。綿織物などの産業は一定の発展はあったが, しかし, 羊毛織物, 製紙, 化学, 鉄鋼, 製糖, セメント, 造船や他の産業などはそれほどでもなかった。それらの発展は資金不足のために難しく, そして同国に利用可能な資源があるにもかかわらず製品を製造することができずにいた。[19]

　このように, パキスタン政府は分離独立後, レッセフェールのもと民間企業の活動に対し自由を与えていた。しかし, それはパキスタンの経済発展にとって満足な結果をえることができなかった。綿織物産業などのいくつかの産業は発展したが, それ以外の羊毛織物, 製紙, 化学, 鉄鋼, 製糖, セメント, 造船などの産業への民間の進出は少なかった。

PIDC の設立とその活動

　PIDC は1950年4月の PIDC 法制定により設置され，1952年1月に初の理事会が招集され設立された。PIDC の設立当初の目的は，国家経済にとって基礎的な性格を持ち，また採算の見込みのある工業部門に対し投資を行うことであった。しかし，それは決して企業の国営化を目指すのではなく，民間企業の誘発および育成を目的とするものであった。すなわち PIDC は民間と競合関係にあるのではなく，民間の育成に力を入れることを目的としていた。

　PIDC の主な機能としては，第1に民間企業が進出できずにいる分野，また進出しようとしていない分野に企業（工場）の設立を推進すること。第2に民間の工業投資を刺激し，工業開発を促進するために，特定産業については当初国家資本を投下し，それによって企業を設立し，その後，順次民間の応募により払い下げていく（あるいは PIDC と民間の共同で設立する）ことなどであった。民間はというと，設立間もない企業を払い下げでえるのではなく，設立後に経営がある程度軌道に乗り出した，あるいは採算の見通しが立った企業の株式を取得する形で PIDC から企業を引き継いでいった。しかし，PIDC によって設立された企業の民間への払い下げは，後に政官民の癒着構造を作ることになる。

　PIDC によって設立された企業は，民間企業の育成・強化という観点から政府から特別な指示がない限り，資材購入，労働者の雇用，生産管理などはすべて民間企業と同じベースで行われた。よって，PIDC によって設立された企業の経営者は基本的には採算を十分に考慮した経営を行うことが求められた。

　しかし，当初，民間企業は政府の PIDC に対する期待とは裏腹に，同公社に対しよい印象を持っていなかった。それは，第1に民間の資本能力をはるかに超える資本投資を行っていたこと。それにより，民間は企業が政府により管理されるのではないかと恐れていた。第2に PIDC は企業設立のために外国から多くの技術者を招いたこと。それにより内向き志向の強いパキスタンの企業家は，自らの資本（企業）が外国人にわたることを恐れた。第3に同公社が計画する企業は，計画から完成まで時間を要したこと。最後に PIDC は政府系の公社であり，企業設立にかんする細かな問題でも政治的問題へと発展するおそれがあり，民間企業にとって，それはビジネスを行う上でリスクとみなされた。

表1-6 PIDC 完成プロジェクト一覧（1960年10月31日現在）

(単位：100万パキスタン Rs)

企業（工場）名	完成年月	払込資本金		
		PIDC	民間	合計
アーダムジージュート紡績1工場	1951.12	—	50.00	50.00
アーダムジージュート紡績2工場	1952.12	—	50.00	50.00
アーダムジージュート紡績3工場	1956. 3	—	50.00	50.00
アミーン紡績	1954. 7	1.00	11.50	12.50
クレセントジュート紡績	1954. 7	4.67	12.83	17.50
チタゴンジュート紡績	1954. 8	6.75	5.75	12.50
ピープルズジュート紡績	1954.12	5.00	15.00	20.00
ラティフバワニイジュート紡績	1956. 3	4.00	11.00	15.00
ダウラントプールジュート紡績	1955. 1	—	7.50	7.50
カリムジュート紡績	1957. 3	3.00	3.10	6.10
ダッカジュート紡績	1956.12	3.00	5.57	8.57
ニシヤットジュート紡績	1957.12	2.10	7.90	10.00
スター・ジュート紡績	1958. 9	9.50	2.00	11.50
プラティナムジュート紡績	1958. 9	30.00	—	30.00
カルナプリ製紙工場	1953. 1	1.00	45.00	46.00
クルナ新聞用紙工場	1959. 7	150.00	—	150.00
ナラヤンガンジ造船・機械製作工場	1957.12	4.50	3.00	7.50
ムスリム綿紡績	1954. 6	10.20	9.80	20.00
アーダムジー高級板紙工場	1955.11	—	30.00	30.00
ノシェラ化学工場	1955. 2			
セティボール紙工場	1955.11	5.23	6.27	11.50
ラヤルプール化学肥料工場	1957. 8	1.87	0.63	2.50
クラム化学工業	1954. 8	0.05	0.05	0.1
パック染料化学製品工場	1959. 7	4.20	1.80	6.00
パックアメリカン肥料工場	1958.11	90.00	—	90.00
樹脂テレピン油工場	1958. 5	0.50	0.90	1.40
ズィールパックセメント工場	1956. 1	18.44	5.56	24.00
メイプリーフセメント工場	1956. 3	27.50	—	27.50
チャルサッダ製糖工場	1956.12	4.09	9.71	13.80
ハルナイ毛織物工場	1953.11	4.12	0.88	5.00
バンヌ毛織物工場	1953.11	5.00	—	5.00
サルゴダ綿操工場	—	0.09	0.81	0.90
ミルプールハス綿操工場	—	0.05	0.45	0.50
スタナバード綿操工場	—	0.05	0.45	0.50
スイ・ガス配送会社	1955. 1	8.15	29.65	37.80
インダスガス会社	—	5.00	—	5.00
カラーチー・ガス会社	—	5.00	10.00	15.00
カラーチー造船・機械製作工場	1956. 3	57.90	—	57.90
メイカワル炭坑	1958. 3	15.00	—	15.00
クルナ造船所	1957.12	30.00	—	30.00
ラングプール製糖工場	1958. 1	26.94	—	26.94
タクラガオン製糖工場	1958.12	20.89	—	20.89
ズィールパック製糖工場	1958.12	19.56	—	18.56
D.D.T.工場	1955. 4	3.02	—	3.02
ジャウハラバード製糖工場	1955. 2	1.25	9.60	10.85
カイダバード毛織物工場	1956. 4	3.06	—	3.06
スイムルタン・ガス・パイプライン	1958. 7	97.30	—	97.30
ダンマー・ニッサール鉄鉱石探査計画	1958. 9	0.19	—	0.19
ペニシリン工場	1959. 9	12.18	—	12.18
操綿工場（ムルタン，マトリ，ノアバード）	—	0.21	1.89	2.10
完全舗装道路・トンネル建設	—	0.30	—	0.30
カラバグ鉄鉱石探査計画	—	7.88	—	7.88
タルプール綿紡績	1959. 8	4.60	0.4	5.00

(出典）山中一郎「パキスタンの工業開発とPIDC」『アジア経済』第4巻第10号（アジア経済研究所，1963年）22-23頁。

表 1-6 は1960年10月までに PIDC が設立した企業の一覧である。民間から不満や不安の声もあったが，実際に PIDC は53社もの企業を設立した。同表からも確認できるように，PIDC がかかわった産業分野は消費財産業，また民間では投資が困難な大規模産業（特に長期的投資を必要とする）であったことがわかる。当然のことながら，パキスタン政府は今後民間企業の出資比率が増加することを期待していた。表 1-7 は，著者が表 1-6 に記載されている企業を関連企業別にわけ，PIDC と民間の払込資本割合をみたものである。同表から明らかなように，民間サイドが積極的にかか

表 1-7　PIDC 関連企業別にみた払込資本割合　（単位：%）

	PIDC	民間
繊維・紡績関連	38.83	61.13
製紙関連	36.89	63.07
肥料関連	87.4	12.6
化学関連	55	20
資源（ガス・鉱山）	79.25	20.14
セメント	88.4	11.55
機械・造船	86.66	13.33
製糖関連	68.22	31.74
その他	78.56	21.4

（注）数値は，四捨五入を行っているため PIDC と民間を足しても100％にはならない。「化学関連」には払込資本割合が不明な企業が1社ある。「その他」は樹脂テレピン油工場，D. D. T. 工場，完全舗装道路・トンネル建設である。
（出典）表 1-6 の数値をもとに作成。

わったのは，繊維・紡績関連の企業ならびに製紙関連の企業などであり，それ以外の産業については PIDC が積極的にかかわっていた。

PIDC は，パキスタン国内の民間企業とのみ関係を持っていたのではなく，外国企業（資本家）とも関係を持ち，パキスタン国内で企業の設立を行った。例えば，パック染料化学製品工場（ドイツ：バイエル社），スイ・ガス配送会社（イギリス：バーマ石油），スター・ジュート紡績（イギリス：インチケープ・グループ）などである。[20]また，世界銀行や諸外国の国際機関からも資金援助を受けている。

PIDC は1960年代前半に大きな問題を抱えるようになる。それは東西パキスタンへの投資配分の格差問題である。表 1-6 でも確認したように，1960年10月までに PIDC が設立にかかわった企業は53社あり，そのうちの半数以上が東パキスタンではなく，西パキスタンに設立された。また，西パキスタンでは投資額の大部分が化学，造船，機械，セメント，ガス開発などの基幹産業に集中していたのに対し，東パキスタンの投資額の大部分がジュート紡績，製糖，製紙の3分野に集中していた。

このような状況は，東西パキスタンの経済的格差を広げる結果となり，格差

是正を要求する声が大きくなり，1962年に PIDC は西 PIDC（West Pakistan Industrial Development Corporation，西パキスタン）と東 PIDC（East Pakistan Industrial Development Corporation，東パキスタン）に分割された。しかし東西の PIDC の投資状況は，以前同様に西 PIDC が化学工業，機械，造船などに多額の投資を行ったのに対し，東 PIDC のそれはその地域の自然的地理的条件に影響を受けることが多く，ジュート紡績や製糖などの第１次産業が中心であった。[21]

PIDC と民間（財閥）の関係

　以上，みてきたように PIDC は1950年代から1960年代初頭には，パキスタンの工業化のパイオニア的存在であった。しかし，同公社の行ってきた活動はパキスタン経済にとってプラス面だけではなくマイナス面も与えた。PIDC は，民間の育成・強化，また基幹産業への民間企業の誘致を目的として設立された公社である。その設立目的から PIDC と民間との関係は必然的に親密になっていった。PIDC の理事会は５名の専任理事により構成され，そのなかから理事長が１名任命された。専任理事の人選，任命は PIDC の東西分割以前は中央政府が行い，分割後は各州政府が行った。理事に任命された者は，経済関係の官僚，大地主，そして民間の企業家（主に財閥一族）が主であり，アユーブ・ハーン政権期には軍人も理事になっていた。

　そのようななか，民間企業は先に述べたような不安要素もあったが，次の２点により PIDC と何らかの関係を持ちたいと考えていた。第１に，PIDC によって設立された企業の投資額よりも低い金額で払い下げを受けるためである。第２に，PIDC をつうじ政府から何らかの援助および原材料などの輸入にかんする便宜をえるためであった。計画委員会の報告書でも，このような状況を以下のように述べている。

　　一部の民間資本家が，PIDC と関係を持ちたがっていたのは，PIDC のビジネスにかんする能力や技術に対して評価をしていたからではなく，民間資本家は PIDC をつうじて彼らにとって必要な援助などを政府からえることを期待していたからである。[22]

このように，資本家たち（財閥など）が PIDC との関係を切望するのは，決して PIDC のビジネスや技術にかんする能力を彼らが高く評価していたからではなく，政府から必要な援助をえるためであった。

財閥などの民間資本家は，PIDC と関係を持ち，企業設立にかかる建設費とそれにともなうリスクを PIDC に負担させ，安全性を確認した上で経営権を取得してきたのである。いくつかの特典がある PIDC と関係を持つため，民間（主に財閥一族）は PIDC へ積極的に理事を送り密接な関係を維持したのであった。例えば，M. A. イスファハーニー（M. A. Isphani）は1952年1月～1956年1月，N. A. シャイフ（N. A. Shaikh）は1953年8月～1956年3月，G. M. アーダムジー（G. M. Adamjee）は1954年8月～1959年3月，ムハンマドアリー・ハビーブ（Mohammedali Habib）は1956年5月～1959年3月までの期間，それぞれ PIDC 理事の職にあった。民間のこのような行動は，パキスタンで企業活動を展開する上で，彼らに有利に働いたことはいうまでもない。その結果，いくつかの産業において少数の民間企業が独占するという状態が生じた。このような結果（状態）は，マイナスのようにみえたが，しかし，パキスタン政府および PIDC 関係者にとって分離独立当初の目標であった民間による経済発展および民間企業の強化・育成という観点からすると，そのような結果（状態）は2次的なものでしかなかった。

3 パキスタン経済の発展期——1960年代

1960年代のパキスタン経済

1960年代は，パキスタン経済がもっとも発展し，そして成長した時期であった。同時期の特徴として工業生産の急速な拡大，農業生産の着実な上昇，輸出の順調な増加などがあげられる。1950年代に政府が実施した開発機関や金融機関の整備は，工業および農業の発展に大きな影響と役割を果たす結果となった。

1960年代の政権を担っていたのは，アユーブ・ハーン（Ayub Khan）である。彼は1958年のクーデターにより政権を掌握し自ら大統領に就任した。アユーブは政治の安定は経済の繁栄があって初めて可能であるとの信念を持ち，彼によりパキスタン初の商工会議所連盟（Federation of Chambers of Commerce and Industry) が組織された。アユーブ政権は約11年間続き，この時期がパキスタン経済のなかでもっとも発展成長した時であったといわれている。

　アユーブは，自著で彼が政権をとった当初のパキスタンでは，ビジネスマンと官僚とが絶えず接触し，官僚の多くが誘惑に屈していたと述べた。パキスタン初代外相サー・ムハンマド・ザファルッラー・ハーン (Sir Muhammad Zafarullah Khan) はこのような状況を，汚職は「社会の潤滑油 (the lubricant society)」と表現し，それなくして商工業などの活動は行いえず，1950年代のパキスタン経済界は汚職が横行する時代であったことを指摘している。アユーブは，1950年代に公然と行われていた官僚と経済界（財閥など）との癒着を厳しく取り締まった。彼は，経済発展を重視し民間の諸活動を支援する反面，1950年代から続いている汚職，癒着（官僚と財閥），脱税，不正な資産隠しなどの悪習を行う者を厳しく取り締まった。そのためいくつかの主要財閥のリーダーが逮捕，または拘留された。

アユーブと財閥の関係

　しかし，アユーブの財界に対する厳しい態度も最初の頃だけであり，アユーブ政権も1950年代同様，財閥（一族）と官僚の関係が深まり，癒着が表面化するようになった。また，同政権期間に PIDC 系企業の民間企業（主に財閥）への払い下げが積極的に行われ，それは特定の民間企業（財閥）の発展に寄与した。それら特定の民間企業は次第にその活動範囲を広げ，パキスタン経済に多大な影響を与えるまでに成長していくことになる。その多くが新興の財閥であり，「建国企業」ではなかったことは注目に値する。

　結果，いくつかの財閥がパキスタン経済界において多大な影響力をえることになった。しかし，一般的にパキスタン社会では経済力だけでは社会的地位をえることはほとんど不可能であり，そのためいくつかの財閥（古参・新興の両者とも）が政治家や官僚との関係を深めていった。またある財閥（主に新興）にいたっては財閥内部から政治家（議員）を輩出した。財閥の政治家への政治献金は，財閥の持つ既得権益を守るための手段であり，以前にも増して政・官との癒着関係を強め，それと比例する形で財閥（特に新興）の経済活動範囲も拡大していった。

このような状況のなか，第6章で述べるがアユーブ自身も特定の財閥と婚姻関係を持ち，また政権内へも企業家を登用するなど産業界との関係を深めた。そのためアユーブ政権は「実業家の政府」と呼ばれた。

パキスタン財閥は，1950年代に官僚との接近に成功し，1960年代に入り政治家と関係を築くことに成功した。新興あるいは古参財閥の公人への積極的な働きかけは，彼ら自身の経済活動範囲を広げる結果となった。そのような財閥の活動をパキスタンの著名な経済学者のマフブーブル・ハク（Mahbub-ul-Haq）は以下のように述べている。

いくつかのファミリー・グループ（財閥：川満注）がパキスタンの工業資産の約3分の2を，銀行資産の約80％を，そして保険資産の約70％を支配している。[27]

マフブーブル・ハクは，パキスタンの産業資産の約3分の2，また銀行資産の約80％，保険の約70％をいくつかの一族が支配していることを指摘し，パキスタンの経済界が少数のファミリー・グループ[28]により支配されていると指摘している。同氏のこの指摘は，パキスタンにおける経済力集中（22家族）の問題を論じる際の出発点となった。1960年代のパキスタン経済に対する財閥の影響がいかに大きかったかがわかる。しかし，彼ら財閥の存在や活動なしに1960年代の経済発展がなかったことも確かである。パキスタンの経済力集中は，パキスタン国内の都市と農村，財閥一族（産業資本家）と労働者の所得格差，そして東西パキスタンの地域格差などさまざまなレベルにおける格差を生む結果となった。

1960年代は，パキスタン経済とその経済の主体的担い手である財閥（主に新興）が急速に成長を遂げた時期であり，政官民の関係が密接になると同時に各種の経済格差をももたらした時期であった。

4 パキスタン経済の停滞期——1970年代

Z. A. ブットーの社会主義型経済政策

1970年代のパキスタンは，これまでの経済政策などを180度転換させた時期であった。1971年に登場した Z. A. ブットー（Z. A. Bhutto）は社会主義型経済運営の推進にともない，分離独立から力を入れてきた「民間企業の強化・育成」という経済政策をやめ民間企業の国有化政策という新たな政策を打ち出し，パキスタン初となる社会主義型国家を目指した。

1971年に誕生した Z. A. ブットー政権（1971年～1977年，1973年に大統領から首相となった）は，パキスタン史上初の普通選挙（成人）によって選出された文民政権である。また，彼は民間主導の資本主義経済運営がもたらす所得分配の不平等の拡大，経済力集中へのアンチテーゼとしてパキスタン初となる社会主義型国家の建設に取り組んだ人物である。

すでに述べたように，パキスタンはアユーブ政権期に経済成長を遂げた。しかし成長の反面，負の影響もパキスタン国内にもたらした。例えば，所得格差，階層的な格差，地域的な格差などである。結果，1960年代後半から1970年代初めに，パキスタン国内で，それら格差に対する不満の声が上がるようになった。そのような社会状況のなか，Z. A. ブットー率いるパキスタン人民党（Pakistan People's Party：PPP）は「宗教はイスラーム，政治は民主主義，経済は社会主義，そして全権力を人民に（Islam is our Faith, Democracy is our Policy, Socialism is our Economy, and All Power to the People）」をスローガンに国民の要求にこたえるために，社会主義型国家建設のための経済改革を推進していった。現実には彼の行った社会主義政策は，国民に多大な幻想を与えるのみであり，大きな成果を生むことはなかった。しかし，Z. A. ブットーは多くの国民の関心事であった財閥に集中した富の再分配を強調したため，彼の政策は実現不可能であったにもかかわらず多くの国民，特に都市部の労働者層に支持された。

Z. A. ブットーが積極的に社会主義型経済政策を推し進めた要因を以下の3点に求めることができる。第1に先に触れたが富の再分配であり，特にいくつかの財閥への富の集中問題に対する対応である。第2に1970年の選挙に Z. A.

ブットーが出馬した際，産業界の彼および PPP に対する態度が冷ややかであったこと。第3に経済界だけではなく政界にまで影響力を広げてきた財閥の力を抑えるため，などであった。それらのことからもわかるように，彼の政策のポイントは，財閥の影響力を抑えることであり，国民の関心事と Z. A. ブットーの思惑を遂行するためにもっとも適していた政策が社会主義型経済政策であったのである。

Z. A. ブットーの財閥への対応

Z. A. ブットーは，主要財閥の代表者の拘束，そして財閥傘下企業の国有化・国営化を行い，また積極的に財閥解体を行った。財閥解体の手段として「経営代理制度（Managing Agency System）」を「経営代理制度廃止命令1972（Managing Agency and Election of Directors Order, 1972）」により廃止させた。経営代理制度とは，中核となる企業，主に持株会社が中心となり複数の企業をその持株会社のもとで経営を行うものであった。[29] 当時，多くの財閥が経営代理制度の形態をとっており，経営代理会社をとおし，傘下企業の経営（支配）を行っていた。同制度により財閥一族は，少数の所有者（株主）により複数の企業を同時に経営および支配することが可能であり，また利益を独占できる排他的な制度でもあった。そのため Z. A. ブットーは，1972年に同制度の廃止を発表した。以上の経緯について，Z. A. ブットーは彼の著書で次のように述べている。

> われわれの経済は，危機に瀕している。数少ない資本家が国の富を略奪している。貧富の格差も拡大を続けている。そのような状態を防ぐための法律は存在しない。資本主義的な政府により行われているシステムは，人道的な資本主義とはなっていない。ここパキスタンでは，不正な利得は放任されている。[30]

上記のように，Z. A. ブットーは，数少ない資本家が国民の富を収奪し，貧富の格差が広がり，資本家の行動を規制する法はパキスタンには存在しないと述べた。表1-8が示すように，財閥傘下企業のいくつかは Z. A. ブットー政

表 1-8 主な財閥傘下企業の接収状況

財閥名	接収された傘下企業名	財閥名	接収された傘下企業名
サヘガル	コーヒヌール・レーヨン ユナイテッド・ケミカルズ ユナイテッド・バンク コーヒヌール・エンジニアリング コーヒヌール・オイルズ	ヴァリーカ	ヴァリーカ・ケミカル ヴァリーカ・セメント アハマディ・シッピング・エージェンシー ヴァリーカ・スティール ユナイテッド・インシュアランス ムハンマディ・スティームシップ
アーダムジー	ムスリム・コマーシャル・バンク アーダムジー・ライフ・インシュアランス アーダムジー・ケミカルズ アーダムジー・サイエンス・カレッジ	バワニー	ライフ・インシュアランス バワニー・ハイスクール
ファンシー	スティール・コーポレーション・オブ・パキスタン パキスタン・ナショナル・リファイナリー カラーチー・ガス コマース・バンク	ダーウード	ダーウード・エンジニアリング・カレッジ セントラル・ライフ・インシュアランス メーモン・コーポラティブ・バンク ダーウード・ペトロリューム
ガンダーラ	ガンダーラ・ディーゼル ガンダーラ・インダストリーズ	BECO	BECOインダストリーズ
ハイサンズ	ハイサンズ・スティール マック・トラックス・オブ・パキスタン ハイサンズ・ケミカル・インダストリーズ	ハビーブ	ハビーブ・バンク ハビーブ・ライフ・インシュアランス ハビーブ・パブリック・ハイスクール ハビーブ・インスティテュート・オブ・テクノロジー
コロニー（N）	ムルタン・エレクトリック パキスタン・セメント・インダストリーズ オーストラル・アジア・バンク		
ワズィール・アリー	アリー・オートモービルズ ワズィール・アリー・インダストリーズ	ハールーン	アルファ・インシュアランス スィンド・ケミカルズ ハールーン・インダストリーズ
ディンシャー	シッピング・サービス・ビジネス	アミーン	ナショナル・リファイナリー

（出典）日本貿易振興会『パキスタンの主要民間企業体』（日本貿易振興会，1983年）33-35頁より抜粋し作成。

権に接収された。そのような企業接収の法的根拠は，1972年1月に発表された「経済改革令1972 (Economic Reforms Order, 1972)」であり，それによれば企業接収の目的は，経済力集中の傾向を阻止し，国民の利益のために国家が直接企業の経営にあたる，ということであった。

接収された企業の経営にあたったのは，1972年2月に設立された産業管理委員会 (Board of Industrial Management：BIM) である。同委員会は委員長（閣僚兼任）を含め9名の役員で構成され，役員がそれぞれの産業を分担し担当していた。その後，肥大化していく国営企業の円滑な経営を目的に産業管理委員会の下に10の公社を設け，その公社がそれぞれの国営企業を統括する体制をとった。Z. A. ブットーが産業界（特に財閥）に対し行った主な措置を時系列でみると，以下の〈Z. A. ブットーの時系列でみる主な措置〉のとおりとなる。

〈Z. A. ブットーの時系列でみる主な措置〉
1972年1月1日　主要財閥の一族員（当主）の自宅軟禁を発表
　　　　1月2日　10大基幹産業の国家管理化を発表（表1-9を参照）
　　　　1月4日　銀行および保険会社の国有化予定を発表
　　　　1月12日　海外に隠匿している外貨の本国（パキスタン）送還を命じる
　　　　3月19日　外資系を含む全生命保険会社を国有化
1973年9月　食用植物油脂工業を国有化
1974年1月　石油精製品販売，海上運輸，銀行を国有化
1976年6月　綿織り，精米，製粉の諸工場を国有化

以上のように，Z. A. ブットーは短期間に産業界へインパクトを与えた。なかでも1972年1月に発表した「10大基幹産業の国有化」はパキスタン経済および産業界，特に財閥に多大な影響を与えた。それによりいくつかの財閥傘下企業が接収されたのは，表1-9が示すとおりである。

10大基幹産業の国有化に続いて1973年には，食用植物油脂工業が人為的に供給不足状態を作り出し，国民に多大な損害を与えたという理由から同工業も接収の対象となった。また，1976年にはPPPの選挙公約にはなかった綿織り，精米，製粉など（零細企業）の農作物産業が国有化された。このように財閥傘

表 1-9 10大基幹産業の接収状況

国有化された産業	対象企業数
鉄鋼・基礎的金属工業	4
重機械工業	4
基礎的・重化学工業	2
自動車組立・製造業	5
トラクター組立業	2
石油化学工業	4
セメント工業	4
石油精製・石油販売	4
配電事業	2
ガス事業	1
合　計	32

(出典) 日本貿易振興会『パキスタンの主要民間企業体』(日本貿易振興会, 1983年) 10頁。

下企業を含む製造業関連企業の多くが接収され，Z. A. ブットーの目指した社会主義型経済へと進んでいった。

また，彼の国有化政策は金融部門にもおよび，1972年1月に銀行業の接収を目的とした銀行改革案が発表され，1974年には銀行の接収が実施された。それにより外資系銀行を除くすべての民間銀行が接収された。例えば，ハビーブ・バンク（ハビーブ），ユナイテッド・バンク（United Bank, サヘガル（Saigol）），ムスリム・コマーシャル・バンク（アーダムジー），コマース・バンク（Commerce Bank, ファンシー（Fancy）），オーストラル・アジア・バンク（Austral Asia Bank, コロニー（Colony）），プレミア・バンク（Premier Bank, アラグ（Arag）），サルハド・バンク（Sarhad Bank, ファールーク（Faruque））などの民間銀行が接収され，表1-10が示すようにアライド・バンク・オブ・パキスタン（Allied Bank of Pakistan），ハビーブ・バンク（Habib Bank），ムスリム・コマーシャル・バンク（Muslim Commercial Bank），ナショナル・バンク・オブ・パキスタン（National Bank of Pakistan），ユナイテッド・バンク（United Bank）の5つの国立銀行に再編された。

以上からも明らかなように，主な財閥はZ. A. ブットーの政策に打撃を受けた。しかし，依然としていくつかの財閥がパキスタン経済および産業界において支配的な立場にあり，その力を維持していた。なぜなら接収された企業は，主に表1-9にあげた産業と金融関連の企業であり，当時の財閥の主要産業である紡績は接収対象から外されていたからである。また，自宅軟禁措置を受けた主な財閥一族員（当主）はダーウードのアフマド・ダーウード（Ahmed Dawood），ヴァリーカ（Valika）のファフルッディーン・ヴァリバーイー（Fakhruddin Valibhai），ビボージー（Bibojee）のハビーブッラー・ハーン・ハタック（Habibullah Khan Khattak）らであった。Z. A. ブットーのこのような措置に対し，アフマド・ダーウードは米紙『ワシントンポスト』へ次のように語っている。

もし，あなたが牛を殺したならば，今日だけの肉はえられるだろう。しかし，もしあなたが牛を飼えば，あなたは毎日ミルクをえることができる。今，パキスタンはミルクを必要としている。(34)

このアフマド・ダーウードの言葉は，富める者が富めば，その過程で貧しい者へも次第に富が浸透していく（トリクルダウン理論）ことを意味する。Z.A.ブットーは財閥という牛を殺し，その肉をパキスタン国民に与え一時的に飢えをしのがせ，国民の一時的な欲求を満たしたのである。しかし，逆に牛を上手に飼えば牛肉という高価なものはえられないが日々暮らすために必要なミルクはえられ，国民は牛からえたミルクを飲むことができる。また，牛の飼い

表1-10　Z.A.ブットー政権期における主な銀行の接収状況

接収前の銀行名	接収後の銀行名
ナショナル・バンク・オブ・パキスタン バンク・オブ・バハーワルプール	ナショナル・バンク・オブ・パキスタン
パック・バンク サルハド・バンク ラーホール・コマーシャル・バンク オーストラル・アジア・バンク	アライド・バンク・オブ・パキスタン
コマース・バンク ユナイテッド・バンク	ユナイテッド・バンク
プレミア・バンク ムスリム・コマーシャル・バンク	ムスリム・コマーシャル・バンク
ハビーブ・バンク ハビーブ・バンク（オーバーシーズ） スタンダード・バンク	ハビーブ・バンク

(出典) Government of Pakistan, *Pakistan Economic Survey 1973-74*, p.65, Stewart, Peter and Jenny Sturgis, *PAKISTAN: Meeting The Challenge*, MCB Published by Euromoney Books, 1995, p.92. より作成。

かた次第では，牛は子を産み，その数が徐々に増えていくことも可能である。

　Z.A.ブットー政権が統制するマスメディアは財閥を一斉に攻撃し，その結果，産業界に対する国民の不満が高まり，経営者（主に財閥一族）は自ら所有し経営する工場および会社へ近づくことすらできない状態となった。

　しかし，Z.A.ブットーの行った社会主義型経済政策は長くは続かなかった。なぜなら，特に，同政権が行った企業接収が当初予想していた以上の成果をあげることができなかったからである。Z.A.ブットーが行おうとしたパキスタンが抱えた各種格差の是正は，企業の国有化という政策により部分的には達成されるかにみえた。しかし，非効率な官僚とすべてに未経験なZ.A.ブットー率いるPPP党員だけで肥大化した公共部門（国営企業）を経営および運営する

ことには限界があり，またそれに加え多様な業種の企業を無理に統括しようとしたため，Z. A. ブットー政権は行き詰まりをみせ，パキスタン経済のさまざまな分野において不均衡を招く結果となった。

1970年代のパキスタンの経済と財閥

実際に，Z. A. ブットーが政権をとり，民間企業の国有化政策を行った1971年（実際には1972年）から1973年頃までは，民間企業の順調な接収と大規模製造業への国家による多額の投資により順調な成長をみせた。しかし，1970年代後半はすべての産業分野において成長は横ばい，あるいは下降傾向となった。それは，先に述べた国有化された企業の非効率で非能率な生産状況と，官僚および PPP 党員の経営能力の欠如によるものである。同政権は，前政権期に比べ労働者の労働条件の改善をもたらした。しかし，工業部門の低成長およびモノ不足による物価の上昇などにより，労働者の要求を十分に満たすことができず，労働者の不満の矛先は Z. A. ブットー政権へ向けられた。

パキスタン国内では反 Z. A. ブットーの動きが広まり，野党であったパキスタン国民同盟（Pakistan National Alliance : PNA）や労働者を中心としたデモがカラーチーやラーホールなどの主要な都市で激化していった。その結果，1977年7月のズィヤーウル・ハク（Zia-ul-Haq）を中心とした軍部のクーデターにより Z. A. ブットーは失脚し[35]，約6年間続いたパキスタンでの社会主義型経済の試みは終わりを迎えた。

1970年代を財閥の関係で振り返ると，民間企業の国有化，主要財閥一族員の拘束など，同時期は民間（特に財閥）の持つビジネスに対するマインドを低下させ，民間投資の不振を招いたことは間違いない。しかし，Z. A. ブットーにより国有化されたのはどちらかといえば大規模な企業が中心であった。そのため同時期にパンジャーブを中心に活動していた多くの中小規模の企業は，国有化政策の影響をそれほど受けることなく，その活動の範囲および規模を拡大させた。1970年代の中小規模企業の活動は，1980年代以降のパキスタン経済および産業界（特に財閥）に影響を与えることになる。

5 パキスタン経済の再出発と模索期——1980年代

パキスタン経済の再出発

同時期は，1977年のズィヤーウル・ハクのクーデターにより幕を開けた。ズィヤーウル・ハクは，Z. A. ブットーが実施した社会主義型経済政策を全面的に否定し，彼は政権のよりどころをイスラームに求めた。それを一言で述べると，シャリーア（イスラーム法）に基づいた社会規範の確立である。いうまでもないが，パキスタンはムスリムが中心となり誕生した国家である。ズィヤーウル・ハク政権がイスラームを前面に押し出したことは確かだが，しかしそれ以前からイスラームとの関係は重要視されてきた。

イスラームの教えに基づいた国家運営は，当然のことであるがパキスタン経済ならびに企業のビジネス活動にも少なからず影響をおよぼすことになる。例えば，イスラームの教えと経済ならびにビジネスとの関係をもっともよく表しているのは金融関係だと思われる。具体的には「利子（リバー）を取得するか，しないか（あるいは制限するか）」である。時代や地域によりリバーの解釈は異なるが，現在では利子を取得しないという解釈が一般的であろう。このような考え方のもとで行われている金融をイスラーム金融と一般的に呼んでいる。紙幅の関係上，詳しくは述べないが，利子を取得しない（あるいは利子取得に制限をくわえる）イスラーム金融では，契約にかんする考え方，また契約形態（ムダーラバなど）もわれわれが日々接している金融システムとは異なっている。イスラームのもとでは利子取得についてだけではなく，その他あらゆる分野でイスラームの教えや考え方に基づき行動することが求められる。よって，経済あるいは企業のビジネス活動だけを，イスラームと切り離し考えることはない。当然であるが先にも述べたように，イスラームが経済やビジネス活動にも何らかの影響を与えることになる。

この場は，イスラームと経済の関係について論じる場ではないため本題に戻りたい。ズィヤーウル・ハクは，先にも述べたようにパキスタンでイスラーム化を進めた。しかし，彼は当時の世界経済の流れから，経済体制（運営）にかんしては，イスラームの教えのもとでの経済運営を重視しつつも自由な活動を

表1-11 工業・生産省管轄下の公社（1994年）

公社名	傘下企業（工場）数
連邦化学・窒素公社（FCCCL）	1
国立肥料公社（NFC）	6
パキスタン自動車公社（PACO）	4
パキスタン産業開発公社（PIDC）	4
国立セメント公社（SCCP）	4
国立機械公社（SEC）	6
国立精油・石油化学公社（PERAC）	2
パキスタン製鉄所（PASMIC）	1

（出典）開発援助研究所『パキスタンにおける民営化政策の現状と課題（OECF Research Paper No. 19)』（1997年）30頁より。

認める自由化路線を推し進めた。ズィヤーウル・ハクは，1972年に設置された産業管理委員会を1978年に廃止し，工業・生産省（Ministry of Industries & Production）を設置した。同省は，産業管理委員会の国有企業の管轄権を引き受け，表1-11が示すように8公社を管轄し，管轄企業の順次民営化を行った。

1980年代以降のパキスタン経済の方向性

1980年代から現在に至るまで，パキスタン経済は発展を阻害する多くの要因を抱えながら推移している。パキスタン経済の発展を阻害する要因としてあげられるのは，第1に1977年から1985年まで続いた戒厳令であり，第2に1989年から極度に悪化した治安および政情不安，第3に第2とも関連するが宗教や民族問題，また国際情勢の変化などがあげられる。

パキスタンはこのようなマイナスの要因を抱えながらも経済計画（5カ年計画）を基礎とし，1980年代以降，着実な経済成長を遂げ，工業化への道を歩んできた。しかし，工業化への道はZ. A. ブットー政権崩壊後から少なくとも現在まで手探り状態であり，そのような状態は1996年1月に来日したB. ブットー（B. Bhutto）首相（当時）の歓迎セレモニーでの彼女のスピーチからも伺える。

……世界の中で生き残っていくために必要なことは軍事力ではないということがわかったのです。そういった意味で，日本の成功は，まさに際だってわ

れわれの脳裡に残ります。日本の例を考えてみれば，結局必要なのは経済力であり，経済力こそが国の力となり，いずれは世界全体における政治的な声，影響力になっていくのだということがわかります。したがって，今日の世界においては，影響をおよぼすものは市場であり，決してミサイルではないのです。

　……この2年間に，われわれは220億ドルの外国からの投資を引き寄せることができるようになりました。すなわち，この投資額は，世界各国から寄せられた投資の約束です……。[38]

このスピーチから B. ブットーも経済発展の重要性を認識し，また外国からの投資を誘致することにより，パキスタンに秘められた大きな魅力を引き出そうとしているのがわかる。1980年代以降のパキスタンがおかれていた状況を一言でいうなら模索期間といえるであろう。

さて，1977年7月のズィヤーウル・ハクのクーデターで始まった模索期間は，Z. A. ブットーの推進した社会主義型経済を否定し，経済の自由化を推進していくことになる。Z. A. ブットー政権が崩壊した1977年以降，現在に至るまでいくつかの政権が誕生した。それら政権に共通していることは，1970年代の社会主義型経済政策とは逆の民間企業の自主性を重視した，またそれら企業の活動を阻むような諸規制の緩和を柱とする経済の自由化路線であった。規制緩和と民営化に力を注いだ時期であったといえる。

1977年のズィヤーウル・ハク政権の登場は，1970年代以前に親密であった官僚と財閥（財閥一族）の関係を復活させる結果となった。産業界，特にいくつかの財閥はこれまでと同様に政府および政治家を信用せず，選挙や政党などの活動に関心を持っていなかった。彼らが関心を持ち，積極的にアプローチをしたのが許認可権を持つ官僚や軍人らであった。しかし，パキスタンでは政治のトップの座に就いた者は，基本的に有力な権力者であり，財閥は政治家をほとんど信用していなかったにもかかわらず，財閥の既得権益や自己利益の保護のため積極的に政治家および主要な政党への政治献金を行っていた。政官財の関係は分離独立当初から変わるものではなく，パキスタンでは「恩恵・抑圧・威嚇・贈収賄」といったアプローチは現在でも続いている。そして，それらのア

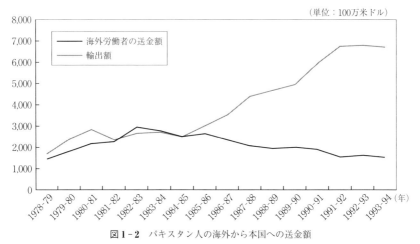

図 1 - 2　パキスタン人の海外から本国への送金額

（出典）Government of Pakistan, *Economic Survey 1989-90*, p. 151, Government of Pakistan, *Economic Survey 1994-95*, p. 150 より抜粋し作成。

プローチは時を経るにつれて精巧になり，拡大しているといわれている。

　1979年暮れに起こったソ連のアフガニスタンへの侵攻は，隣国パキスタンの地政学的地位を大きく変え，冷戦により外国からの援助資金の流入を拡大させた。特に，アメリカからの軍事，経済的援助の規模は年々増すいっぽうであり，また同時期に中東産油国への出稼ぎ労働者が増加し，それにともない出稼ぎ者のパキスタン本国への送金額も増加していった。図 1 - 2 が示すように1970年代後半から1980年代半ばまでのパキスタン本国への送金額は，同時期のパキスタンの輸出額に匹敵するほどであった。1980年前後のパキスタンは多くの外貨をえることにより，民間企業，特に財閥の活動がこれまで以上に活発になり，1960年代のアユーブ政権期に負けずとも劣らないほどに成長していった。

　ズィヤーウル・ハクは，こうした情勢の変化に則した5カ年計画（第5次5カ年計画：1978 - 1983，第6次5カ年計画：1983 - 1988，第7次5カ年計画：1988 - 1993）を在任中に策定し発表した。第5次計画では，1970年代に肥大化した国有企業の縮小を図ることを主な目的とし，民間投資の拡大を重要視した。また，第6次計画は，規制緩和と民営化が中心のテーマであり，国家は民間主導の経済活動の推進役とされた。第7次計画での国家の役割は，市場が機能しない分野に限定された。それらの5カ年計画からも伺えるように民間主導により一層

の経済の自由化を促進した。このように1980年代以降の政権が行った政策，特に民間の役割を重視する経済政策は，諸外国（特にアメリカ）からの援助金および出稼ぎ労働者の本国送金など多額の外貨獲得とマッチし，パキスタン国内の民間企業，特に財閥の企業活動を活発化させた。

1980年代の財閥の活動

独立当初から活動している財閥とならんで，1980年代以降に急成長してきた新興の財閥もみられた。それら新興財閥は，古参財閥の活動をしのぐ勢いで成長し，今日のパキスタンを代表する財閥となっているものも少なくない。[41]例えば，ラークサン，ディーワン（Dewan），イッテファーク（Ittefaq），ハシュワーニー（Hashwani）などである。これらの新興財閥の活動基盤は，分離独立当初から活動してきた財閥同様に綿紡績が中心の場合もあるが，なかには鉄鋼やホテルなどへも積極的に進出し，それらを基盤とするものもある。例えば，第7章で述べるが，ラークサン財閥はスルターンアリー・ラーカーニー（Sultanali Lakhani）を中心とする4人兄弟が支配する財閥である。同財閥は，タバコ，石鹸，洗剤などの消費財の製造および販売を中心に事業を展開している。またハシュワーニーは，サダルッディーン・ハシュワーニー（Sadruddin Hashwani）が中心となり，ホテル事業で成長した財閥であり，パキスタンの各地でパールコンチネンタルホテルなどの高級ホテルの経営を手掛けている。

6 パキスタンと財閥

本章では，パキスタンの経済発展過程を分離独立から1950年代，1960年代，1970年代，1980年代の大きく4つの時期に区分し，各時期におけるパキスタン財閥の動向とパキスタン経済と政権との関係について検討した。

分離独立当初のパキスタン経済は，インドあるいはその他の国や地域からムハージルとしてパキスタンへ移住してきた者たちが担っていた。その代表がハビーブ，アーダムジーらである。彼らは，パキスタン経済の基盤となる企業をパキスタン国内に設立し，分離独立当初のパキスタン経済を支えていた。その結果，1960年代には彼らの積極的な企業活動により経済発展を享受するまでに

なっていた。

　1970年代のパキスタンは，Z. A. ブットーによる社会主義型経済政策の導入により，いくつかの財閥傘下企業が国有化され多くの財閥が影響を受けた。その結果，財閥や企業家のビジネスに対するマインドは低下し，1960年代まで順調であったパキスタン経済は停滞した。

　1977年に，ズィヤーウル・ハクがクーデターにより政権をとり，1970年代にZ. A. ブットーが進めた社会主義型経済政策を否定した。ズィヤーウル・ハクは，政権のよりどころをイスラームに求め，経済運営に対してはイスラームを重視しつつも自由な活動を認める自由化路線を進めた。それにより1960年代までとはいえないが，財閥も活動を活発化させてきた。しかし，パキスタンは1980年代から現在に至るまで国内的な問題や世界的な事件などの影響を大きく受けてきた。当然，パキスタンで活動する財閥もそれらの影響を大きく受け現在に至っている。今後，世界的な事件だけではなく国内にあるいくつかの不安定要素が解消されたならば，財閥の活動も1960年代以上に活発化するであろう。

　以上，本章ではパキスタン経済と財閥を関連させて述べてきた。それらをふまえ，次章以降の第2章から第7章では，パキスタンの6つの財閥を個別に取り上げ，財閥一族の出自や財閥一族と傘下企業の関係について，また各財閥の特徴などについて検討していきたい。

注
(1) 1947年の印パ分離独立にともないパキスタン国内にインド，あるいはその他の国や地域から移住してきたイスラーム教徒（ムスリム）の宗教的避難民をさす。ムハージルの問題については，さしあたり浜口恒夫「パキスタンにおける都市化と民族問題――カラーチーの「ムハージル」を中心として」『大阪外国語大学論集』第6号（1991年）を参照のこと。
(2) メーモン，ホージャ，ボホラについては，特に断りがない限り以下の文献を参考にした。よって，特にそれぞれの引用箇所については引用文献を示さない。引用および参照した文献は次のとおりである。Blank, Jonah, *Mullahs on the Mainframe : Islam and Modernity among the Daudi Bohras*, The University of Chicago Press, 2001. Hollister, John Norman, *The Shi's of India*, Luzac Co. Ltd., 1953. Enthoven, R. E., *The Tribes and Castes of Bombay vol. 1, vol. 2, vol. 3*, Asian Educational Services, 1990. *Muslim Communities of Gujarat*, Books LLC, Wiki Series,

2011. Pearson, M. N., *Merchants and Rulers in Gujarat*, University of California Press, 1976（M. N. ピアスン著，生田滋訳『ポルトガルとインド』（岩波現代選書，1984年）），篠田隆「インド・グジャラートの宗教・カースト構成——1931年国勢調査の分析」『大東文化大学紀要 社会科学』第32号（1994年），同「インド・グジャラートのカーストと職業構成——1931年国勢調査の分析」『大東文化大学紀要 社会科学』第33号（1995年），山中一郎「産業資本家層——歴代政権との対応を中心として」山中一郎編著『パキスタンにおける政治と権力——統治エリートについての考察』（アジア経済研究所，1992年），同「パキスタンにおけるビジネスグループ——その生成と発展に関する一考察」小池賢治・星野妙子編著『発展途上国のビジネスグループ』（アジア経済研究所，1993年），大石高志「ムスリム資本家とパキスタン——ネットワークの歴史的形成過程と地域・領域への対処」黒崎卓・子島進・山根聡編著『現代パキスタン分析——民族・国民・国家』（岩波書店，2004年），藍澤光晴「マダガスカルにおける十二イマームシーア派コージャ（Khoja Shia Ithana-Asheri）の移住と経済活動」『移民研究年報』第16号（日本移民学会，2010年），ONLINE MEMON COMMUNITY の HP（http://www.memon.com/, 2014年7月11日閲覧）。

　また，上記以外にもわが国では商人や彼らの活動などについての研究が盛んに行われており，近年の代表的研究だけをあげれば次のようなものがある。杉原薫『アジア間貿易の形成と構造』（ミネルヴァ書房，1996年），籠谷直人『アジア国際通商秩序と近代日本』（名古屋大学出版会，2000年）や脇村孝平「長期の19世紀——インド系企業家の系譜」『南アジア研究』第19号（日本南アジア学会，2007年），同「「開放体系」としてのインド亜大陸——インド系商人・企業家の系譜」『南アジア研究』第22号（日本南アジア学会，2010年），藪下信幸「近世西インドグジャラート地方における現地商人の商業活動——イギリス東インド会社との取引関係を中心として」『商経学叢』第52巻第3号（近畿大学，2006年）など多数存在する。

(3)　M. N. ピアスン前掲書（生田訳）『ポルトガルとインド』17頁。
(4)　篠田前掲論文「インド・グジャラートの宗教・カースト構成」225頁。
(5)　M. N. ピアスン前掲書（生田訳）『ポルトガルとインド』44-45頁。
(6)　イスラームには，利息取得（リバー）にかんする規定がある。コーランでは，利息取得（リバー）を禁止あるいは制限している。イスラーム経済においてもっとも重視されることは，直接的労働である。労働なしにえられる利益（所得）は，不労所得とみなされイスラームでは認められていない。よって，リバーとは直接的労働をせずにえられる利益（所得）のことをさす。リバーについては，近年イスラーム金融などの観点からも多くの議論がなされ，それにともない多くの研究成果が発表されているのでそれらを参照のこと。
(7)　山中前掲論文「産業資本家層」305頁，山中前掲論文「パキスタンにおけるビジネスグループ」217頁。Kochanek, Stanley A., *Interest Groups and Development:*

Business and Politics in Pakistan, Oxford University Press, 1983, p. 99.
⑻　瀬岡誠『企業者史学序説』(実業出版，1980年) を参照のこと。同書では，インドにおいてマイノリティ・コミュニティであるパールスィー (拝火教徒) が，なぜインドの工業化で主導的役割を果たすことができたのかを，企業者史学の観点から実に興味深い分析を行っている (第四章7.「インドの企業者活動とパルシー」『企業者史学序説』)。また Park, R. E., Human Migration and the Marginal Man, *American Journal of Sociology*, Vol. 33, No. 6, 1928. Stonequist, Everett V., *The Marginal Man : A Study in Personality and Culture Conflict*, Russell & Russell, 1961 なども参照されたい。
⑼　それぞれの概念については，瀬岡同上書『企業者史学序説』を参照のこと。特に，本書との関連では，同書第四章「企業者史の社会学的アプローチ」を参照のこと。
⑽　瀬岡同上書『企業者史学序説』134頁。
⑾　さしあたりビルラ財閥の出自および発展過程については，三上敦史「ビルラ財閥の形成と発展——G. D. ビルラの企業者活動を中心に」『インド財閥経営史研究』(同文舘出版，1993年)，また加藤長雄『インドの財閥——ビルラ財閥を中心として』(アジア経済研究所，1962年) などを参照のこと。
⑿　アーガー・ハーン財団のパキスタンでの活動については，子島進『イスラームと開発——カラーコラムにおけるイスマーイール派の変容』(ナカニシヤ出版，2002年) を参照のこと。
⒀　Habib Bank Ltd., *Annual Report 2004*, p. 8. Privatization Division, Government of Pakistan, *Year Book 2008-2009*, p. 54. 深町宏樹・牧野百恵「2003年のパキスタン——パキスタン自身の「テロとの戦い」の幕開け」『アジア動向年報2004』(アジア経済研究所，2004年) 564頁。また，ハビーブ・バンクの「年次報告書」からもそのような状況を読み取ることができる (Habib Bank Ltd., *Annual Report 2003, 2004, 2005, 2006, 2007* を参照のこと)。
⒁　Privatization Division, Government of Pakistan, *op. cit.*, p. 54.
⒂　オリエント・エアウェイズの設立の経緯にかんしては「日本の中のパキスタン④パキスタン航空」『パーキスターン』第188号 (日本パキスタン協会，2003年)，および Adamjee Group の HP, History : Orient Airways Ltd. (http://adamjees.net/Orinet-Airways.aspx, 2010年11月25日閲覧) などを参照のこと。
⒃　「世界の民間航空 パキスタン国際航空」1頁。
⒄　詳しくは，山中一郎「パキスタンの産業政策声明」『アジア経済』第7巻第5号 (アジア経済研究所，1966年) を参照のこと。
⒅　PIDC については，山中一郎による一連の優れた論稿があり，以下の叙述の多くも山中の研究に負うところが大きい。
⒆　Government of Pakistan. Dept. of Advertising, *Pakistan Industrial Development Corporation*, 1956, p. 2.

第 1 章　パキスタン経済と財閥

(20)　山中一郎「パキスタンの工業化政策に関する一考察——PIDC を中心として」『アジア経済』第 9 巻第 3 号（アジア経済研究所，1968年）29頁。
(21)　山中一郎「工業化と国家投資——パキスタン産業開発公社（PIDC）の機能をめぐって」『アジア研究』第24巻第 2 号（1977年）78頁を参照のこと。
(22)　Qureshi, M. L., et. al., *Report of the Panel of the Economists on the Second Five Year Plan, 1960-65*, Manager of Publications, 1960, p. 25.
(23)　山中前掲論文「パキスタンの工業化政策に関する一考察」27頁。
(24)　山中前掲論文「パキスタンにおけるビジネスグループ」228頁。
(25)　Ayub Khan, Mohammad, *Friends not Masters : A Political Autobiography*, Oxford University Press, 1967, p. 96.
(26)　Mushtaq, Ahmad, *Government and Politics in Pakistan*, Royal Book Co. 1988, p. 302.
(27)　Mahbub-ul-Haq, *The Poverty Curtain*, Columbia University Press, 1976, p. 6.
(28)　ファミリーグループは22家族をさす。
(29)　インドの経営代理制度については，アジア経済研究所編『インドの経営代理制度』（アジア経済研究所，1960年）や小池賢治『経営代理制度論』（アジア経済研究所，1979年）が詳しく論じている。また中川敬一郎「インドの経済発展と企業者活動」『経営史学』第 4 巻第 1 号（1970年）の 3 節「インドの企業者集団と経営代理制度」，星川長七「インド会社法と経営代理制度の変遷」『比較法学』第 5 巻第 1・2 合併号（早稲田大学比較法研究所，1969年），米山伸一「インド紡績株式会社における経営代理制度の定着過程」『一橋論叢』第85巻第 1 号（1981年）なども参照のこと。またパキスタンでの同制度については White, Lawrence J., *Industrial-Concentration and Economic Power in Pakistan*, Princeton University Press, 1974, p. 143. なども参照のこと。
(30)　Bhutto, Zulfikar Ali, *Political Situation in Pakistan*, Pakistan People's Party, 1968, p. 8.
(31)　山中前掲論文「工業化と国家投資」88頁。
(32)　黒崎卓「パキスタンにおける「民活」政策の特徴とその進展」木村陸男編『アジア諸国における民活政策の展開』（アジア経済研究所，1992年）171-172頁を参照。
(33)　それら零細企業が国営化されたのは，1973年から1976年までに行われた補欠選挙で，それらの企業が PPP 候補者を支持しなかったことに対する報復といわれている（中野勝一『パキスタン政治史——民主国家への苦難の道』（明石書店，2014年）148頁）。
(34)　Bhutto Challenges 'The Cows' Arrests of Industrialists Open Economic Battle, *The Washington Post*, 3rd January, 1972, p. A1. より抜粋し引用。
(35)　Z. A. ブットーは，1979年 4 月 4 日にズィヤーウル・ハクにより政敵暗殺などの容疑にかけられ処刑された。

⑶6 1996年10月までの国有企業の民営化状況については,開発援助研究所『パキスタンにおける民営化政策の現状と課題（OECF Research Paper No. 19）』（1997年）32-33頁を参照のこと。
⑶7 B. ブットーは,ズィヤーウル・ハクにより処刑された Z. A. ブットーの娘であり,彼女はパキスタンで2度（1988年12月－1990年8月,1993年10月－1996年11月）首相を務めた。しかし,B. ブットーは2007年12月27日にラワルピンディーで開催された選挙集会に参加し凶弾に倒れた。
⑶8 1996年1月19日,訪日歓迎レセプションでの B. ブットー首相（当時）の謝辞より（『パーキスターン』第146号（1996年）6-7頁）。
⑶9 パキスタン人の出稼ぎ労働者については,山中一郎「パキスタンにおける海外移住労働──その規模と特質」『アジア経済』第25巻第3号（アジア経済研究所,1984年），深町宏樹「パキスタンの海外労働移動」『大原社会問題研究所雑誌』第389号（法政大学大原社会問題研究所,1991年）などを参照のこと。また2000年代以降のパキスタンへの送金問題にかんする詳細な分析は,小田尚也「労働者送金と途上国経済──パキスタンの事例を中心に」大野早苗・黒坂佳央編著『過剰流動性とアジア経済』（日本評論社,2013年）を参照のこと。
⑷0 Government of Pakistan, Planning Commission, *Seventh Five Year Plan 1988-93 & Perspective Plan, 1988-2003*, p. 28, 73.
⑷1 Sayeed, Asad, Special Report The New Breed, *The Herald*, June 1990. などを参照のこと。

第2章
ハビーブ財閥

1　ハビーブ財閥とパキスタン

　分離独立後，新生パキスタン政府は，1948年に「産業政策声明」を発表する。その声明の主な内容は，消費財産業の優先，民間資本の主導性の確認であり，パキスタン政府は，同国の経済分野の発展を政府主導ではなく，民間主導で行うことを目指した。

　このようなパキスタン政府の要請に応じたのが，インド亜大陸内で活動していたいくつかの有力なムスリム商人たちであった。彼らは独立運動へのサポート，またパキスタン建国に際し早急に必要とされる公共性の高い諸企業の設立および資金提供を積極的に行った。それら企業の設立にかかわったムスリム商人は，第1章でも述べたようにその後「建国企業」とよばれ，現在でもパキスタンにおいて名門一族である。

　本章で取り上げるハビーブ家も「建国企業」に名を連ね，分離独立当初のパキスタン経済に大きく貢献した一族である。特に，ハビーブ家はハビーブ・バンク（Habib Bank）の設立などパキスタン国内で金融業を中心に活動した。

　本章では，印パ分離独立当初よりパキスタンでビジネスを展開してきたハビーブ財閥を取り上げ，同財閥のムハンマドアリー・ハビーブ・グループ（Mohammedali Habib Group）とダーウード・ハビーブ・グループ（Dawood Habib Group）の2つのグループに焦点をあて，それぞれの中核的な事業である自動車製造業と金融業を考察する。それに加え，ハビーブ家（ムハンマドアリー・ハビーブ一族とダーウード・ハビーブ一族）と各グループ傘下企業の関係について検討する。

2 ハビーブ家の活動

印パ分離独立以前のハビーブ家

　パキスタンの企業者活動は，コミュニティごとのかなり凝集性の高いものとして展開してきた。ハビーブ家の場合，15世紀頃ヒンドゥー教からイスラーム教へ改宗したシーア派のホージャ・コミュニティに属している。

　ハビーブ財閥の祖となる人物は，ハビーブ・イスマーイール（Habib Esmail）である。彼はイスマーイール・アリー（Esmail Ali）の子として1878年に生まれ，ハビーブと名付けられた。父イスマーイールは，ボンベイ（現ムンバイ）に工場を持ち，当時の産業界においてパイオニア的な存在であった。

　ハビーブは，1912年にヨーロッパ視察を行い，その後即座にジュネーブとウィーンにヨーロッパ貿易の拠点となる事務所を開設した。1921年に設立したハビーブ＆サンズ（Habib & Sons Ltd.）は，ハビーブ家の貿易業務を一手に引き受け，日本や中国ともビジネス関係を築き貿易を行った[1]。同社が主に扱った輸入品は，洋品類，生糸，ガラス製品，刃物類であり，輸出品としては綿が主であった。その後，ハビーブ＆サンズは事業の中心を次第に綿花取引に移していった。

　ハビーブ＆サンズは，その後ハビーブ財閥内において中枢的な役割を果たすようになり，1941年設立のハビーブ・バンクの親会社となり，またハビーブ財閥の中枢統括会社となった。もっとも現在，ハビーブ＆サンズはハビーブ財閥の統括会社ではない。後述するが，現在ハビーブ財閥はアフメド・ハビーブ・グループ（Ahmed Habib Group），ダーウード・ハビーブ・グループ，ムハンマドアリー・ハビーブ・グループの3つにわかれている（図2-1を参照）。この件にかんしてハビーブ関係者は，「それは決して一族内の分裂を意味するのではなく，彼らの父ハビーブ・イスマーイールの企業家精神が息子に受け継がれ，各々が企業家精神を発揮した結果である」[2]というが，サブ・グループ化の原因やそのプロセスは定かではない。

　しかし，ダーウード・ハビーブ・グループとムハンマドアリー・ハビーブ・グループの両グループ[3]はハビーブ・インシュアランス（Habib Insurance Co.

58

第2章　ハビーブ財閥

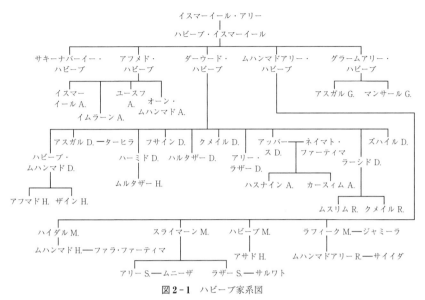

図2-1　ハビーブ家系図

(注) 同家系図は2014年7月までに収集した資料をもとに作成した。
(出典) ハウス・オブ・ハビーブでの聞き取り調査(1998年7月)およびHabib Bank AG Zurich, *Brief History*, pp.4-5, ダーウード・ハビーブ・グループとムハンマドアリー・ハビーブ・グループ傘下企業各社 *Annual Report* より作成。

Ltd.) の株式を持ち合い、また役員を派遣しあい、共同で経営を行っている。ハビーブ・インシュアランスの共同経営は、ハビーブ家が分裂をしていない証拠であろう。このような財閥内でのサブ・グループ化や財閥の分裂現象については、財閥の分裂現象が顕著に進行しつつあるインド財閥との比較においても、今後の興味深い研究課題となる。ちなみにハビーブ&サンズは、現在ダーウード・ハビーブ・グループの傘下企業である。

印パ分離独立後のハビーブ家

ハビーブ家は分離独立後、本拠地をボンベイからカラーチーへ移し、新国家パキスタン建国のため多方面で産業をおこし、各分野において主導的な役割を演じることになる。分離独立前後に、ハビーブ家が最初に行ったことは、ハビーブ・バンク、ハビーブ・インシュアランス、ムハンマディー・スティームシップ (Muhammadi Steamship Co. Ltd.) などの設立であった。金融業は、資金

力の弱いムスリムへの資金融資を主な目的とし，海運業は諸外国との貿易などを主な目的として設立した。このようなハビーブ家（兄弟）の国益志向的ともいえる活動は，ハビーブ・イスマーイールの信念であった「信頼，誠実，勤勉，勇気，寛容，博愛」[5]を継承し具現化したものといえよう。

　本章では，先にあげたハビーブ財閥の3つのグループのなかでも，特にムハンマドアリー・ハビーブ・グループとダーウード・ハビーブ・グループの2つのグループの事業形態，および一族による傘下企業の支配構造，特に所有面と経営面に焦点をあて考察を行う。

　ムハンマドアリー・ハビーブ・グループの中心人物は，ムハンマドアリー・ハビーブであり，またダーウード・ハビーブ・グループの中心人物は，ダーウード・ハビーブである。両者は，父であり優れた企業家であったハビーブ・イスマーイールの影響を兄弟のなかでも，もっとも強く受けた人物である。また，現在のパキスタンにおけるハビーブ家の地位を確固たるものとし，その名を世に知らしめたのもダーウード・ハビーブとムハンマドアリー・ハビーブの2人であった。

　彼らの生涯は短く，ダーウード・ハビーブは49歳でこの世を去り，そしてムハンマドアリー・ハビーブも55歳という若さでこの世を去った。しかし，ダーウードとムハンマドアリーがパキスタンでの同家の活動の基盤を築いたことはいうまでもなく，また彼らの活躍によりハビーブの財閥体制の基盤が確立されたのである。

　ちなみに今日のムハンマドアリー・ハビーブ・グループは，多くの従業員を擁するグループとなっており，その業種も金融，自動車，建設，メディア，化学工業，コンピューターなど多岐にわたる。現在では日本やイギリスなどの諸外国の企業とも積極的に関係を持ち，パキスタン国内でいくつかの合弁事業を展開している。また，ダーウード・ハビーブ・グループは，パキスタン国内で金融業はもちろんのこと，製造業などを展開し，それに加え中東やアフリカなどへも積極的に進出し事業（特に金融関係）を展開している。

　このように19世紀末にハビーブ・イスマーイールによってインドで蒔かれた企業家精神の小さな種は，今日までその息子たちや孫によって受け継がれ，現在ではパキスタンという地において切り倒すことのできない大木となっている。

3　ハビーブ財閥の金融業

ハビーブ家とハビーブ・バンク

　分離独立前のインド亜大陸におけるムスリム企業家の数は極めて少なかった。その一因にムスリム系独自の金融機関がなかったことがあげられる。英領インドからの分離独立運動が盛んになった1930年代後半のインドにおいて、M. A. ジンナー率いるムスリム連盟は、ムスリムに対し、インドからの分離独立運動の呼びかけを行った。ハビーブ家はM. A. ジンナーと親しい関係にあった。そのためM. A. ジンナーの要請に呼応し、新国家パキスタンに必要な銀行の設立を企図した。それがすでに述べたムハンマドアリーが中心となって独立前の1941年に設立したハビーブ・バンクである。ハビーブ・バンクは、インド亜大陸におけるムスリム系銀行の第1号となった。その後、同行は数年間でインド亜大陸にいくつかの支店を開設した。そしてムスリム企業家やムスリムの一般中流階級の人々に対し重要な役割を果たすことになる。

　1947年のパキスタン誕生時には、ハビーブ・バンクはインドの主要都市に34の支店を開設していた。その後、本店をボンベイからカラーチーに移し、国家設立に必要な金融機関として重要な役割を果たしたのである。その頃ハビーブ・バンクが最初に行ったことは、パキスタン政府への資金提供であり、新国家パキスタンの活性化のための企業への融資であった。また1951年には、ハビーブ・バンク・オーバーシーズ（Habib Bank (Overseas) Ltd.）を設立し、コロンボ、スリランカへと海外進出を行った。その後も香港、ニューヨーク、マンチェスターなどに支店を開設し、海外で多くの支店を持つまでに発展した。[6]

ハビーブ家と金融業

　表2-1および表2-2は1970年頃の銀行別、保険会社別の資産規模を示したものである。[7] この表からパキスタンの金融部門（銀行業・保険業）は、財閥によって支配されていたことがわかる。なかでもハビーブ財閥傘下の金融機関であるハビーブ・バンクとハビーブ・インシュアランスは上位に位置し、ハビーブ・バンクにあっては上位7銀行における預金額の約44％を、また貸付金額の

表2-1　銀行の規模について（1970年）
(単位：100万 Pak.Rs.)

順位	銀行	支配グループ	預金額	貸付金
1	ハビーブ・バンク	ハビーブ	4,270.8	2,622.7
2	ユナイテッド・バンク	サヘガル	3,234.5	2,032.4
3	ムスリム・コマーシャル・バンク	アーダムジー	1,326.4	843.7
4	コマース・バンク	ファンシー	375.4	312.9
5	オーストラル・アジア・バンク	コロニー	338.8	245.0
6	プレミア・バンク	アラグ	41.9	23.7
7	サルハド・バンク	ファールーク	20.2	7.1
	合計		9,608	6,087.5

(出典) Amjad, Rashid, *Private Industrial Investment in Pakistan 1960-1970*, Cambridge University Press, 1982, p. 48.

表2-2　保険会社の規模について（1969年）
(単位：100万 Pak.Rs.)

順位	保険会社	支配グループ	総資産
1	イースタン・フェデラル	アラグ	332.8
2	ハビーブ・インシュアランス	ハビーブ	152.8
3	ニュー・ジュビリー	ファンシー	72.9
4	アーダムジー・インシュアランス	アーダムジー	67.2
5	プレミア	プレミア	39.4
6	セントラル・インシュアランス	ダーウード	23.4
7	ユナイテッド	ヴァリーカ	15.5
8	イースタン・インシュアランス	A.K.ハーン	14.0
9	インターナショナル・ジェネラル・インシュアランス	ワズィール・アリー	12.1
10	クレセント・スター	ミルワーラー	9.9
11	ナショナル・セキュリティ	コロニー	9.8
12	ハイバル	ザファルル・アフサン	8.7
13	ユニオン	ニシャート	6.0
14	ユニバーサル	ガンダーラ	4.4
	合計		768.9

(出典) Amjad, Rashid, *Private Industrial Investment in Pakistan 1960-1970*, Cambridge University Press, 1982, p. 49.

約43%をそれぞれ占め，銀行業界において中心的な銀行であり多大な影響力を持っていたことが表からわかる。

　しかし，1970年代の Z. A. ブットーによる社会主義型経済政策により，パキスタンに存在するすべての銀行（外資系銀行は除く）が国有化された。ハビーブ・バンクも例外ではなく接収の対象となった。ムハンマドアリー・ハビー

ブ・グループは，ハビーブ・バンク以外にスイスの企業と合弁で1967年にハビーブ・バンク AG チューリッヒ（Habib Bank AG Zurich）を設立していた。ハビーブ・バンク AG チューリッヒは，スイスのチューリッヒで設立された銀行である。同行は，スイスに本店を置いていたため，1970年代に行われた国有化をまぬがれた。

　ハビーブ・バンク AG チューリッヒは，ハビーブ・バンクに比べ小規模であるが，イギリス，ドバイ，オマーン，スリランカ，アメリカなどに支店を置いている。[8] ムハンマドアリー・ハビーブ・グループは，ハビーブ・バンク AG チューリッヒ以外にも傘下にメトロポリタン・バンク（Metropolitan Bank）があった。同行は，1992年8月に設立され，本店をカラーチーに置いた。メトロポリタン・バンクは，ハビーブ・バンク AG チューリッヒのように海外に支店を置いていないが，パキスタンの主要都市に支店を置き，1995年にはイスラマバード，ファイサラーバード，ハイデラバード，ムルターンなどに支店を開設し，パキスタン国内を中心にビジネスを展開していた。同行は，2006年10月よりハビーブ・バンク AG チューリッヒのパキスタンでの営業部門と統合し，社名をハビーブ・メトロポリタン・バンク（Habib Metropolitan Bank）としている。

4　ハビーブ財閥とインダス・モーター

パキスタンの自動車産業

　ハビーブ財閥とインダス・モーター（Indus Motor Co. Ltd.）について述べる前に，パキスタンの自動車産業について概観しておこう。

　パキスタンの自動車産業は，GM などが1940年代後半に同地で自動車を販売したことに始まる。しかし，1940年代に活動していた企業は，現在パキスタンに存在しない。現在，パキスタンの自動車産業は日系自動車メーカーがその市場の9割以上を占めている。日系メーカー以外には韓国の現代自動車や起亜自動車などが進出しているが，パキスタンの自動車市場でそれほど目立った存在ではない。

　ここでは，主にパキスタンの乗用車市場を中心に日系自動車メーカーの活動などについて検討する。パキスタン自動車産業界で存在感を示している日系自

動車メーカー（乗用車）は，パック・スズキ・モーター（Pak. Suzuki Motor Co. Ltd.），インダス・モーター，ホンダ・アトラス・カーズ・パキスタン（Honda Atlas Cars (Pakistan) Ltd.）の3社である。インダス・モーターとホンダ・アトラス・カーズ・パキスタンについては，ハビーブ財閥，アトラス財閥の各章で取り上げるとし，ここでは財閥系ではないが政府との合弁事業によってパキスタン自動車産業のパイオニアとなったパック・スズキを中心に確認したい。

　初めに，現在のパキスタンの自動車産業を概観しよう。表2-3はパキスタンで生産されている乗用車のメーカー別ならびに車種別の生産台数を示したものである。また表2-4は，パキスタンで販売されたメーカー別ならびに車種別の販売台数を表したものである。

　パキスタンでは，主に表2-3および表2-4に掲載されている自動車メーカーが乗用車の製造を行っている。その2つの表について，メーカーに焦点をあててみると特徴的な点が2点ある。第1は，表2-3ならびに表2-4からもわかるように7社中4社が日系自動車メーカーならびに日系企業との合弁企業となっていることである（ただし，ガンダーラ・ニッサンは2004年（表2-3では2004-2005年）以降生産を行っていない。また2005年（表2-4では2005-2006年）以降は販売も行っていない）。例えばインダス・モーターはトヨタ，豊田通商とハビーブ財閥との合弁企業であり，ホンダ・アトラス・カーズ・パキスタンはホンダとアトラス財閥との合弁企業，また2004年以降生産を行っていないがガンダーラ・ニッサンは日産自動車とビボージー財閥の合弁企業である。第2は，日系メーカーとの現地での合弁パートナーがパキスタンを代表する財閥であるということである。先にあげた合弁パートナーは，ハビーブ，アトラスおよびビボージーなど，いずれもパキスタンを代表する財閥である。

　では，生産台数に焦点をあて表2-3を検討する。同表からも明らかなように，メーカー別に生産台数をみた場合，パック・スズキが圧倒的な生産台数をほこり，乗用車の全生産台数の5割以上を同社が生産していることになる。また，車種数から同表をみてもパック・スズキは8車種（10年間の平均）生産しており，生産車種数においても他社を圧倒していることがわかる。パック・スズキに続くのが，インダス・モーターである。同社は，トヨタのカローラとハイラックスの2車種，そしてダイハツのミラをベースとしたクオーレを生産し

第**2**章　ハビーブ財閥

表2-3　パキスタン，ブランド別モデル別乗用車の「生産台数」

(単位：台，割合は%)

		2002-2003年	2003-2004年	2004-2005年	2005-2006年	2006-2007年	2007-2008年	2008-2009年	2009-2010年	2010-2011年	2011-2012年
パック・スズキ	メヘラーン	16,748	27,705	31,207	35,433	36,988	36,249	13,239	22,271	25,935	33,839
	ハイバル	8,097	10,810	15,591	21,342	29,880	27,662	9,181	12,453	12,414	13,600
	アルト	4,775	7,196	11,411	17,513	21,546	18,805	6,641	10,665	12,873	15,288
	ボラン	4,359	5,201	7,319	10,429	15,520	17,250	9,639	10,541	14,359	21,594
	リアーナ				5,370	5,964	2,605	684	900	614	334
	ラヴィ	1,701	2,085	3,310	5,418	10,117	11,828	12,643	12,590	15,860	15,953
	ポートハール	374	807	1,120	1,290	1,891	0	0	0	0	0
	バレーノ	2,608	4,153	5,965	2,939	0	0	0	0	0	0
	スイフト								2,578	4,376	7,128
	小計	38,662	57,957	75,923	99,734	121,906	114,399	52,027	71,998	86,431	107,736
	全体に対する割合	51.25	50.9	50.47	52.4	61.63	61.14	51.35	52	56.14	61.36
インダス・モーター	トヨタ カローラ	12,861	20,525	23,007	31,094	35,036	33,672	27,054	43,382	41,419	46,352
	トヨタ ハイラックス	3,045	2,229	3,394	2,575	0	2,138	1,441	2,030	3,060	4,930
	トヨタ 小計	15,906	22,754	26,401	33,669	35,036	35,810	28,495	45,412	44,479	51,282
	トヨタ 全体に対する割合	21.08	19.99	17.55	17.69	17.71	19.14	28.12	32.8	28.89	29.21
	ダイハツ クオーレ	4,580	6,468	8,525	7,883	12,786	12,406	5,803	5,145	6,280	3,635
	ダイハツ 全体に対する割合	6.07	5.68	5.67	4.14	6.46	6.63	5.73	3.72	4.08	2.07
	全体に対する割合（トヨタ＋ダイハツ）	27.15	25.67	23.22	21.83	24.18	25.77	33.85	36.52	32.97	31.28
ホンダ・アトラス・カーズ・パキスタン	シティ	3,786	7,417	11,771	17,606	10,461	8,220	6,755	7,852	9,294	7,089
	シビック	4,610	5,998	12,359	12,274	5,610	5,813	4,985	5,648	6,408	5,396
	小計	8,396	13,415	24,130	29,880	16,071	14,033	11,740	13,500	15,702	12,485
	全体に対する割合	11.13	11.78	16.04	15.7	8.12	7.5	11.59	9.75	10.2	7.11
ガンダーラ・ニッサン	サニー	51	26	0	0	0	0	0	0	0	0
	全体に対する割合	0.07	0.02	0	0	0	0	0	0	0	0
ランドローバー	ディフェンダー			444	1,182	1,407	1,590	932	1,172	883	451
	全体に対する割合			0.3	0.62	0.71	0.85	0.92	0.85	0.57	0.26

現代自	シャハゾール	3,069	4,270	8,022	9,368	8,381	6,832	1,996	1,006	186	0
	サントロ	3,114	7,902	6,101	8,604	2,225	2,028	327	212	0	0
	小　計	6,183	12,172	14,123	17,972	10,606	8,860	2,323	1,218	186	0
	全体に対する割合	8.2	10.69	9.39	9.44	5.36	4.74	2.29	0.88	0.12	0
起亜	クラシックNGV	459	188	465	0	0	0	0	0	0	0
	スポーテージ	820	802	414	0	0	0	0	0	0	0
	スペクトラ	384	73	1	0	0	0	0	0	0	0
	小　計	1,663	1,063	880	0	0	0	0	0	0	0
	全体に対する割合	2.2	0.93	0.59	0	0	0	0	0	0	0

（注）会計年度（7月～翌年6月末まで）。
（出典）Pakistan Automotive Manufacturers Association, Historical Date : Production & Sale of Vehicles From 1995 onwards より抜粋し作成。

ている。インダス・モーターのパキスタン乗用車の全生産台数に占める割合は，2002-2003年から2007-2008年までは約20％台で推移していたが，2008-2009年以降は30％台となっており増加傾向にある。また車種別の生産台数に目を向けると，カローラは年々増加傾向にあり，パック・スズキの主力車種であるメヘラーンと同規模の生産台数をほこり，2008-2009年以降はメヘラーンを上回る生産台数となっていることが同表から確認できる。インダス・モーターに続くのがホンダ・アトラス・カーズ・パキスタンである。同社は，ホンダのシティとシビックをパキスタンで製造している。表2－3に掲載した期間の生産台数の比率は，10.89％となっている。

では，同じような観点から表2－4を確認する。同表は，パキスタンでの乗用車メーカー別および車種別の販売台数を示したものである。当然のことであるが，乗用車の販売台数は表2－3の生産台数と比例している。パキスタン国内でもっとも多くの乗用車を販売しているのがパック・スズキである。同社は，パキスタン乗用車市場の約半数を占めていることが表2－4からも明らかである。次に続くのが生産台数と同様にインダス・モーターであり，2割から3割ほどである。同社のカローラの販売台数は，年々増加傾向にあり，パキスタンではカローラに乗ることが一種のステイタスになっている。また，ダイハツのクオーレについては，2002-2003年に4,579台を販売し，2006-2007年には1万

第2章　ハビーブ財閥

表2-4　パキスタン，ブランド別モデル別乗用車の「販売台数」

(単位：台，割合は％)

		2002-2003年	2003-2004年	2004-2005年	2005-2006年	2006-2007年	2007-2008年	2008-2009年	2009-2010年	2010-2011年	2011-2012年
パック・スズキ	メヘラーン	16,582	27,432	31,165	35,982	37,007	35,526	13,421	22,513	24,119	35,131
	ハイバル	7,927	10,795	15,611	21,390	29,837	27,563	9,198	12,658	11,428	13,693
	アルト	4,701	7,148	11,431	16,823	21,988	19,097	6,550	10,794	11,932	16,288
	ボラン	4,360	5,228	7,241	10,451	15,566	17,209	8,664	11,439	13,311	22,540
	リアーナ				4,571	6,067	2,983	851	1,025	470	450
	ラヴィ	1,710	2,087	3,286	5,416	10,098	11,857	11,900	13,211	14,601	17,015
	ポートハール	465	807	1,107	1,298	1,863	35	0	0	0	0
	バレーノ	2,588	4,062	5,879	3,173	0	0	0	0	0	0
	スイフト								2,353	4,080	7,040
	小計	38,333	57,559	75,720	99,104	122,426	114,270	50,584	73,993	79,941	112,157
	全体に対する割合	51.01	51.37	50.09	53.37	60.32	61.17	50.98	52.29	54.59	62.62
インダス・モーター	トヨタ カローラ	12,867	20,321	23,002	30,527	35,762	33,640	26,760	43,510	41,111	46,207
	トヨタ ハイラックス	2,861	2,399	3,389	2,551	52	2,001	1,534	2,012	2,897	4,413
	トヨタ 小計	15,728	22,720	26,391	33,078	35,814	35,641	28,294	45,522	44,008	50,620
	トヨタ 全体に対する割合	20.93	20.28	17.46	17.81	17.65	19.08	28.51	32.17	30.05	28.26
	ダイハツ クオーレ	4,579	6,339	8,592	7,883	12,776	12,204	5,852	5,301	6,007	3,857
	ダイハツ 全体に対する割合	6.09	5.66	5.68	4.25	6.29	6.53	5.9	3.75	4.1	2.15
	全体に対する割合(トヨタ+ダイハツ)	27.02	25.94	23.14	22.06	23.94	25.61	34.41	35.92	34.15	30.42
ホンダ・アトラス・カーズ・パキスタン	シティ	3,749	7,271	11,714	16,136	11,848	8,439	6,482	8,212	9,121	7,142
	シビック	4,637	6,097	12,352	11,998	6,513	5,762	4,662	5,908	6,365	4,977
	小計	8,386	13,368	24,066	28,134	18,361	14,201	11,144	14,120	15,486	12,119
	全体に対する割合	11.16	11.93	15.92	15.15	9.05	7.6	11.23	9.98	10.57	6.77
ガンダーラ・ニッサン	サニー	69	25	1	0	0	0	0	0	0	0
	全体に対する割合	0.09	0.02	0	0	0	0	0	0	0	0
ランドローバー	ディフェンダー				407	1,222	1,534	1,413	1,066	1,201	807	342
	全体に対する割合				0.27	0.66	0.76	0.76	1.07	0.85	0.55	0.19

現代自	シャハゾール	2,987	4,203	8,012	9,234	8,574	6,848	1,883	1,127	203	0
	サントロ	3,135	6,922	7,009	7,031	3,470	2,227	404	244	0	0
	小計	6,122	11,125	15,021	16,265	12,044	9,075	2,287	1,371	203	0
	全体に対する割合	8.15	9.93	9.94	8.76	5.93	4.86	2.3	0.97	0.14	0
起亜	クラシックNGV	687	81	546	0	0	0	0	0	0	0
	スポーテージ	814	698	425	0	0	0	0	0	0	0
	スペクトラ	434	127	7	0	0	0	0	0	0	0
	小計	1,935	906	978	0	0	0	0	0	0	0
	全体に対する割合	2.57	0.81	0.65	0	0	0	0	0	0	0

(注) 会計年度（7月〜翌年6月末まで）。
(出典) Pakistan Automotive Manufacturers Association, Historical Date : Production & Sale of Vehicles From 1995 onwards より抜粋し作成。

表 2 - 5　日系自動車メーカー 3 社が関係する企業のパキスタン乗用車市場におけるシェア

(単位：%)

	2002-2003年	2003-2004年	2004-2005年	2005-2006年	2006-2007年	2007-2008年	2008-2009年	2009-2010年	2010-2011年	2011-2012年
生産	89.53	88.35	89.73	89.94	93.93	94.41	96.79	98.27	99.31	99.74
販売	89.19	89.24	89.15	90.58	93.31	94.39	96.62	98.18	99.31	99.81

(注) 3社：パック・スズキ，インダス・モーター，ホンダ・アトラス・カーズ・パキスタン。会計年度（7月〜翌年6月末まで）。
(出典) Pakistan Automotive Manufacturers Association, Historical Date : Production & Sale of Vehicles From 1995 onwards を参考に作成。

2,776台を販売している。しかし，2008-2009年以降は表 2 - 4 が示すように販売台数が大幅に落ち込んでいる。

　インダス・モーターの後を追うのが，ホンダ・アトラス・カーズ・パキスタンである。同社の乗用車販売台数のシェアは，表 2 - 4 に掲載した期間の平均で10.93％となっている。

　以上，確認してきたように，パキスタンの乗用車市場は生産台数（表 2 - 3）および販売台数（表 2 - 4）が示すように，日系企業ならびに日系企業との合弁企業が中心となっている。そのことを表 2 - 5 が示している。同表は，乗用車市場に

おける生産および販売にかんする日系自動車メーカーが関係する企業（3社：パック・スズキ，インダス・モーター，ホンダ・アトラス・カーズ・パキスタン）のシェアを表したものである。先に述べたように3社の合計シェアをみると，パキスタン乗用車市場の9割前後をそれら3社が占めていることがわかる。生産台数の割合および販売台数の割合ともに増加傾向にあり，生産にかんしては2008-2009年以降95％以上となっている。また，販売についても同様であり，2005-2006年以降90％以上のシェアを占めている。表2-3から表2-5は，パキスタン自動車市場における日系自動車メーカーのプレゼンスの高さを示すものである。

パック・スズキについて

パキスタンを含む南アジア地域での自動車産業は，スズキ自動車が他社よりも1歩も2歩もリードしている。それはインドにおいて顕著にあらわれている。パキスタンにおいても同様に，スズキはパキスタン政府の国民車構想に基づく要請により，国営パキスタン自動車公団（Pakistan Automobile Corporation：PACO）との間に合弁契約を結び，1983年8月にパック・スズキ・モーター（Pak. Suzuki Motor Co. Ltd.）を設立した。しかし，実はそれ以前よりスズキはパキスタンの政府系企業と緊密な関係を持っていた。それは以下のとおりである。

〈スズキのパキスタン進出〉

1972年　国営シンド・エンジニアリング社を四輪車ならびに二輪車の代理店として設定（二輪車はKD生産，四輪車は輸入販売）。

1975年　国営ナヤドール社を四輪駆動の代理店として設定。同社で「ジムニー」の生産を開始。

1978年　アワミ・オート社にて軽トラック「キャリー」の生産開始。

1979年　パキスタン政府の国民車構想に基づき，PACOが世界各国の自動車メーカー（18社）に対し乗用車の生産および国産化を要請。

1981年　国家経済調整委員会より，スズキプロジェクトが正式に認可される。

1982年　スズキとPACOとの間で合弁契約締結。アワミ・オート社にてプロジェクトを開始。

1983年　パック・スズキ設立（8月）。スズキとパック・スズキとの間で技

術援助契約を締結（12月，スズキは12.5％出資（その後25％となる））。
1984年　パック・スズキ正式稼働（1月）。
1992年　スズキが PACO より15％の株式を買い取る（スズキの出資比率は40％）。これにより民営化され，スズキが経営権を取得。

　上記の〈スズキのパキスタン進出〉から，スズキがパキスタンで自動車の生産を行ったのは1975年であることがわかる。実はあまり知られていないが，スズキの海外生産第1号は1975年にパキスタンで生産した「ジムニー」である。上記のとおり，その後1978年に軽トラック「キャリー」の生産を開始する。スズキがパキスタンに送り出したキャリーはパキスタンで好評を博し，低価格，燃費のよさなどからスズキの自動車は一般大衆車としてパキスタン国民に愛用されている。その結果，パキスタンではその種の軽トラックすべてが「スズキ」とよばれるようになった。
　スズキは，インドのみならずパキスタンの自動車産業においても先駆的な存在であった。また同社の進出は，パキスタンにおいてもインド同様に日本的経営を導入し，パキスタン人従業員の仕事に対する意識の向上に努めた。この点についてもスズキは，パキスタンにおいて先駆的存在であることはいうまでもない。

インダス・モーター・カンパニーについて

　ハビーブ財閥（ムハンマドアリー・ハビーブ・グループ）の自動車産業への進出は歴史が浅い。ここで取り上げるインダス・モーター・カンパニー（Indus Motor Co. Ltd.）は，ムハンマドアリー・ハビーブ・グループとトヨタおよび豊田通商との合弁により設立された企業である。同社の設立当初の株式保有割合は，ムハンマドアリー・ハビーブ・グループが50％，トヨタが12.5％，豊田通商が12.5％，その他が25％であった。同社は，1989年にパキスタン政府から認可され，その4年後の1993年にカローラの生産（CKD）を開始し現在に至っている。インダス・モーター設立までの略史は，以下のとおりである。

〈インダス・モーター・カンパニー設立までの略史〉
1987年8月　PACO，トヨタ，豊田通商にて販売会社パキスタン・モー

                ター・カンパニー（PMC）設立。
1989年2月　パキスタン政府より再度プロポーザル提出の要請。
　　　　4月　トヨタ，ハビーブ・グループに認可。
　　　　12月　パイロット会社としてインダス・モーターを設立。
1990年5月　合弁契約締結。
　　　　6月　パキスタン・モーター・カンパニー（PMC）消滅。
　　　　7月　インダス・モーターがトヨタ代理店として車両販売を開始。
1991年2月　工場建設開始。
1992年5月　工場建屋完成。
　　　　12月　工場設備据付完成。
1993年3月　カローラ生産開始。

　上記のように，トヨタ製の自動車がパキスタンで現地生産されるようになったのは1990年代初頭のことである。しかし，トヨタとパキスタンの関係は1960年代までに遡ることができる。具体的には以下の〈トヨタとパキスタン〉のとおりである。

〈トヨタとパキスタン〉[14]

1964年　トヨタの乗用車，小型商用車，ランドクルーザーがパキスタンへ輸入・販売。
1973年　ナショナル・モーターズ（National Motors Co. Ltd.）にてトヨタ乗用車及び小型商用車（ハイエースを除く）の取り扱い開始。
　　　　アワミ・オート（Awami Auto）がハイエースの取り扱い開始。
1977年　ナショナル・モーターズがハイラックスの組立・販売を開始。
1978年　ナショナル・モーターズがランドクルーザーの組立・販売を開始。

　1960年代からパキスタンへ自動車を輸出し販売してきたトヨタは，上記のようにいくつかの現地企業と関係を持っていたが，なぜハビーブ財閥と合弁企業を設立したのだろうか。また，なぜハビーブ財閥（ムハンマドアリー・ハビーブ・グループ）と関係を持つことができたのだろうか。いくつかの資料から次

の点を指摘することできる。第 1 に，パキスタン国内でのトヨタならびに豊田通商の事業活動に新展開が必要であったこと。第 2 に，パキスタンでパートナーとなる有力な企業（ハビーブ財閥）がえられたこと，などである。

　第 1 の点については，上記のように1970年代にトヨタは，ナショナル・モーターズと関係を持っていた。ナショナル・モーターズは，もともとビボージー財閥傘下のガンダーラ・インダストリーズ（Ghandhara Industries Ltd.）が国有化された企業である。その後，1992年に政府の民営化政策によりビボージーに経営権が委譲され現在に至っている（第 6 章を参照）。よって，ナショナル・モーターズはどちらかといえば，ビボージーと関係が近いということがいえる。そのような関係のなかで，トヨタは1970年代後半にハイラックスとランドクルーザーの組み立てと販売を，ナショナル・モーターズをつうじて行っていたことになる。またナショナル・モーターズは国営企業ということもあり，トヨタは組み立てならびに販売の面である程度限界を感じていたことも理由にあげられる。具体的には，ナショナル・モーターズの官僚的体質（それによるディーラーやユーザーの不満増大），サービスや部品に対するマインドの不在，また，ナショナル・モーターズの業務が「取次業務」であることなどであった[15]。それらの限界を打開するため，トヨタは独自で販売を行う会社の設立を願っていた。

　以上のことから，パキスタンでのこれまでの活動を見直し，トヨタならびに豊田通商にとってパキスタンでビジネスを行うための新たな展開が必要であったといえる。

　第 2 の点については，ハビーブ財閥は本章でも述べるように，分離独立当初から活躍する古参財閥であり，パキスタン経済界での知名度ならびにその実力は知られていた。ある資料によると，トヨタがパキスタンでビジネスを行う際のパートナーとしてハビーブ財閥（ムハンマドアリー・ハビーブ・グループ）を選んだ理由は以下の点であった[16]。

〈ハビーブが選ばれた理由〉
- パキスタン財閥中のトップ
- グループの結束力が強い
- PACO からもハビーブ・グループと組む事に同意をえている

また，別の資料には「ハビーブ財閥はパキスタンの有力財閥の1つであり，今後の詳細検討を行ったとしても，他の民間資本と比べ，グループ各社の業績もおしなべて良く，マネジメントについても評価が高い模様（要確認）」，「PACO，ナショナル・モーターズもハビーブ資本導入について基本的に了解しており，かつディーラーサイドも支持していることから切り替えも問題がないと思われる」，「ハビーブ・グループとしては，自動車販売については未知数であるが，グループの力からして有力自動車販売経験者をリクルートし組織化することが可能と考えられる（要確認）」などとある。

　トヨタならびに豊田通商サイドの合弁企業設立以前のハビーブについての分析は，現時点からみても間違っていなかったといえるであろう。また，上記の点にもう1点つけ加えるならば，定かではないがトヨタならびに豊田通商ともに政治権力者との関係もハビーブに対し期待していた可能性もある。ハビーブ財閥（ハビーブ家）はカラーチーを中心に事業を展開している財閥である。1990年代初頭の政治権力者であったカラーチーの大地主ブットー家（B. ブットー）とも関係を持っていたと思われる。それらのことを考慮すると，トヨタにとってもハビーブは，パキスタンでのビジネスパートナーとして申し分のない相手であったであろう。

　インダス・モーターの設立に際し，豊田通商の果たした役割も大きい。直接インダス・モーターの設立に関係はないが，1979年にPACOから自動車国産化計画への参加意向を打診されたことを受け，翌年の1980年に豊田通商名でパキスタンでのカローラの国産化計画書を提出している。またインダス・モーター設立に際してもトヨタに対し，積極的にパキスタンでのトヨタのビジネス状況を調査し，提案などを行っている。豊田通商のそのような活動がなければインダス・モーターの設立は困難であったと思われる。豊田通商サイドからみたインダス・モーター設立については今後改めて検討したい。

　さて，インダス・モーターの規模を簡単に述べると次のとおりである。設立当初，カラーチーの東に位置する工場団地に工場を構え，工場の敷地面積は40万㎡で，生産の規模は2シフト制で自動車生産が可能であった。当初，年間で乗用車1万台，ピックアップトラック6,000台，バン2,000台，小型四輪駆動車2,000台の計2万台を生産する予定であった。しかし，インダス・モー

表 2-6　インダス・モーターの販売台数・生産台数など
(単位：販売台数・生産台数・生産能力；台，
総売上；1000 Pak.Rs., 雇用者数；人)

	販売台数	生産台数	生産能力	総売上	雇用者数
1993年	11,034	—	—	4,307,280	496
1994年	9,440	—	—	4,722,194	553
1995年	6,802	4,197	20,000	3,869,607	509
1996年	8,125	5,812	20,000	3,915,076	546
1997年	8,100	7,341	20,000	4,534,425	598
1998年	9,295	7,874	20,000	4,973,991	611
1999年	11,249	10,169	20,000	6,957,876	625
2000年	11,944	11,243	26,000	8,246,268	642
2001年	13,942	13,201	26,000	9,054,730	628
2002年	11,823	10,305	26,000	8,111,289	697
2003年	23,331	20,486	26,000	15,634,980	1,021
2004年	29,565	29,222	30,000	22,521,337	1,226
2005年	35,874	34,928	37,000	27,601,034	1,429
2006年	42,406	41,552	44,298	35,236,535	1,632
2007年	50,557	47,821	53,040	39,061,226	1,841
2008年	50,802	48,222	53,040	41,423,843	2,030
2009年	35,276	34,298	53,040	37,864,604	1,893
2010年	52,063	50,557	53,040	60,093,139	1,948
2011年	50,943	50,759	54,800	61,702,677	2,187

(注) 同表の販売台数と生産台数は，表2-3と表2-4の台数とは統計方法などの違いによると思うが一致していない。
(出典) Indus Motor Co. Ltd., *Annual Report 1996〜2000, 2002〜2011* の Five Years at Glance より作成。

ターが当初予定していた年間生産台数2万台の約半分の1万台しか生産を行っていなかった。それは年間2万台といわれる1,300〜1,500ccクラスのシェアをインダス・モーターといくつかの自動車メーカー(ホンダ・アトラス・カーズ・パキスタンやガンダーラ・ニッサン)と争う形になっていたからである。よってインダス・モーターは当初の計画を変更し，1シフトだけ稼動させ年間約1万台の生産を行った。表2-6が示すように，1994年から1998年までの期間，販売台数も1万台をきっている。ちなみに，日産自動車もビボージー財閥と合弁でガンダーラ・ニッサンを設立しサニー(Sunny)の生産を行っていた[19]。しかし，既述したように，ガンダーラ・ニッサンは2004年にサニーの製造を中止している[20]。

先に確認したように，表2-3は各メーカーがパキスタンで生産しているモ

デル別の生産台数をあらわしたものである。同表からも明らかなように，パキスタンの自動車産業は日系自動車メーカーが多くのシェアを占めている。なかでもスズキの存在は大きく，全生産台数の半数前後の割合を占めている。同表は，先にも述べたように，スズキの南アジアでのプレゼンスの高さを示す結果となっている。しかし，モデル別に生産台数をみた場合，トヨタのカローラの生産台数は年々増加傾向にあり，スズキの一モデルの生産台数と同等あるいはそれ以上に生産されていることが表2-3からわかる。カローラの生産台数の増加は，パキスタン国内でカローラのブランドの高さを示すものであろう。

また表2-4は，先に確認したようにパキスタンでの各メーカーのモデル別の販売台数を示したものである。メーカー別の販売台数では，同表からわかるようにスズキが圧倒的である。しかし，表2-3と同じように，表2-4をモデル別の販売台数でみた場合，近年，トヨタのカローラはスズキのどのモデルよりも多く販売していることがわかる。

このようなパキスタン国内におけるカローラならびにインダス・モーターの人気の高さは，以下の2点にその理由を求めることができる。

第1に，パック・スズキの場合と同様に徹底したスタッフ教育である。インダス・モーターではスタッフの教育に力を入れている。同社では，現地スタッフ全員がトヨタ自動車の精神である基本理念を学んでいる。トヨタ自動車の基本理念は以下のとおりである。

〈トヨタ自動車の基本理念（Guiding Principles）〉[21]
- オープンでフェアな企業行動を基本とし，国際社会から信頼される企業市民をめざす。(Be a company of the world)
- クリーンで安全な商品の提供を使命とし，住みよい地球と豊かな社会づくりに努める。(Serve the greater good of people everywhere by devoting careful attention to safety and to the environment)
- 様々な分野での最先端技術の研究と開発に努め，世界中のお客様のご要望にお応えする魅力あふれる商品を提供する。(Assert leadership in technology and in customer satisfaction)
- 各国，各地域に根ざした事業活動を通じて，産業・経済に貢献する。(Be-

come a contributing member of the community in every nation)
- 個人の創造力とチームワークの強みを最大限に高める企業風土をつくる。（Foster a corporate culture that honors individuality while promoting teamwork）
- 全世界規模での効率的な経営を通じて，着実な成長を持続する。（Pursue continuing growth through efficient global management）
- 開かれた取引関係を基本に，互いに研究と創造に努め，長期安定的な成長と共存共栄を実現する。（Build lasting relationships with business partners around the world）

　また，自動車および自動車製造にかんする一般知識の教育，仲間意識を強めるためのチームワークについての教育，自動車製造のスペシャリストを養成するための専門的技術の習得訓練なども行っている。また「カイゼンコンベンション（Kaizen Convention）」などを開催し，他には留学制度なども整備し現地スタッフ（エンジニア）を日本に送り自動車製造にかんする専門的な技術を習得させている。
　第2に，商品管理ならびにアフターサービスの徹底である。トヨタは，パキスタンでも日本と同じ基準で生産を行っている。なぜなら，インダス・モーターが生産する「カローラ」は世界共通のブランドであるため，パキスタンだけスタンダードを下げ，現地基準を設けることはできない。そのためほとんどの部品は日本と同じスタンダードの部品を使用している。また，インダス・モーターはアフターサービスの面にも力を入れている。これまでパキスタンの自動車業界は，アフターサービスが手薄であった。しかし，インダス・モーターはディーラー化を取り入れショールームをおき，またアフターサービスを行うための工場をおき，日本と同様な店舗体制を整えている。
　以上のようにムハンマドアリー・ハビーブ・グループは，日本からの技術・経営移転を進めつつパキスタンで自動車製造を行っている。

5　ムハンマドアリー・ハビーブ・グループ

ムハンマドアリー・ハビーブ・グループ傘下企業について

　ハビーブ財閥は，主に金融業を活動の中心としてきた。そのスタートは1941年に設立したハビーブ・バンクである。同行は設立当初，インド亜大陸内のムスリムへの資金提供を主な活動としていた。分離独立後は，国有化される1974年まで同財閥の基幹企業としての役割を果たした。その後，ハビーブ・バンクは1974年に国有化され，2003年12月にアーガー・ハーン（Agha Khan）財団へ売却され現在に至っている。[23]

　表2-7は，ムハンマドアリー・ハビーブ・グループがこれまでに経営にかかわった企業を表にしたものである。現在，多くの傘下企業を擁するムハンマドアリー・ハビーブ・グループであるが，1970年代にはいくつかの傘下企業が国有化された。それはすでに指摘したZ.A.ブットーの国有化政策によるものであり，ハビーブ以外の財閥も例外ではなかった。

　さて，ムハンマドアリー・ハビーブ・グループのビジネスに対するビジョン[24]は以下の2点である。

- 事業の拡大と多角化を図り投資家へのリターンを継続的に確保する。
- 責任をもって地域社会，国そして環境への義務を果たす。

　上記のビジョンをグループの中心に据え活動している。そしてビジョンを実現するためにリスクが高いと思われる事業へも積極的に取り組んでいる。

　では，ムハンマドアリー・ハビーブ・グループの傘下企業を確認したい。同グループの傘下企業は，各分野で主導的な地位にあり，その存在は極めて大きい。なかでもタール・ジュート（Thal Jute Mills Ltd., 現Thal Ltd.），アグリオート・インダストリーズ（Agriauto Industries Ltd.），ハビーブ・バンク AG チューリッヒ，インダス・モーター，パキスタン・ペーパーサック（Pakistan Papersack Corporation Ltd.）などは代表的な企業である。

　タール・ジュートはジュート製品の製造を目的に設立した企業であったが，

表2-7 ムハンマドアリー・ハビーブ・グループが経営にかかわっている（かかわった）企業

ハウス・オブ・ハビーブ
インダス・モーター
アグリオート・インダストリーズ
ダイネア・パキスタン
シャビル・タイル&セラミックス
タール・ジュート
パキスタン・ペーパーサック
ハビーブ・バンク AG チューリッヒ
ハビーブ・メトロポリタン・バンク
マクロ・ハビーブ・パキスタン
ファースト・ハビーブ・ムダーラバ
アウヴィトロニクス
バローチスターン・ラミネート
シスム・ミュージック
ビジョナイト
フィルトロナ・パキスタン
ハビーブ・シュガーケーン・ファーム
ハイテック・メディア
ハイバル・ペーパーズ
パキスタン・ジュート&シンセティック
ノーブル・コンピューター
コンピューター・プロダクト
ノーブル・ソフトウェア・サービス
ファイブ・スター
ハビーブ・インシュアランス

（出典）傘下企業各社 *Annual Report* およびハウス・オブ・ハビーブでの聞き取り調査（1998年）より作成。

事業の多角化により電機部門へ参入し主にカーエアコンやワイヤーハーネスなどの製造を行っている。その後，同社は他の傘下企業と合併しタール（Thal Ltd.）となり現在に至っている。また，同社は自動車用のシートフレーム構成部品やエアクリーナーなどを製造するためトヨタ紡織株式会社（トヨタグループ）と合弁会社タール・ボーショク・パキスタン（Thal Boshoku Pakistan〔Pvt.〕Ltd.）を2013年8月にパキスタンに設立すると発表した。トヨタ紡織は，この合弁企業設立の目的を「パキスタンは，継続的に人口増加により大きな成長が期待される市場で，自動車の生産台数も大幅な増加が見込まれています。トヨタ紡織グループは，この潜在性の高いパキスタンにおいて，新たに生産体制を整えます」と述べている。

次に，パキスタン・ペーパーサックは，設立当初から主にセメントのパッケージの製造を行っている。また，アグリオート・インダストリーズは1981年に設立され，主にトラクターなどの電動式農機具製品の製造を主に行っている。ダイネア・パキスタンは，ノルウェーのダイネア・インダストリーとムハンマドアリー・ハビーブ・グループの合弁で設立された合弁企業である。同社は，化学製品の製造および販売を行っている。最後に，先に述べたインダス・モーターは日本のトヨタ自動車と豊田通商，そしてムハンマドアリー・ハビーブ・グループとの合弁企業である。同社は，自動車の製造および販売を行っている。

以上，ムハンマドアリー・ハビーブ・グループの主要企業の概要を述べてきたが，主要企業の最近の動向は，同グループがビジョンに掲げているように，

パキスタンならびに時代のニーズをよみ各企業が事業の高度化を進め，またグループとしてインダス・モーターにみられるように新たな事業分野へ進出し，事業の多角化も積極的に進めている。

ムハンマドアリー・ハビーブ・グループの傘下企業間の関係――所有面を中心として

図2-2は，1997年時点のムハンマドアリー・ハビーブ・グループ傘下企業の株式所有関係を示したものである。図中でもっとも興味深いのは，「オフショア・カンパニー（Offshore Company）」の存在である。オフショア・カンパニーはパキスタン国内に存在する会社ではなく，外国に籍をおく投資会社であり，同家と関係が深い会社と思われる。

オフショア・カンパニーは，多くの傘下企業の株式を所有している会社であり，スイス，イギリス，アラブ首長国連邦などの諸外国に存在する。その具体的な会社名や実態は不詳である。グループ内におけるオフショア・カンパニーの存在意義は，パキスタンの政治・経済の不安定な状況に対する一防御策であり，また節税対策でもある。つまり，外国から投資を行うことにより，グループの資産を保全する役割を果たしているのである。

ちなみに，1997年時点でのムハンマドアリー・ハビーブ・グループ主要傘下企業8社のカテゴリー別にみた一社当たりの平均株式所有構成割合は，以下のとおりである。

個人投資家　約34.42%　　投資会社　約2.80%　　保険会社　約1.47%
株式会社　約6.86%　　　金融機関　約8.44%　　ムダーラバ　約8.88%
外国投資家　約34.81%　　政府機関　約0.28%　　協同組合　約0.74%
チャリタブル・トラスト　約0.86%　　　　　　　　その他　約0.38%

上記のカテゴリー中の外国投資家は，ほとんどがオフショア・カンパニーと思われ，その割合は約34.81%とかなり高い割合となっている。また，個人投資家の所有割合も約34.42%と数値的には高くなっている。個人投資家の大半がムハンマドアリー・ハビーブ一族員だと思われる。これにチャリタブル・ト

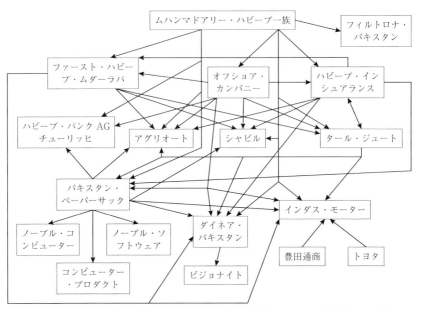

図 2-2 ムハンマドアリー・ハビーブ・グループの株式所有にかんする関係図（1997年）

（出典）Dynea Pakistan, *Annual Report 1997*, p. 14, Thal Jute, *Annual Report 1996-1997*, p. 18, Habib Insurance, *Annual Report 1997*, pp. 14-15, Pakistan Papersack, *Annual Report 1996-1997*, p. 20 およびハウス・オブ・ハビーブでの聞き取り調査（1998年7月）より作成。

ラストや傘下のムダーラバなどの分を加えると，同財閥ならびにムハンマドアリー・ハビーブ一族による傘下企業のかなり高い株式所有の構図が明らかになる。

　また，図2-3は2009年時点のムハンマドアリー・ハビーブ・グループ傘下企業間の株式所有関係を図にしたものである。ムハンマドアリー・ハビーブ一族が主要傘下企業の株式を所有していること。ならびに傘下企業間でもいくつかの傘下企業が相互に株式を所有していることなどは，図2-2の1997年時点の株式所有状況と大差はない。あえて違いをいえば，タール・ジュートが2004年に社名をタール（Thal Ltd.）に変更したこと。またパキスタン・ペーパーサックが2006年にタールと合併したことである。

　ムハンマドアリー・ハビーブ・グループ傘下企業の株式の持ち合い関係は，確認した1997年から2009年の約10年間，形態的にはほとんど変化していないといってよい。

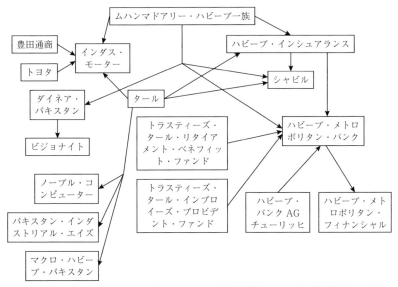

図 2-3 ムハンマドアリー・ハビーブ・グループの株式所有にかんする関係図 (2009年)
(注) 矢印は株式の所有先を示す。同図ではタールの株主はわからない。なぜなら入手した Thal Ltd., *Annual Report 2009* には詳細な株主の記載がないためである。
(出典) Dynea Pakistan Ltd., *Annual Report 2009*, p. 41, Habib Metropolitan Bank, *Annual Report 2009*, p. 40, p. 90, Indus Motor Co. Ltd., *Annual Report 2009*, p. 94, Shabbir Tiles and Ceramics Ltd., *Annual Report 2009*, p. 42 より作成。

ムハンマドアリー・ハビーブ・グループの経営支配について——一族員の役員就任

経営支配という点では，1997年時点で同グループ傘下企業もムハンマドアリー・ハビーブの主要一族員による役員の兼任が顕著である[29]。例えばラフィーク M. ハビーブ (Rafiq M. Habib) は，ハウス・オブ・ハビーブ (House of Habib)，アグリオート・インダストリーズ，パキスタン・ペーパーサックなどを含む4社のチェアマンに，またタール・ジュート，ダイネア・パキスタン，ハビーブ・インシュアランスのダイレクターの役職に就いている。また，アリー S. ハビーブ (Ali S. Habib) はインダス・モーター，ノーブル・コンピューター (Noble Computer Services 〔Pvt.〕 Ltd.) のチェアマンに，それに加えタール・ジュート，ダイネア・パキスタンなどを含む4社のダイレクターの役職に就いている。彼ら2人以外の一族員の役員兼任については，以下のとおりである。

ムハンマドアリー R. ハビーブ（Mohammadali R. Habib）
　インダス・モーター，ハビーブ・インシュアランス，タール・ジュート，
　パキスタン・ペーパーサック（すべてダイレクター）
ハイダル M. ハビーブ（Hyder M. Habib）
　ハビーブ・バンク AG チューリッヒ（プレジデント）
　ハビーブ・アメリカン・バンク（チェアマン）

　現在，ムハンマドアリー・ハビーブ・グループの会長として指揮をとっているのが，ラフィーク M. ハビーブである。また次期会長と目される人物は，スライマーン M. ハビーブ（Suliman M. Habib）の息子で，現会長ラフィークの甥にあたるアリー S. ハビーブである。先にみたように，アリーはインダス・モーターのチェアマンをはじめ，その他いくつかの傘下企業の役員を兼任している。アリーは，ハーバード大学を卒業している。なお，一族構成員の多くがイギリス，ドバイ，スイスなどのグループ傘下の銀行に勤務しているといわれている（1997年時点）。このように一族員の多くが海外の銀行に従事していることは，同財閥において金融業が現在でも枢要な分野であり，国際的な情報の収集面でも重要な役割を果たしていることを示していると思われる。
　また，2009年時点でのムハンマドアリー・ハビーブ主要一族員の役員兼任は以下のようになっている[30]。

ラフィーク M. ハビーブ
　チェアマン：ハビーブ・インシュアランス，タール，シャビル・タイル＆セラミックス
　ダイレクター：ダイネア・パキスタン
アリー S. ハビーブ
　チェアマン：インダス・モーター
　ダイレクター：シャビル・タイル＆セラミックス，タール
ムハンマドアリー R. ハビーブ
　エグゼクティブダイレクター：ハビーブ・メトロポリタン・バンク
　ダイレクター：ハビーブ・インシュアランス，タール

第2章 ハビーブ財閥

表2-8 ムハンマドアリー・ハビーブ・グループ主要傘下企業の役員の変遷

			2003年	2004年	2005年	2006年	2007年	2008年	2009年
ダイネア・パキスタン	取締役会	チェアマン	―				―	―	―
		ダイレクター	ラフィークM.				ラフィークM.	ラフィークM.	ラフィークM.
ハビーブ・メトロポリタン・バンク	取締役会	チェアマン	―	―	―	―	ムハンマドH.	―	―
		エグゼクティブダイレクター	―		ムハンマドアリーR.	ムハンマドアリーR.	ムハンマドアリーR.	ムハンマドアリーR.	ムハンマドアリーR.
		ダイレクター	―	ムハンマドアリーR.			ラザーS.	ムハンマドH., ラザーS.	ムハンマドH., ラザーS.
インダス・モーター	取締役会	チェアマン	アリーS.	アリーS.	アリーS.	アリーS.	アリーS.	アリーS.	アリーS.
		ノンエグゼクティブダイレクター	ムハンマドアリーR.	ムハンマドアリーR.	ムハンマドアリーR.	ムハンマドアリーR.	ムハンマドアリーR.	ムハンマドアリーR.	ムハンマドアリーR.
シャビル・タイル&セラミックス	取締役会	チェアマン				ラフィークM.	ラフィークM.	ラフィークM.	ラフィークM.
		ダイレクター				アリーS., マンサールG.(b)	アリーS., マンサールG.(b)	アリーS., マンサールG.(b)	アリーS., マンサールG.(b)
タール(a)	取締役会	チェアマン	ラフィークM.	ラフィークM.	ラフィークM.	ラフィークM.	ラフィークM.	ラフィークM.	ラフィークM.
		ダイレクター	アリーS., ムハンマドアリーR.	アリーS., ムハンマドアリーR.	アリーS., ムハンマドアリーR.	アリーS., ムハンマドアリーR.	アリーS., ムハンマドアリーR.	アリーS., ムハンマドアリーR.	アリーS., ムハンマドアリーR.
アグリオート・インダストリーズ	取締役会	チェアマン						―	
		ダイレクター						マンサールG.(b)	
ハビーブ・インシュアランス	取締役会	チェアマン				ラフィークM.	ラフィークM.	ラフィークM.	ラフィークM.
		ダイレクター				アッパースD.(b), マンサールG.(b), ムハンマドアリーR., オーン・ムハンマドA.(b)	アッパースD.(b), マンサールG.(b), ムハンマドアリーR., オーン・ムハンマドA.(b)	アッパースD.(b), マンサールG.(b), ムハンマドアリーR., オーン・ムハンマドA.(b)	アッパースD.(b), マンサールG.(b), ムハンマドアリーR., オーン・ムハンマドA.(b)

| | | マネージングダイレクター&チーフエグゼクティブ | | | アリー・ラザー D.[b] | アリー・ラザー D.[b] | アリー・ラザー D.[b] | アリー・ラザー D.[b] |

(注)(a)タールは2004年2月より同社名となる。それ以前はタール・ジュートであった。(b)ムハンマドアリー・ハビーブの家系以外のハビーブ家一族員をさす。また空欄になっている箇所は資料をえることができなかった箇所である。
(出典)Dynea Pakistan Ltd., *Annual Report 2003, 2007〜2009*, Habib Metropolitan Bank, *Annual Report 2003〜2009*, Indus Motor Co. Ltd., *Annual Report 2003〜2010*, Shabbir Tiles and Ceramics Ltd., *Annual Report 2006〜2009*, Thal Ltd., *Annual Report 2007〜2009*, Habib Insurance Co. Ltd., *Annual Report 2006〜2010* の Company Information より作成。

　　ノンエグゼクティブダイレクター：インダス・モーター
ムハンマド H. ハビーブ
　　ダイレクター：ハビーブ・メトロポリタン・バンク
ラザー S. ハビーブ（Reza S. Habib）
　　ダイレクター：ハビーブ・メトロポリタン・バンク

　上記から，ラフィークがタールなど3社のチェアマンと1社のダイレクター，アリーがインダス・モーターのチェアマンと他2社のダイレクター，ラフィークの息子ムハンマドアリー R. がエグゼクティブダイレクターやダイレクターを含む4社の役職にある。彼ら3人が経営面において（2009年時点）中心となっていることが上記から確認できる。その点については，先にみた1997年時点の一族員による役員兼任とほとんど変わりはない。
　ムハンマドアリー・ハビーブ一族員による傘下企業への役員兼任は，1997年から2009年までの間大きな変化はないといってもよい。また，表2-8は2003年から2009年までの主要傘下企業別にみた役員（ムハンマドアリー・ハビーブ一族員のみ）の変遷を時系列的に示したものである。同表中，空欄となっている箇所もあるが役員兼任の傾向をみるには問題ないであろう。表2-8からも各傘下企業ともにダイレクター以上の役職に少なくとも1人以上の一族員が就任していることがわかり，それからもムハンマドアリー・ハビーブ一族員が中心となっていることが確認できる。

6 ダーウード・ハビーブ・グループ

ダーウード・ハビーブ・グループ傘下企業について

　ダーウード・ハビーブ・グループの中心人物は，先にも述べたとおり，ダーウード・ハビーブである。彼は，ムハンマドアリー・ハビーブとともに，革新的な企業家であった父ハビーブ・イスマーイールの影響を受けた人物である。それは，弟であるムハンマドアリーとともに1941年8月にインド亜大陸初となるイスラーム系銀行，ハビーブ・バンクを設立したことからも伺える。

　表2-9は，ダーウード・ハビーブ・グループの傘下企業を示したものであり，現時点で確認している傘下企業は約30社近くある。また，ダーウード・ハビーブ・グループ傘下企業の特徴的な点は，近年ムハンマドアリー・ハビーブ・グループがインダス・モーター，タールやアグリオート・インダストリーズなどの製造業を中心に事業を展開しているのに対し，ダーウード・ハビーブ・グループは製造業ではなく，パキスタンで金融業を中心にビジネスを展開していることである。それに加え，パキスタン以外の国へも積極的に進出しビジネスを展開している点は，ムハンマドアリー・ハビーブ・グループに比べると特徴的な点といえよう。

　ここで，ダーウード・ハビーブ・グループの主要傘下企業について簡単に述べたいと思う。はじめに銀行を含む金融業から述べる。ハビーブサンズ・バンク（Habibsons Bank Ltd.）は，1984年にハビーブ・ムハンマド D. ハビーブ（Habib Mohammad D. Habib）が中心となりイギリスのロンドンに設立された。よって，同行の活動の場はパキスタンではなく，主にイギリスである。設立の中心人物であったハビーブ・ムハンマド D. は，ハビーブ・バンクのジョイントプレジデントとして，1954年から同行が国有化される1974年まで経営にかかわっていた。その後，1975年にスイスへ渡り，ハビーブ・バンク AG チューリッヒのマネージャー，そしてジョイントプレジデントをつとめた。ハビーブ・ムハンマド D. は，ハビーブ・バンクとハビーブ・バンク AG チューリッヒの経営にかかわった後に1984年にイギリスへ渡り，ハビーブサンズ・バンクの設立にかかわった。設立当初の同行の社名はハビーブ・サンズ・トラスト・

表2-9 ダーウード・ハビーブ・グループ傘下企業一覧

ハビーブ&サンズ
バンク AL ハビーブ
ハビーブサンズ・バンク
ハビーブ・アフリカン・バンク
ハビーブ・オーバーシーズ・バンク
ハビーブ・アセット・マネジメント
アクシオム・ファンド
アル・ハビーブ・キャピタル・マーケッツ
ハビーブ・フーズ
グリーンシールド・インシュアランス・ブローカーズ LLC（UAE）
ハビーブ・バンキング・コーポレーション（バハマ）
ハビーブ・インベストメント・コーポレーション（UAE）
ハビーブ・キャピタル・アドバイザー（BVI）
ハビーブ・プロパティーズ（UAE）
グリーンシールド・ディベロッパーズ（UAE）
グリーンシールド・リアル・エステート・ブローカーズ（UAE）
ハビーブ・インシュアランス[a]
ガルフ・プロパティーズ・インターナショナル（BVI）
バローチスターン・コンクリート&ブロックス
バローチスターン・パーティクルボード
ハビーブ・シュガー
HSMテキスタイルズ
ハビーブ・モーターサイクル
ハビーブ・スクール・トラスト（ハビーブ・パブリック・スクール，ハビーブ・ガールズ・スクール）
ハビーブ・マーカンタイル
ハビーブ・マリタイム
ハビーブ・ジェネラル
ハイダリー・コンストラクション
ハスニー・テキスタイル
ハスニー・フォージョリー
カラーチー・マーカンタイル
フサイニー・コットン・ハウス

（注）(a) ハビーブ・インシュアランスはムハンマドアリー・ハビーブ・グループとダーウード・ハビーブ・グループが共同で経営を行っている。表中の UAE はアラブ首長国連邦（United Arab Emirate），BVI は英領ヴァージン諸島（British Virgin Islands）をさす。
（出典）ダーウード・ハビーブ・グループ主要傘下企業 Annual Report 2008 およびハウス・オブ・ハビーブ（1998年）での聞き取り調査などより作成。

アンド・ファイナンス（Habibsons Trust and Finance Ltd.）であったが，1988年に現在の社名に変更している。

先に述べたように，ハビーブサンズ・バンクの活動は主にイギリスであるが，1989年にパキスタンのカラーチーに駐在員事務所を開設し，またその翌年の1990年にはスイスのチューリッヒに事務所を開設している。

次に，バンク AL ハビーブ（Bank AL Habib）は，1991年10月にパキスタンで設立された。[31] ハーミド D. ハビーブ（Hamid D. Habib）がバンク AL ハビーブの初代チェアマンである。ちなみに，ハーミド D. もハビーブ・ムハンマド D. 同様に，ハビーブ・バンクのダイレクターを1954年から1974年の国有化まで務めていた。

バンク AL ハビーブは，本店をムルターンにおき，実質的な活動のためのオフィスをカラーチーにおいている。現在では，パキスタンの主要都市を中心に支店をおき，そのネットワークはパキスタン全土を覆っている。幅広いネットワークだ

第2章　ハビーブ財閥

けではなく，バンク AL ハビーブはパキスタンの金融界でインターネットバンキングやイスラーム金融などの業務で常に新しい商品を提供するなど革新的であり，またパキスタン金融界で先駆的な存在となっている。

　また，上記の銀行以外にもバンク AL ハビーブの子会社として2005年に設立したアル・ハビーブ・キャピタル・マーケッツ（AL Habib Capital Markets [Pvt.] Ltd.），またハビーブ・アセット・マネジメント（Habib Asset Management Ltd.），1990年に南アフリカのヨハネスブルクに設立したハビーブ・オーバーシーズ・バンク（Habib Overseas Bank Ltd.），1998年にタンザニアのダルエスサラームに設立したハビーブ・アフリカン・バンク（Habib African Bank Ltd.），2000年にアラブ首長国連邦に設立したグリーンシールド・インシュアランス・ブローカーズ（Greenshield Insurance Brokers LLC）などがある。ダーウード・ハビーブ・グループがかかわる銀行などを含む金融機関は，パキスタン国内はもとよりパキスタン以外の国にもありグローバルにビジネスを展開している。

　次に，ダーウード・ハビーブ・グループの主な製造業について述べる。ハビーブ・シュガー（Habib Sugar Mills Ltd.）は，1962年にカラーチーに設立された。本社はカラーチーに，工場はカラーチーの北西に位置するナワーブシャーにおき，また設立から2年後の1964年にはシンド州に第2工場を建設した。それによりサトウキビの粉砕能力は，設立当初約1,500トン（1日あたり）であったが，第2工場ができたことにより飛躍的に生産能力が上昇した。同社は，その社名からもわかるように製糖業を中心に事業を展開しているが，現在では製糖業以外に4つの部門を持っている。具体的には，産業用アルコールや食用油などの製造，港湾などでの貨物の取扱業，高品質のタオルなどの製造を行う織物業および貿易業である。

　バローチスターン・パーティクルボード（Baluchistan Particle Board Ltd.）は，その社名からもわかるように木片や木材の削りかすなどで固めたパーティクルボード，いわゆる削片板の製造を行う企業である。

　次に，ハビーブ・フーズ（Habib Foods Ltd.）は，エスニック食品やハラールフードの食品加工業の分野で活動することを目的に2004年にパキスタンで設立した食品加工メーカーである。「TAZA」ブランドのもと，パンやデザート，

スナックなどの製造を行い，パキスタンだけではなくアメリカ，カナダ，イギリスや中東諸国でも販売を行っている。

最後に，ダーウード・ハビーブ・グループでは教育関係の事業（ハビーブ・スクール・トラスト（Habib School Trust））も行っている[37]。ハビーブ・スクール・トラストは，パキスタンの教育の発展のため，またパキスタンの若者に世界最高水準の教育を提供することなどを目的に，1959年に設立した組織である。ハビーブ・スクール・トラストは，目的を達成するためにハビーブ・パブリック・スクール（Habib Public School）とハビーブ・ガールズ・スクール（Habib Girls School）の2校をカラーチーに開校した。

ハビーブ・パブリック・スクールはムハンマドアリー・ハビーブの願いが[38]，またハビーブ・ガールズ・スクールはラーシド D. ハビーブ（Rashid D. Habib）の願いが実現したものである[39]。現在までに，両校を卒業した者は多く，医者や弁護士，またビジネスマンなどとなり各方面で活躍している。また，ダーウード・ハビーブ・グループは上記の教育関係の事業だけではなく，児童福祉や医療関係などの事業も展開し，パキスタンの経済発展だけではなく，パキスタン社会の向上にも大きく貢献している[40]。

簡単ではあるが，ダーウード・ハビーブ・グループの傘下企業について述べてきた。以上，述べてきたように同グループの中心的な事業は銀行をはじめとする金融業である。もともと，ハビーブ家は印パ分離独立以前のインド亜大陸で綿花などを扱う商人であった。その後，それらでえた資金を元手に，既述したハビーブ・バンクをボンベイで設立した。ハビーブ家は，ムハージルとしてパキスタンへ移住後，ハビーブ・バンクを中心に金融業からパキスタン経済の発展を支えてきた。

このようにハビーブ財閥は，パキスタンにおいて金融業を中心に事業を展開してきた一族であり，同財閥の中核となる金融業を引き継いでいるのが，ダーウード・ハビーブ・グループである。ダーウード・ハビーブ・グループは金融業を中心に，現在その活動はパキスタン国内だけにとどまるのではなく，イギリスや南アフリカ，また UAE などへも進出し，グローバルに事業を展開している。

第2章　ハビーブ財閥

ダーウード・ハビーブ・グループの経営支配について——一族員の役員就任

　ダーウード・ハビーブ・グループの傘下企業を経営支配（特に役員兼任）という観点からみたならば，どのようにとらえることができるだろうか。結論から述べると，ムハンマドアリー・ハビーブ・グループ同様に，ダーウード・ハビーブ一族が中心となり経営が行われているということである。ダーウード・ハビーブ一族が同グループの主要な傘下企業のチェアマン，マネージングダイレクターや CEO およびダイレクターなどの要職にあり，主要傘下企業の経営を担っている。例えば，以下は2008年時点のダーウード・ハビーブ一族員の傘下企業への役員就任について具体的に示したものである[41]（主なメンバーは11名いる）。

　ハビーブ・ムハンマド D. ハビーブ
　　チェアマン：ハビーブサンズ・バンク，ハビーブ・オーバーシーズ・バンク，ハビーブ・アフリカン・バンク
　アスガル D. ハビーブ
　　チェアマン：ハビーブ・シュガー
　　バイスチェアマン：ハビーブサンズ・バンク，ハビーブ・オーバーシーズ・バンク，ハビーブ・アフリカン・バンク
　アリー・ラザー D. ハビーブ
　　チェアマン：バンク AL ハビーブ，ハビーブ・アセット・マネジメント，ファースト・ハビーブ・インカム・ファンド
　　チーフエグゼクティブ＆マネージングダイレクター：ハビーブ・インシュアランス
　　ダイレクター：ハビーブ・シュガー
　アッバース D. ハビーブ
　　チーフエグゼクティブ＆マネージングダイレクター：バンク AL ハビーブ
　　ダイレクター：ハビーブ・インシュアランス

　以上からも確認できるように，現在，主要傘下企業の役員にはダーウード・ハビーブ（第2世代（ハビーブ・イスマーイールを第1世代とすると））の息子たち

（第3世代），ハビーブ・ムハンマド D. ハビーブ（Habib Mohammad D. Habib）やアリー・ラザー D. ハビーブ（Ali Raza D. Habib），アスガル D. ハビーブ（Asghar D. Habib），アッバース D. ハビーブ（Abbas D. Habib）が就いており，ダーウード・ハビーブ・グループの経営などにかんする意思決定は彼らが行っていると思われる。なかでもハビーブ・ムハンマド D. とアリー・ラザーは，同グループの中核的な企業数社のチェアマンやダイレクターを兼任している。具体的には，ハビーブ・ムハンマド D. は3つの銀行のチェアマンの職にあり，アリー・ラザーはバンク AL ハビーブのチェアマン，ハビーブ・シュガーのダイレクター，それに加えハビーブ・インシュアランスのチーフエグゼクティブ＆マネージングダイレクターなど，合計5社の役員を兼任している。ダーウード・ハビーブ一族のなかでも，現在，年齢面および役員の兼任数などからハビーブ・ムハンマド D. とアリー・ラザーが中心的な役割を果たしていると思われる。

　近年のダーウード・ハビーブ一族員による役員兼任の変遷（2004〜2008年）を示したのが表2-10である。資料上の制約により空欄になっている箇所もあるが，しかし役員兼任の1つの傾向を確認することができる。特徴的な点は，一族員はいくつかの傘下企業の役員を兼任しているが，例外はあるがチェアマンを数社兼任している者は少なく，多くの場合，1人がある傘下企業1社のチェアマンを長年担当していることである。例えば，バンク AL ハビーブのチェアマンにはアリー・ラザーが，ハビーブ・シュガーのそれにはアシュガル D. が，またバローチスターン・パーティクルボードのそれにはムスリム R. が就いている。また，第3世代でもっとも年長者であるハビーブ・ムハンマド D. が，例外的にハビーブサンズ・バンク，ハビーブ・オーバーシーズ・バンク，ハビーブ・アフリカン・バンクの3行のチェアマンの職に就いている。

　もちろん，ダーウード・ハビーブ・グループ傘下企業の経営を担っているのは，ハビーブ・ムハンマド D. とアリー・ラザーなどの第3世代だけではない。ハビーブ・ムハンマド D. の息子（第4世代）のアフメド H. ハビーブ（Ahmed H. Habib）とザイン H. ハビーブ（Zain H. Habib）は，ハビーブサンズ・バンクとハビーブ・オーバーシーズ・バンクなどのダイレクターを兼任し，アッボス D. の息子のハスナイン A. ハビーブ（Hasnain A. Habib）は，バンク AL ハビー

第2章　ハビーブ財閥

表2-10　ダーウード・ハビーブ・グループ主要傘下企業の役員の変遷

			2004年	2005年	2006年	2007年	2008年
ハビーブ・インシュアランス	取締役会	チェアマン	—	—	ラフィークM.	ラフィークM.	ラフィークM.
		ダイレクター	—	—	アッパースD., マンサールG., ムハンマドアリーR., オーン・ムハンマドA.	アッパースD., マンサールG., ムハンマドアリーR., オーン・ムハンマドA.	アッパースD., マンサールG., ムハンマドアリーR., オーン・ムハンマドA.
		MD & CE	—	—	アリー・ラザーD.	アリー・ラザーD.	アリー・ラザーD.
バンクALハビーブ	取締役会	チェアマン	アリー・ラザーD.	アリー・ラザーD.	アリー・ラザーD.	アリー・ラザーD.	アリー・ラザーD.
		MD & CE	アッパースD.	アッパースD.	アッパースD.	アッパースD.	アッパースD.
		CD	—	クマイルR.	クマイルR.	クマイルR.	クマイルR.
		ダイレクター	ハスナインA., ムルタザーH., クマイルR.	ハスナインA., ムルタザーH.	ハスナインA., ムルタザーH.	ハスナインA., ムルタザーH.	ハスナインA., ムルタザーH.
ハビーブサンズ・バンク	取締役会	チェアマン	—	—	—	—	ハビーブ・ムハンマドD.
		VC	—	—	—	—	アスガルD.
		ダイレクター	—	—	—	—	アフメドH., ザインH.
ハビーブ・アフリカン・バンク	取締役会	チェアマン	—	—	—	—	ハビーブ・ムハンマドD.
		VC	—	—	—	—	アスガルD.
		ダイレクター	—	—	—	—	ザインH.
ハビーブ・シーズ・オーバー・バンク	取締役会	チェアマン	—	—	—	—	ハビーブ・ムハンマドD.
		VC	—	—	—	—	アスガルD.
		ダイレクター	—	—	—	—	ザインH., アフメドH.
ハビーブ・シュガー	取締役会	チェアマン	アスガルD.	アスガルD.	アスガルD.	アスガルD.	アスガルD.
		ダイレクター	アリー・ラザーD., ムルタザーH., イムラーンA.	アリー・ラザーD., ムルタザーH., イムラーンA.	アリー・ラザーD., ムルタザーH., イムラーンA.	アリー・ラザーD., ムルタザーH., イムラーンA.	アリー・ラザーD., ムルタザーH., イムラーンA.
バローチスターン・パーティクルボード	取締役会	チェアマン&CE	ムスリムR.	ムスリムR.	ムスリムR.	ムスリムR.	ムスリムR.
		ダイレクター	ムルタザーH., イムラーンA.	ムルタザーH., イムラーンA.	ムルタザーH., イムラーンA.	ムルタザーH., イムラーンA.	ムルタザーH., イムラーンA.

(注) VC：バイスチェアマン，CE：チーフエグゼクティブ，CD：チーフダイレクター，MD：マネージングダイレクターの略。
(出典) Habib Insurance Co. Ltd., *Annual Report 2006〜2008*, Bank AL Habib, *Annual Report 2004〜2008*, Habib Sugar Mills Ltd., *Annual Report 2004〜2008*, Baluchistan Particle Board Ltd., *Annual Report 2004〜2008*, Habib Overseas Bank Ltd., *Annual Report 2008* の Company Information および Habibsons Bank Ltd., Board of Directors（http://www.habibsons.co.uk/directors_HD.html, 2013年8月21日閲覧），Habib Overseas Bank Ltd., Board of Directors（http://www.habiboverseas.co.za/board-of-directors/, 2013年8月21日閲覧）より作成。

ブのダイレクターの要職に就き，またラーシド D. の息子のムスリム R. ハビーブ (Muslim R. Habib)，クマイル R. ハビーブ (Qumail R. Habib) なども傘下企業の要職に就き，ダーウード・ハビーブ・グループの経営に対し重責を負っている。

　以上，みてきたようにダーウード・ハビーブ・グループでも傘下企業の経営（特に役員兼任）にかんし，ダーウード・ハビーブ一族員が主要な傘下企業の役員に就き，一族員が中心となった経営がなされていることは明らかである。

ダーウード・ハビーブ一族による傘下企業の所有について

　では，次にダーウード・ハビーブ・グループの傘下企業の株式所有構造およびダーウード・ハビーブ一族による所有関係について検討する。

　図2-4は，一族と傘下企業そして傘下企業間における株式の所有関係を示したものである。傘下企業の株式所有にかんし，中心的な役割を果たしているのは，いうまでもなくダーウード・ハビーブ一族である。図2-4からも明らかなように，ダーウード・ハビーブ一族は，すべての傘下企業の株主となっている。次に重要な役割を果たしていると思われるのは，金融業の中心的な企業であるバンク AL ハビーブと，製造業の中心的な企業であるハビーブ・シュガーである。同図が示すように，バンク AL ハビーブは金融系企業を含むいくつかの企業の株式を所有し，またハビーブ・シュガーも同様に傘下企業の株式を所有している。

　また，図2-4のなかには，いくつかの「プライベート・カンパニー (Private Company：Pvt. Co.)[42]」が存在する。例えば，ハスニー・テキスタイル (Hasni Textile〔Pvt.〕) とハビーブ・マーカンタイル (Habib Mercantile Co.〔Pvt.〕) は，ハビーブ・シュガーの株式を所有している。また，カラーチー・マーカンタイル (Karachi Mercantile Co.〔Pvt.〕) はハビーブ・インシュアランスの株式を所有している。

　「プライベート・カンパニー」はその性格上，役員の構成，事業内容および財務内容などを公表する義務はなく，その活動の詳細を把握することは現時点ではできない。「プライベート・カンパニー」が傘下企業の株式を所有することは，一体，何を意味しているのだろうか。財閥内における「プライベート・

第2章 ハビーブ財閥

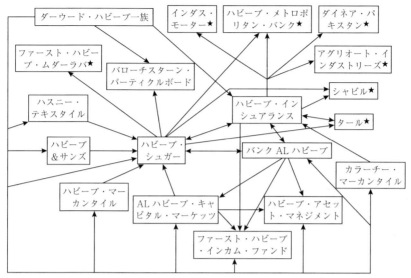

図2-4 ダーウード・ハビーブ・グループの株式所有にかんする関係図（2007～2008年）
(注) 矢印は株式の所有先を示す。図中の★印はムハンマドアリー・ハビーブ・グループの傘下企業をさす。
(出典) Baluchistan Particle Board Ltd., *Annual Report 2007*, Bank AL Habib, *Annual Report 2007, 2008*, Habib Sugar Mills Ltd., *Annual Report 2007, 2008*, Habib Insurance Co. Ltd., *Annual Report 2007, 2008* の Pattern of Shareholding より作成。

カンパニー」の存在は，ダーウード・ハビーブ・グループだけにみられるものではない。他の財閥でも同じように確認することができる。この場で「プライベート・カンパニー」について断定的なことをいうことはできない。しかし，「プライベート・カンパニー」の非公開性という特性を利用し，傘下企業の株式所有面で影響を与えていることは間違いないであろう。それについては第8章で改めて検討したい。

では，次に表2-11を検討する。表2-11は，主要傘下企業別にみたダーウード・ハビーブ一族および傘下企業の株式所有状況（2007年）を示している。同表からも明らかなように，バンク AL ハビーブは一族が約10%，傘下企業が約1.9%の株式を所有し，またハビーブ・シュガーは一族が約2.5%，傘下企業が約16%の株式を所有している。ちなみに，一族による4社の株式所有割合の平均は約4.8%であり，傘下企業のそれは約7.4%となっている。パキスタンに存在する他の財閥と比べると，それほど一族および傘下企業の株式所有割合

表 2-11 ダーウード・ハビーブ一族および傘下企業の株式所有状況：
ダーウード・ハビーブ・グループ主要傘下企業別（2007年） (単位：％)

企業名	一族所有分	傘下企業所有分	一族＋傘下企業所有
バンク AL ハビーブ	10.05	1.86	11.91
ハビーブ・インシュアランス	3.72	9.23	12.95
ハビーブ・シュガー	2.45	16.26	18.71
バローチスターン・パーティクルボード	3.10	2.46	5.56

（出典）Habib Insurance Co. Ltd., *Annual Report 2007*, Bank AL Habib Ltd., *Annual Report 2007*, Habib Sugar Mills Ltd., *Annual Report 2007*, Baluchistan Particle Board Ltd., *Annual Report 2007* の Pattern of Shareholding より作成。

は高くない。

表2-12は，表2-11で示したダーウード・ハビーブ一族員の株式所有を個人別にあらわしたものである。18名ものハビーブ家一族員（内訳：ダーウード・ハビーブ一族11名，ムハンマドアリー・ハビーブ一族4名，両一族以外：3名）[43]が主要傘下企業の株式を所有していることが確認できる。なかでも多くの傘下企業の株式を所有しているのは，アリー・ラザー D. とムルタザー H. ハビーブ（Murtaza H. Habib）の2人であり，ともに3社の株式を所有している。彼ら以外のダーウード・ハビーブ一族員が株式を所有する企業数をみると1社から2社が平均となっている。

また，一族員の1社当たりの株式所有状況をみると，一族員のなかで他の者よりも特に多くの株式を所有している者はみられない。表2-12からも明らかなように，ダーウード・ハビーブ・グループでは，特定の一族員が集中的に株式を所有するような形態ではなく，多くの一族員が傘下企業の所有にかかわり，1人1社当たり平均して約1％前後の株式を所有している。

以上，みてきたように傘下企業の「所有と経営」にかんしては，ダーウード・ハビーブ・グループでもムハンマドアリー・ハビーブ・グループ同様に一族が中心となっていることが確認できた。経営面にかんしては，一族が中心となっていることは表2-10からも明らかなことであり，今後もこのような一族が中心となった経営形態は変わることはないであろう。また，所有面でも一族が中心となった所有形態となっていることは明らかである。しかし，ある特定の一族員が多くの株式を所有するということは確認することができなかった。逆に多くの一族員が傘下企業の所有にかかわり，ダーウード・ハビーブ一族が

一族として傘下企業の所有にかかわっていることが明らかになった。

ダーウード・ハビーブ・グループの人材育成

印パ分離独立当初，ビジネスに携わっていた者の多くが慣習的に各個人を取り巻く一族およびコミュニティ内で丁稚的な修業をつうじ，ビジネスに必要となるノウハウを習得してきた。いわゆるたたき上げの商人や企業家が多く存在していた。そのような慣習は，地縁・血縁・宗派などの関係を重視する彼らにとってごく自然なことであったであろう。

1950年代から半世紀以上が経過した現在では，財閥一族あるいは企業家の教育に対する考え方はどのように変化してきたのだろうか。結論から述べると，現在，彼らの教育に対する考え方は大きく変化し，高学歴を望むようになってきている。現在パキスタンに存在する財閥一族員が，アメリカやイギリスなどの大学

表2-12　ダーウード・ハビーブ・グループ一族員による主要傘下企業の株式所有状況（2007年）

アスガル D. ハビーブ • ハビーブ・シュガー（0.69%）
アリー・ラザー D. ハビーブ • ハビーブ・シュガー（0.01%） • バンク AL ハビーブ（0.93%） • ハビーブ・インシュアランス（0.04%）
アッバース D. ハビーブ • バンク AL ハビーブ（3.73%） • ハビーブ・インシュアランス（0.6%）
クマイル R. ハビーブ • バンク AL ハビーブ（1.43%）
ムルタザー H. ハビーブ • ハビーブ・シュガー（0.78%） • バローチスターン・パーティクルボード（1.56%） • バンク AL ハビーブ（1.232%）
ハスナイン A. ハビーブ • バンク AL ハビーブ（1.78%）
ムスリム R. ハビーブ • バローチスターン・パーティクルボード（0.01%）
ラズィア（アリー・ラザー D. の妻） • バンク AL ハビーブ（0.41%）
ターヒラ（アスガル D. の妻） • ハビーブ・シュガー（0.25%）
ネイマト・ファーティマ（アッバース D. の妻） • バンク AL ハビーブ（0.43%） • ハビーブ・インシュアランス（0.01%）
カースィム・アッバース・ハビーブ（アッバース D. の子） • バンク AL ハビーブ（0.08%）
ラフィーク M. ハビーブ[a] • ハビーブ・インシュアランス（0.13%）
ムハンマドアリー R. ハビーブ[a] • ハビーブ・インシュアランス（1.56%）
ジャミーラ[a] • ハビーブ・インシュアランス（0.78%）
サイイダ[a] • ハビーブ・インシュアランス（0.1%）
マンスール G. ハビーブ[b] • ハビーブ・インシュアランス（0.004%）
オーン・ムハンマド A. ハビーブ[b] • ハビーブ・インシュアランス（0.22%）
イムラーン A. ハビーブ[b] • ハビーブ・シュガー（0.69%） • バローチスターン・パーティクルボード（1.51%）

（注）カッコ内の数値は個人の所有割合を示す。(a) ムハンマドアリー・ハビーブ一族をさす。(b) ダーウード・ハビーブ一族とムハンマドアリー・ハビーブ一族以外の者をさす。
（出典）Habib Insurance Co. Ltd., *Annual Report 2007*, Bank AL Habib Ltd., *Annual Report 2007*, Habib Sugar Mills Ltd., *Annual Report 2007*, Baluchistan Particle Board Ltd., *Annual Report 2007* の Pattern of Shareholding より作成。

などで高等教育を受けるようになっている。今回取り上げたダーウード・ハビーブ一族も例外ではない。

　以下は，現在確認している主なダーウード・ハビーブ一族員の学歴を示している。[44]

　　アフメド H. ハビーブ：ボストン・カレッジ（アメリカ）
　　ザイン H. ハビーブ：ベントリー・カレッジ（アメリカ）
　　ムスリム R. ハビーブ：スイスの高等教育機関で学ぶ[45]

　現在，確認しているダーウード・ハビーブ一族員の学歴はアフメド H. ハビーブ，ザイン H. ハビーブ，ムスリム R. ハビーブの3名のみである。第4世代の彼ら3名は，他の財閥一族と同様にパキスタン以外の地，アフメド H. とザイン H. の2人はアメリカで，ムスリム R. はスイスの高等教育機関で学んでいる。彼ら3名とも卒業後はダーウード・ハビーブ・グループ傘下企業で，アフメド H. とザイン H. は銀行業を中心に，具体的にはアフメド H. は大学卒業後にスイス・ユニオン・バンク（Union Bank of Switzerland, 現 UBS）に1985年から1989年まで勤め，ザイン H. も大学卒業後に同じく，スイス・ユニオン・バンクに1990年から1993年まで勤め，その後両者ともダーウード・ハビーブ傘下のハビーブサンズ・バンクなどの役員に就任している。[46]また，ムスリム R. はスイスから帰国後，製造業を中心にそれら企業の役員など（表2-10を参照）に就き，同グループの発展の一役を担っている。

　学歴にかんするデータが3名しかないため，断定的なことはいえないが，しかしダーウード・ハビーブ一族における一族員の人材育成（後継者の育成）についての傾向の一端を，以上述べてきたことから伺えるであろう。すなわち，一族員を外国の高等教育機関などで学ばせ，その後，アフメド H. らのようにダーウード・ハビーブ・グループ傘下企業以外の企業で経験を積ませるか，あるいは傘下企業内でのトレーニングによりマネジメントに必要な知識を学ばせる。どちらにしても人材育成，特に後継者の育成方法は以前とはまったく異なった方法をとっている。

7　ハビーブ家とハビーブ財閥

　以上，ハビーブ家，特にムハンマドアリーが中心となったムハンマドアリー・ハビーブ・グループとダーウードが中心となったダーウード・ハビーブ・グループが，1947年の新国家誕生期からパキスタンでどのような活動をしてきたのかを，彼らの出自およびグループの形成過程ならびにハビーブ家（ムハンマドアリー・ハビーブ一族とダーウード・ハビーブ一族）と各グループ傘下企業の関係を中心に論じてきた。

　以上の考察から，ハビーブ家のパキスタンでの活動の一端が明らかになったと思う。ハビーブ財閥は，分離独立当初からパキスタン国内で活動を展開してきた古参財閥である。1960年代あるいは1980年代以降に時代の流れにのり，いくつかの新興財閥が誕生あるいは勢力を拡大させてきた。そのようななかでいくつかの古参財閥がその力を弱めてきたが，ハビーブ財閥は健闘しているといってよいであろう。特に，ハビーブ財閥がパキスタンの金融業界に与えた影響は大きい。現在，その金融業を継承しているのはダーウード・ハビーブ・グループである。同グループは，パキスタン国内はもとよりパキスタン以外の地へも進出し，銀行などの経営を行っている。また現在では，総合産業といわれる自動車製造業を日本のトヨタおよび豊田通商との合弁により企業を設立させ，パキスタン国内で展開している。その経営を担っているのはムハンマドアリー・ハビーブ・グループである。同グループの中核的事業は，いうまでもなく自動車製造ならびに販売である。今後，インダス・モーターを中心とした同グループの活動がどのような展開をみせるのか注目したい。

注

(1)　Habib Bank AG Zurich, *A Brief History*, p. 5.
(2)　ハビーブ財閥本部（House of Habib）での聞き取り調査による（1998年7月）。
(3)　アフメド・ハビーブ・グループのハビーブ・インシュアランスへのかかわりについては，それを示す資料が現時点（2014年9月現在）ではないため確認できない。
(4)　インド財閥の形成と発展については，さしあたり三上敦史『インド財閥経営史研究』（同文舘出版，1993年）を参照のこと。

(5) Habib Bank AG Zurich, *op.cit.*, p. 5.
(6) *Ibid.*, p. 10.
(7) また，同様の資料としてホワイトが作成したものもある。下表「資料　銀行における資産規模（1968年）」。

資料　銀行における資産規模（1968年）

（単位：100万パキスタン Rs，シェアは％）

金融機関	預金高	シェア	収益資産	シェア
ハビーブ・バンク（ハビーブ）	3,443.0	27.4	3,123.0	21.9
ナショナル・バンク・オブ・パキスタン（政府系銀行）	2,678.7	21.3	2,970.4	20.8
ユナイテッド・バンク（サヘガル）	2,384.6	19.0	2,140.1	15.0
ムスリム・コマーシャル・バンク（アーダムジー）	1,116.4	8.9	1,093.6	7.7
全銀行	12,558.1	100.0	14,259.5	100.0
パキスタン系民間銀行	8,270.6	65.9	8,335.0	58.4
政府系銀行	3,039.5	24.2	4,501.2	31.6
外資系銀行	1,248.0	9.9	1,423.3	10.0

（出典）White, Lawrence J., *Industrial Concentration and Economic Power in Pakistan*, Princeton University Press, 1974, p. 75.

(8) Habib Bank AG Zurich, *Annual Report 1995*, pp. 16-18.
(9) インドでのスズキの活動については，邦語でも多くの文献が存在するが，さしあたりバスカー・チャタージー著，野田英二郎訳『インドでの日本式経営──マルチとスズキの成功』（サイマル出版会，1993年）や R. C. バルガバ著，島田卓監訳『スズキのインド戦略』（中経出版，2007年）などを参照のこと。
(10) パック・スズキ・モーター「会社概要」（1999年12月），『スズキグループの実態 2011年度版──日本事業とグローバル戦略』（アイアールシー，2010年）455-456頁などより。
(11) パキスタンへのスズキ自動車の進出ならびに事業展開については，永尾博文「自動車産業」土橋久男編著『海外職業訓練ハンドブック　パキスタン』（海外職業訓練協会，1990年）に詳しい。また，パキスタンにおける自動車産業の現状については，伊東洋「パキスタンの自動車産業発展のための提言」『パーキスターン』第221号（日本パキスタン協会，2009年）を参照のこと。
(12) 2008年時点のインダス・モーターの主な株主は，次頁の「資料　インダス・モーターの主な株主」のとおりである。
(13) 資料「パキスタンにおけるトヨタの歩み」および資料「パキスタン／トヨタ代理権・国産化問題　顛末と現状」より。
(14) 同上「パキスタンにおけるトヨタの歩み」，同上「パキスタン／トヨタ代理権・

資料　インダス・モーターの主な株主（ムハンマドアリー・ハビーブ一族，合弁パートナー，傘下企業）とその所有割合（2008年）

(単位：％)

株式所有者	割合
ムハンマドアリー・ハビーブ一族の合計	0.3307
アリー S. ハビーブ	0.17
ムハンマドアリー R. ハビーブ	0.16
ムニーザ・アリー・ハビーブ（アリー S. の妻）	0.0007
ムハンマドアリー・ハビーブ傘下企業の合計	6.27
タール	6.22
ハビーブ・インシュアランス	0.05
合弁パートナーの合計	37.5
トヨタ自動車	25
豊田通商	12.5

(出典) Indus Motor Co. Ltd., *Annual Report 2008*, p. 113.

　国産化問題　顛末と現状」より。
(15)　資料「現状の問題点と新販売会社及びハビブ・グループへの期待」より。
(16)　同上「現状の問題点と新販売会社及びハビブ・グループへの期待」より。
(17)　資料「パキスタン ディストリビューターの再編について」より。
(18)　1シフト＝8：30～17：30で年間約1万台を生産可能。2シフト＝Day & Night Time（24時間稼動）で年間約2万台を生産可能。
(19)　Indus Motor Co. Ltd. 工場での聞き取り調査による（1996年9月）。
(20)　FOURIN 編『アジア自動車産業』（2008年）302頁。2004年より，同社工場ではランドローバー（Land Rover）モデルの生産が行われている。
(21)　Indus Motor Co. Ltd., *Annual Report 1996*, p. 1.
(22)　Indus Motor Co. Ltd., *Annual Report 1995*, pp. 7-8.
(23)　深町宏樹・牧野百恵「2003年のパキスタン——パキスタン自身の「テロとの戦い」の幕開け」『アジア動向年報2004』（アジア経済研究所，2004年）564頁。
(24)　House of Habib, *Code of Values & Business Conduct*, p. 2（2014年8月24日入手）。
(25)　トヨタ紡織株式会社「ニュースリリース：トヨタ紡織，パキスタンで自動車部品の合弁生産に合意」（2013年5月9日）。タール・ボーショク・パキスタンの概要は次のとおりである。資本金：1.9億 Pak.Rs.。株主構成はタール：55％，トヨタ紡織株式会社：35％，豊田通商株式会社：10％。生産開始：2014年7月。
(26)　ハウス・オブ・ハビーブでの聞き取り調査による（1998年7月）。
(27)　ムハンマドアリー・ハビーブ・グループ主要傘下企業8社（Dynea Pakistan, Thal Jute, Habib Insurance, Pakistan Papersack, Indus Motor, Agriauto Indus-

tries, Shabbir Tiles & Ceramics, First Habib Modaraba) のものである (Dynea Pakistan, *Annual Report 1997*, p. 23, Thal Jute, *Annual Report 1996-1997*, p. 26, Habib Insurance, *Annual Report 1997*, p. 17, Pakistan Papersack, *Annual Report 1996-1997*, p. 6, Indus Motor, *Annual Report 1997*, p. 31, Agriauto Industries, *Annual Report 1997*, p. 26, Shabbir Tiles & Ceramics, *Annual Report 1997*, p. 21, First Habib Modaraba, *Annual Report 1997*, p. 19.)。

(28) ムダーラバとは，1981年のムダーラバ会社とその運営にかんする規則によってスタートしたものである。これにより企業あるいは銀行は，ムダーラバ会社として登録することにより特定の目的，あるいはそれ以外の一般的な目的のために，ムダーラバ証券を発行することができる。ただしムダーラバ会社の設立，また同会社によるムダーラバ証券の発行は，シャリーア（イスラーム法）によって認められた事業に限定され，イスラーム教の教義にかんする審議機関あるいは宗教委員会の監査を受けなければならない。

(29) Dynea Pakistan, *Annual Report 1997*, Thal Jute, *Annual Report 1996-1997*, Habib Insurance, *Annual Report 1997*, Pakistan Papersack, *Annual Report 1996-1997*, Indus Motor, *Annual Report 1997*, Agriauto Industries, *Annual Report 1997*, Shabbir Tiles & Ceramics, *Annual Report 1997*のCompany Information および Habib Bank AG Zurich, *A Brief History*, pp. 16-17 より。

(30) Dynea Pakistan Ltd., *Annual Report 2009*, Shabbir Tiles & Ceramics Ltd., *Annual Report 2009*, Habib Metropolitan Bank, *Annual Report 2009*, Indus Motor Co. Ltd., *Annual Report 2009*, Thal Ltd., *Annual Report 2009*, Habib Insurance Co. Ltd., *Annual Report 2009* の Company Information より作成。

(31) Bank AL Habib, *Annual Report 2007*, p. 17.

(32) バンク AL ハビーブがアル・ハビーブ・キャピタル・マーケッツの株式を66.67％所有している (Bank AL Habib, *Annual Report 2007*, p. 94)。

(33) LLC とは「有限責任会社 (LLC : Limited Liability Company)」のことである。

(34) ダーウード・ハビーブ・グループは，UAE 国内においてグリーンシールド・インシュアランス・ブローカーズ以外にも保険業や不動産関係の企業，ハビーブ・インベストメント・コーポレーション，ハビーブ・プロパティーズ，グリーンシールド・ディベロッパーズ，グリーンシールド・リアル・エステート・ブローカーズなどがある (Greenshield Insurance Brokers LLC, History (http://www.greenshield.ae/greenshield-history.php，2009年11月26日閲覧))。

(35) ハビーブ・シュガーの織物業は，HSM テキスタイルズ (1979年設立) により行われている。

(36) ハラールフードとは，イスラームの教えにより許された食べ物のことである。

(37) ハビーブ・スクール・トラストの詳細な活動については，同トラストのウェブサイトを参照のこと。

(38) Habib Public School, History (http://habibschools.edu.pk/HabibSchool/main/history.asp?ID=3&Log=1&menuid=1, 2009年11月26日閲覧)。
(39) Habib Girls School, History (http://habibschools.edu.pk/HabibSchool/main/history.asp?ID=4&Log=1&menuid=1, 2009年11月26日閲覧)。
(40) ダーウード・ハビーブ・グループの社会貢献については、Dawood Habib Group, Community Development (http://www.habib.com/html/communitydevelopment.html, 2013年8月21日) を参照のこと。
(41) Bank AL Habib, Habib Insurance Co. Ltd., Habib Sugar Mills Ltd., Baluchistan Particle Board Ltd.の各社 Annual Report 2008 の Company Information および Habibsons Bank Ltd., Board of Directors (http://www.habibsons.co.uk/directors_HD.html, 2013年8月21日閲覧), Habib Overseas Bank Ltd., Board of Directors (http://www.habiboverseas.co.za/board-of-directors/, 2013年8月21日閲覧) などより作成。
(42) カッコつきの「プライベート・カンパニー」については、第8章を参照のこと。
(43) 資料の制約により、ダーウード・ハビーブ・グループの主要人物であるハビーブ・ムハンマド D. の株式所有分を確認することができなかった。
(44) Habib Overseas Bank Ltd., Board of Directors (http://www.habiboverseas.co.za/board-of-directors/, 2013年8月21日閲覧), Habibsons Bank Ltd., Board of Directors (http://www.habibsons.co.uk/directors_HD.html, 2013年8月21日閲覧)。
(45) 資料には、BSc in Industrial Technology, Switzerland とある。
(46) Habibsons Bank Ltd., Board of Directors (http://www.habibsons.co.uk/directors_ahmed.html, http://www.habibsons.co.uk/directors_zain.html, 2009年11月26日閲覧)。

第3章
アーダムジー財閥

1 アーダムジー財閥とパキスタン

アーダムジー財閥は,サー・アーダムジー・ハージー・ダーウード(Sir Adamjee Haji Dawood, 以下サー・アーダムジー)が中心となり発展し,その後,彼の息子たちおよび孫たちがサー・アーダムジーの意志を受け継ぎ現在に至り,アーダムジー家は南アジアで約1世紀間ビジネスを展開している。アーダムジー家もハビーブ家などと同様にパキスタン建国に尽力し,分離独立当初のパキスタン経済の発展に大きく寄与した一族であり,パキスタンでも名門一族である。本章で述べるが,特にサー・アーダムジーの活動は経済界のみならず地域社会およびコミュニティにもおよんでいる。特に,教育の普及(インド亜大陸内におけるムスリムに対する教育)ならびに福祉面での活動はよく知られている。

しかし,パキスタンで名門一族とよばれるアーダムジー家も新興財閥(特にパンジャービー系)におされ,1980年代以降のパキスタン経済界では,以前に比べるとその活動も縮小傾向にある。そのようななかにあって,現在でもアーダムジー家がパキスタンで名門一族といわれている所以は,パキスタン経済の発展に貢献したことだけではなく,先に述べた地域社会への貢献も含まれている。

本章では,アーダムジー家,特にサー・アーダムジーの活動について考察する。それに加え,同財閥傘下企業とアーダムジー家の関係,また同財閥とアーダムジー・インシュアランスの関係について検討したい。

2 サー・アーダムジーとアーダムジー家の活動

サー・アーダムジー・ハージー・ダーウードの活動

アーダムジー財閥の祖となる人物はサー・アーダムジーである。サー・アーダムジーは，父ハージー・ダーウード（Haji Dawood）と母ハニーファ・バーイー（Hanifa Bai）の子として（図3-1を参照），1880年6月30日にグジャラートのカーティアーワール半島にあるジェトプールに生まれた。アーダムジー家もインド亜大陸に存在する他のムスリム同様に特定のコミュニティに所属している。アーダムジー家は，ビジネス・コミュニティとして有名なメーモン・コミュニティに属し，同家も世襲的に商業を生業としており，サー・アーダムジーの父ハージー・ダーウッドも商人であった。

アーダムジー財閥の活動の出発点は，サー・アーダムジーの父ハージー・ダーウードが中心となり1896年に日用品などを扱う貿易会社を設立したことに始まる。その頃サー・アーダムジーは，ビルマのプロムでサーレ・ムハンマド・ガーズィヤーニー（Saleh Mohammad Gaziyani）のもとで1895年から3年契約で働き始めていた。彼は，サーレ・ムハンマド・ガーズィヤーニーのもとで商売にかんする多くのことを学んだといわれている。

サー・アーダムジーの父ハージー・ダーウッドが興した貿易会社に，その後サー・アーダムジーも加わり，それにともない取引も活発となっていった。その頃（1898年）に，サー・アーダムジーはマリアム（Mariam）と結婚している。

1914年にはサー・アーダムジー自身が中心となり，カルカッタにアーダムジー・ハージー・ダーウード & Co.（Adamjee Haji Dawood & Co.）を設立した。[2] 同社では，それまで彼らが扱っていたガンニー袋や日用品以外にも手を広げ，ジュート製品なども扱った。

その後，サー・アーダムジーは取引でえた利益をもとに製造業へ進出する。1920年にビルマにマッチ製造のアーダムジー・マッチ（Adamjee Match Factory）を設立し，[3] またカルカッタにアーダムジー・ジュート（Adamjee Jute Mills）を建設した。アーダムジー・ジュートは，当時インドで3番目に大きなジュート工場であり，カルカッタではムスリム系で初となるジュート工場であった。[4]

第3章 アーダムジー財閥

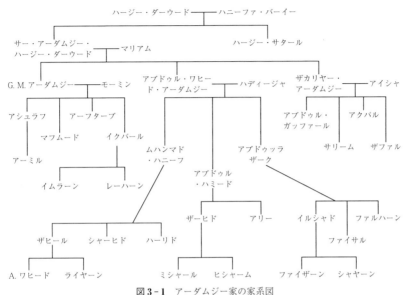

図3-1 アーダムジー家の家系図
(注)同家系図は,2014年9月までに収集した資料をもとに作成した。サー・アーダムジー・ハージー・ダーウードには,図で示した息子以外にもラビアバーイーとファーティマ・バーイーを含む9名の娘がいる。名前をあげた娘以外の7名については現時点では不明である。
(出典)Adamjee Insurance Co. Ltd. での聞き取り調査(1998年7月16日),Qureshi, Yasmin, *The Merchant Knight Adamjee Haji Dawood*, Adamjee Foundation, 2004,および Adamjee Group of Company, Family Tree of Adamjee (http://adamjees.net/family-tree.aspx,2009年12月15日閲覧)より作成。

　サー・アーダムジーは,それ以前からジュート製品などの取引にかかわっており,ジュート工場の建設は自然な成り行きだったといえるだろう。
　サー・アーダムジーは,彼自身のビジネス以外にも他の企業の役員などにも積極的に就任している。例えば,1920年代にセントラル・バンク・オブ・インディア(Central Bank of India)の諮問委員会のメンバーに,またラングーン・トラムウェイ(Rangoon Tramway Co.)の役員にも就いている[5]。また,ビジネス以外にも商業会議所などの設立に大きくかかわると同時に,それらいくつかの[6]団体の要職にも就任し,地域や業界のため,またムスリム商人の活動のために力を尽くした。
　サー・アーダムジーは,20世紀初頭のカルカッタやラングーンなどに存在するメーモン・コミュニティのリーダー的な存在であり,また彼の広範囲にわた

る積極的な企業者活動は，彼をジュート市場におけるリーダーからカルカッタおよびラングーンといったインド亜大陸の東部地域で活躍する産業界を代表する地域的なリーダーにさせた。

いっぽう，サー・アーダムジーは教育問題や社会問題などへも積極的にかかわりを持ち，社会活動でもリーダー的な役割を果たした。教育関係では大学への寄付，またそれらに関連する基金の設立に尽力した。また，アーダムジー家はサー・アーダムジー・ハージー・ダーウード・エデュケーショナル（Sir Adamjee Haji Dawood Educational），アーダムジー寄宿舎（Adamjee Boarding House）やアーダムジー・ムスリム・ハイスクール（Adamjee Muslim High School）などを設立し，教育の普及，特にムスリムへの教育の普及ならびに地域社会やコミュニティの発展に力を入れた。

〈サー・アーダムジー・ハージー・ダーウードの主な活動〉[7]

1880年　カーティアーワール半島のジェトプールに生まれる（6月30日）。
1895年　ラングーンにわたりサーレ・ムハンマド・ガーズィヤーニーのもとで働き始める。
1896年　ラングーンで，父ハージー・ダーウードが中心となり貿易会社を始める。
1898年　マリアムと結婚する。
1914年　サー・アーダムジー自身がアーダムジー・ハージー・ダーウード & Co.を興す。
1919年　母ハニーファ・バーイーが亡くなる。
1920年　セントラル・バンク・オブ・インディア（ビルマ支店）の諮問委員会のメンバーとなる。アーダムジー・マッチを設立する（ラングーン）。
1924年　父ハージー・ダーウードが亡くなる。
1925年　ビルマ・インド商業会議所，ビルマ・ムスリム商業会議所の設立にかかわる。ラングーン・トラムウェイの役員となる。
1928年　デリーで初めて M. A. ジンナーと会う。アーダムジー・ジュートを設立する（カルカッタ）。

1933年　メーモン・エデュケーショナル＆ウェルフェア・ソサエティを設立する（カルカッタ）。
1934-1935年　ビハール（1934），クエッタ（1935）の両地域で起こった大地震で被害を受けた人の救済にあたる。
1938年　イギリス政府より爵位を受ける（6月21日）。
1941年　アーダムジー・ムスリム・ハイスクールを設立する。
1943年　ムスリム・エデュケーショナル・ソサエティを創設する。
1944年　フェデレーション・オブ・ムスリム商工会議所の開設にかかわり，ジンナーの要請により初代会長に就任する。
1947年　アーダムジー寄宿舎を設立する。ムスリム・コマーシャル・バンクを設立する。オリエント・エアウェイズの設立にかかわる。
1948年　カラーチーでステート・バンク・オブ・パキスタン設立のための会議に出席する（1月26日）。
1948年　カラーチーで亡くなる（1月27日）。

アーダムジー家の社会活動

　サー・アーダムジーは彼の属するメーモン・コミュニティ内でも，コミュニティのメンバーに教育を奨励すると同時に，貧しい学生に対しても援助を行った。コミュニティ内でのそれらの活動を円滑に進めるために，サー・アーダムジーが中心となり1933年にメーモン・エデュケーショナル＆ウェルフェア・ソサエティ（Memon Educational and Welfare Society，以下 MEWS）を設立した。現在でも MEWS の活動は続いており，アーダムジー・サイエンス・カレッジ[8]（Adamjee Science College）やサー・アーダムジー・インスティチュート・オブ・マネジメント・サイエンス（Sir Adamjee Institute of Management Sciences）などのいくつかの教育機関を設立し，またそれら教育機関の運営母体としても活動している。

　1934年にビハールで，そして1935年にクエッタで起こった大地震で，同地域で多くの人々が被害を受けた。サー・アーダムジーは MEWS を中心にボランティアを組織し，ビハールとクエッタの被災者の援助に積極的にかかわった。サー・アーダムジーの長年にわたるインド亜大陸での教育や福祉活動および被

災者への援助活動などが認められ，1938年にイギリスより爵位が与えられた[9]。

　また，アーダムジー家は，一族として社会活動（社会貢献）を行うことを主な目的に，アーダムジー財団（Adamjee Foundation）を設立した。同財団の運営資金は，主にアーダムジー財閥傘下企業などの株式所有による配当および寄付などによっている。

アーダムジー家とパキスタン

　英領インドにおいて，企業家として活躍していたサー・アーダムジーは，1947年の印パ分離独立を機にパキスタンへ活動の拠点を移した。それはパキスタン建国の父 M. A. ジンナーの要請によるものである。サー・アーダムジーと M. A. ジンナーは，1920年代後半にメーモン・コミュニティが主催した集会で初めて出会い，両者の親交はその頃から始まった。サー・アーダムジーは，M. A. ジンナーおよび全インド・ムスリム連盟の活動に物心両面からの援助を行ってきた。その後，アーダムジー家は新生パキスタンの草創期の経済において重要な役割を担うことになる。

　M. A. ジンナーの呼びかけに対し，カルカッタで呼応したサー・アーダムジーを中心としたアーダムジー家は，1947年の印パ分離独立にともない，ハビーブ家などと同じくムハージルとして新国家パキスタンへ移ってきた。建国間もないパキスタンの喫緊の課題は，パキスタン経済の要となるステート・バンク・オブ・パキスタン（State Bank of Pakistan）の設立であった。

　1948年1月26日に M. A. ジンナーの呼びかけにより，経済の要となる銀行設立にかんする初会議がカラーチーで開かれた。当然のことながら同会議にはサー・アーダムジーも出席した。すでにその頃，サー・アーダムジーはビジネス界からの引退を表明していた。ビジネス界からの引退の理由はいくつかあるが，1つは新生パキスタンのために，彼のその後の時間をすべて費やすことである。2つ目は体調が悪かったことである。サー・アーダムジーは心臓の具合が悪いなか，銀行設立のための初会議に出席した。しかし，会議の翌日1月27日に心臓の状態が悪化し，彼の息子 G. M. アーダムジー（Gul Mohammad Adamjee）に「充実した人生を送りました。悔いはありません」と語り[10]，この世を去った。

第3章　アーダムジー財閥

　サー・アーダムジーは，印パ分離独立前後の激動のインド亜大陸において，M. A. ジンナーおよびムスリム連盟の活動に大きくかかわり，パキスタン建国に多大な貢献をしたことは間違いない．特に，先に述べた銀行の設立，また後で述べるがパキスタン建国に必要となったいくつかの企業の設立など，実に大きな働きをした人物である．それに加え，地域社会およびコミュニティへの貢献，特に教育や福祉面での働きは特筆に値するものである．パキスタン建国の父 M. A. ジンナーは，亡くなったサー・アーダムジーに対し，以下の言葉を述べている．

　　私（M. A. ジンナー：川満注）は，突然で予想外のアーダムジー・ハージー・ダーウードの死を深く悲しんでいます．彼は，非常に敬虔なムスリムであり，パキスタンのためにわれわれと戦い，多くのことを提供してくれました．（中略）彼（サー・アーダムジー・ハージー・ダーウード：川満注）の死は，パキスタンの国家としての損失である．[11]

　上記の文章からもわかるように，M. A. ジンナーは，サー・アーダムジーの死を悲しみ，そして敬虔なムスリムであったサー・アーダムジーがパキスタン建国のために一緒に戦ってくれたこと，さらに彼の死はパキスタンにとって損失である，などと述べた．M. A. ジンナーのサー・アーダムジーに対する強い思いを感じる文章である．

　アーダムジー家はカラーチーを本拠地とし，事業の拠点となる事務所を東西パキスタンに開設し，パキスタンの経済発展に重要な役割を果たすことになる．建国当初からサー・アーダムジーの息子たちを中心とするアーダムジー家は，銀行や保険会社などの金融，紡績，運輸，化学や製造関係などのいくつかの産業の発展に寄与した．

　具体的には，イスファハーニー家，ハールーン家，ワズィール・アリー家，ハビーブ家などとともに「建国企業」とよばれ，パキスタン建国時に必要不可欠な企業の設立に携わった．例えば，アーダムジー家は，イスファハーニー家とともにオリエント・エアウェイズの設立に加わっている．パキスタンは東西に領土を持つ，世界でも珍しい飛び地国家として誕生した国である．両区域は

距離的にもかなり離れており，陸上交通が困難なため航空輸送の開発が差し迫った課題であった。このようななか，オリエント・エアウェイズは1947年に最初のフライトを行った。

また，アーダムジー家が中心となり他のムスリム一族とともに，1947年にムスリム・コマーシャル・バンク（Muslim Commercial Bank Ltd., 現 MCB バンク（MCB Bank））を設立した。設立当初，本店をカルカッタにおき，分離独立後の1948年に本店を東パキスタンのダッカへ，そして1956年には西パキスタンのカラーチーへと移した。その後，同行は1974年に Z. A. ブットー（Zulfikar Ali Bhutto）の国有化政策により接収されたものの，ナワーズ・シャリーフ（Nawaz Sharif）政権期の1991年に再び民営化された。ちなみに，現在ムスリム・コマーシャル・バンクは，アーダムジー財閥傘下企業ではない。[12]

パキスタン建国当初，パキスタンで取引されるお茶は，パキスタン人以外によって取引されていた。アーダムジー家は，お茶取引（貿易）をパキスタン人の手で行うことを目的にパトラコーラー・ティー（Patrakola Tea Co. Ltd.）を東パキスタンに設立した。[13] 同社は，広大なプランテーションを所有し，パキスタンの茶産業の発展に大きな役割を果たした。しかし，1971年の東西パキスタンの分離により，同社はバングラデシュ政府に接収され，バングラデシュ・ティ・ボード（The Bangladesh Tea Board）に吸収された。

サー・アーダムジー亡き後，G. M. アーダムジーを中心とするアーダムジー家は，ジュート製品の輸出入貿易においても事業の拡大を図り，諸事業よりえた資金を元手に，1950年代前半にパキスタン産業開発公社（PIDC）と共同で東パキスタンにアーダムジー・ジュート（Adamjee Jute Mills Ltd.）を設立した。[14] アーダムジー財閥は，同工場を PIDC から払い下げを受ける形で経営権を取得している。アーダムジー財閥は1950年代から1960年代にかけ，アーダムジー・ジュートを同財閥の柱として積極的な活動を展開するが，同社もパトラコーラー・ティー同様にバングラデシュの独立により，バングラデシュ政府に接収されバングラデシュ・ジュート（Bangladesh Jute Mills Corporation）に吸収された。

敬虔なムスリムであったサー・アーダムジーならびに彼の息子たちを中心とするアーダムジー家は，単なる私利私欲のためではなく，ムスリム国家パキス

第3章　アーダムジー財閥

表3-1　アーダムジー家が設立および経営にかかわった企業

企業名	
アーダムジー	センチュリー・リソーシーズ
アーダムジー・コーポレーション	ケンプロ・パキスタン
アーダムジー・アンマン＆ホイットニー・パキスタン	コースタル・エンタープライズ
	コモディティー・トレーディング
アーダムジー・オートモーティブ	コマロコ
アーダムジー・オート・パーツ・マニュファクチャリング	ダッカ・タバコ・インダストリーズ
	ダッカベジタブル・オイル・プロダクツ
アーダムジー・コンストラクション	エネセル・インダストリーズ
アーダムジー・デュラビルト	ユーラシア・ケミカルズ
アーダムジー・ディーゼル・エンジニアリング・パキスタン	ギャモン・イースト・パキスタン
	ゴールデン・バリー・トレーディング
アーダムジー・エンジニアリング	ゴールデン・バリー・インダストリーズ
アーダムジー・フォローリング	インダス・エンジニアリング
アーダムジー財団	インベトレード・トレーディング
アーダムジー・ガーメンツ・インダストリーズ	ジュート・ファイバーズ
アーダムジー・ハージー・ダーウード	クルナ・テキスタイル
アーダムジー・インダストリーズ	K. S. B. パンプス
アーダムジー・インシュアランス	メグナ・テキスタイル
アーダムジー・インターナショナル	メヘラーン・ジュート
アーダムジー・ジュート	ミングル・トレーディング
アーダムジー・パシフィック・トレーディング	ミューチュアル・トレーディング
アーダムジー・ペーパー＆ボード	ムスリム・コマーシャル・バンク
アーダムジー・パーマスティカルズ	ナショナル・インベストメント・トラスト
アーダムジー・ポリクラフツ	ナショナル・シュガー
アーダムジー・ポリマーズ	ナショナル・チューブ
アーダムジー・サンズ	オーシャニック・インターナショナル
アーダムジー・シュガー	オリエント・エアウェイズ
アーダムジー・サンライズ	オリエント・テキスタイル
アブドゥッラザーク・アーダムジー・インベストメント	パシフィック・マルチ・プロダクツ
	パンサー・エクスポート
アドコン・エンジニアリング	パンサー・ホールディング
アドパワー・エナジー	パンサー・トレーディング
アドパワー・インベストメント	パック・ニッポン・インダストリーズ
アドパワー・プロパティーズ	パトラコーラー・ティー
アジャックス・インダストリーズ	プレミア・ラミネーション
アジャックス・トレーディング	R. シム＆Co.
アライド・ジェネラル	サハラ・バイイング・サービシーズ
アロマ・ティー	サハラ・テキスタイル
アソシエイティド・トレーディング	スター・パーティクル・ボード
アトランティック・トレーディング	サン・パック・インダストリーズ
バイトテック・パーマスティカルズ	トレーディン・トレーディング

（出典）アーダムジー・インシュアランスでの聞き取り調査（1998年7月18日），Shahid-ur-Rehman, *Who owns Pakistan?: Fluctuating fortunes of business Mughals*, Aelia Communications, 1998, pp. 174-175, Adamjee Group of Company（http://adamjees.net/home.aspx，2009年12月15日閲覧）などを参考に作成。

タンの発展のためにムスリム・コマーシャル・バンクなどを含むいくつかの企業を設立した。

3 アーダムジー家とアーダムジー財閥傘下企業の関係

傘下企業について

サー・アーダムジーの父ハージー・ダーウードが中心となり、1896年に設立した貿易会社をアーダムジー財閥の起源とするならば、それからすでに1世紀以上が経過した。1世紀以上にわたりアーダムジー家は、インド亜大陸において東から西へ（ラングーン・カルカッタ・パキスタン）と、その活動拠点を横断させながら活動してきた。

表3-1は、アーダムジー家がこれまでに設立および経営にかかわった企業を一覧にしたものである。その数、実に70社以上にのぼり、その分野は金融業、製造業、建設業、紡績業、貿易業、小売業など実に多岐にわたる。同家のインド亜大陸内での企業者活動がいかに旺盛であったかがうかがえるであろう。しかし、表3-1に掲載されている企業には、現在ではアーダムジー財閥傘下にないもの、あるいは企業として存続していないものもある。

次に、表3-2であるが、同表は2009年末時点でのアーダムジー財閥の傘下企業を一覧にしたものである。表3-2が示すように同財閥の傘下企業数は25社（アーダムジー財団は除く）である。本章の「1 アーダムジー財閥とパキスタン」で触れたように、1980年代以降の同財閥の活動は若干縮小傾向にある。アーダムジー財閥は、パキスタンにおいて多くの企業を設立し、パキスタンの経済発展に大きく貢献したことは既述のとおりである。しかし、現在では表3-1で示した企業のうちいくつかが傘下に存在せず、同財閥の中核的な企業であったムスリム・コマーシャル・バンクや後で触れるアーダムジー・インシュアランス（Adamjee Insurance Co. Ltd.）のように他財閥の傘下企業となったものもある。

次に、現在のアーダムジー財閥の傘下企業について簡単に述べておきたい。現在、同財閥内にサー・アーダムジーの孫の世代を中心にいくつかのグループが存在する。現時点で確認しているグループは2つあり、1つはムハンマド・

第3章　アーダムジー財閥

ハニーフ・アーダムジー（Mohamed Hanif Adamjee）を中心としたムハンマド・ハニーフ・アーダムジー・グループ（Mohamed Hanif Adamjee Group），もう1つはザーヒド・アーダムジー（Zahid Adamjee）を中心としたアドパワー・グループ（Adpower Group）である。

　表3-2で示したように，ムハンマド・ハニーフ・アーダムジー・グループが関係する企業はアーダムジー・コーポレーション（Adamjee Corporation〔Pvt.〕Ltd.）を含む5社である。同グループのなかでも重要な役割を担っているのは，1960年代に設立されたアーダムジー・コーポレーションである。同社は，持株会社的な役割を担っている会社でもあり，傘下企業の統括なども行っている。次にアーダムジー・パーマスティカルズ（Adamjee Pharmaceuticals〔Pvt.〕Ltd.）は，その社名のとおり製薬を行っている企業である。同社は1973年に設立されたが，もともとアーダムジー傘下の企業ではなかった。1986年にアーダムジー財閥傘下となり，その後1988年に現在の社名へ変更している。また，アーダムジー・エンジニアリング（Adamjee Engineering〔Pvt.〕Ltd.）は，イギ

表3-2　アーダムジー財閥の傘下企業一覧（2009年）

企業名
アーダムジー・コーポレーション[a]
アーダムジー・オートモーティブ[b]
アーダムジー・デュラビルト
アーダムジー・ディーゼル・エンジニアリング・パキスタン[b]
アーダムジー・エンジニアリング[a]
アーダムジー・パーマスティカルズ[a]
アーダムジー・ポリマーズ
アーダムジー・サンライズ
アブドゥッラザーク・アーダムジー・インベストメント
アドコン・エンジニアリング
アドパワー・エナジー[b]
アドパワー・インベストメント[b]
アドパワー・プロパティーズ[b]
ケンプロ・パキスタン[a]
コースタル・エンタープライズ[a]
コモディティー・トレーディング
エネセル・インダストリーズ
インダス・エンジニアリング
インベトレード・トレーディング
ミューチュアル・トレーディング
ナショナル・インベストメント・トラスト
オーシャニック・インターナショナル
パシフィック・マルチ・プロダクツ
パンサー・エクスポート
サハラ・バイイング・サービシーズ
アーダムジー財団

（注）（a）ムハンマド・ハニーフ・アーダムジー・グループ傘下企業，（b）アドパワー・グループ傘下企業。同財閥のウェブサイトにはアーダムジー・インシュアランスも傘下企業として掲載されている。しかし，本章で触れているが，現在アーダムジー・インシュアランスは同財閥の傘下企業とはいえない状態にある。そのため同表にはアーダムジー・インシュアランスを掲載していない。
（出典）表3-1に掲載した出典資料およびAdamjee Group of Company（http://adamjees.net/home.aspx, 2009年12月15日閲覧）およびAdpower Group Website（http://www.adpower-group.com/, 2013年8月26日閲覧）などを参考に作成。

113

リスの GKN PLC の子会社として工業用ファスナーの製造を目的に，1949年にゲスト・キーン・アンド・ネトルフォールズ・イン・パキスタン（Guest, Keen and Nettlefolds in Pakistan Ltd.）という社名でパキスタンに設立された。その後，1986年にはアーダムジー財閥が同社の株式の多くを取得しアーダムジー財閥傘下となり，社名を現在のアーダムジー・エンジニアリングに変更した。現在では，工業用ファスナー以外にも自動車やオートバイの部品なども製造している。

次に，アドパワー・グループはザーヒドが中心のグループである。現時点で確認している傘下企業は表 3-2 が示すように5社である。アーダムジー・ディーゼル・エンジニアリング・パキスタン（Adamjee Diesel Engineering Pakistan〔Pvt.〕Ltd.）は，アーダムジー・ドゥーツ・パキスタン（Adamjee Deutz Pakistan〔Pvt.〕Ltd.）という社名で1962年にアーダムジー財閥とドゥーツAG（Deutz AG）との合弁により設立された。同社は，主にドゥーツ製のエンジンなどの製造を行っている。

以上，いくつかの傘下企業について簡単に述べてきたが，表 3-2 にあるアーダムジー財閥傘下企業のほとんどが非上場会社あるいは非公開会社という企業形態をとっており，それぞれの企業の詳細な経営内容および経営状況などを知ることはできない。今後もそれら傘下企業の活動について継続し調査する予定である。

アーダムジー・インシュアランスについて——ニシャート財閥との関係で

次に，表 3-2 の「注」で触れたアーダムジー・インシュアランスについてである。前項で傘下企業数の減少要因として，アーダムジー財閥傘下企業が他財閥の傘下企業となることを述べた。ここではアーダムジー・インシュアランスを例にとり，アーダムジー財閥傘下企業が他財閥へ移行していった過程について検討する。

アーダムジー・インシュアランスは，G. M. アーダムジー，アブドゥル・ワヒード・アーダムジー（Abdul Wahid Adamjee）とザカリヤー・アーダムジー（Zakaria Adamjee）のアーダムジー兄弟によって1960年に設立された。アーダムジー・インシュアランスは国内の都市はもちろんのこと，1980年代前半にドバイ（アラブ首長国連邦の1つの首長国）へ進出したのをはじめ，イギリス，サ

第3章 アーダムジー財閥

ウジアラビアなどの諸外国へも進出している。[16]

　しかし，アーダムジー・インシュアランスの「年次報告書」を確認する限りにおいて，現在同社の経営を実質的に取り仕切っているのは，パンジャービーの M. M. マンシャー（Main Mohammad Mansha）が率いるニシャート財閥である。ニシャート財閥は，1997年の総資産額で1位となっている財閥である。同財閥が総資産額で1位となった要因は，何といっても1991年にムスリム・コマーシャル・バンクをパキスタン政府（ナワーズ・シャリーフ政権）からえたことであろう。

　アーダムジー・インシュアランスの経営権および所有権がアーダムジー財閥からニシャート財閥へ移ったことは，表3-3および表3-4から確認することができる。表3-3は，1996年から2008年までのアーダムジー・インシュアランスの主な役員を示したものである。同表からも明らかなように，アーダムジー側からニシャート側へ実質的な経営権が移行したのは2004年からである。それ以前の2003年以前は，ムハンマド・ハニーフ・アーダムジーを含む4～5名のアーダムジー家一族員がアーダムジー・インシュアランスの役員として名を連ねていた。

　しかし，2004年にジャッバル・アフタル[17]（Jabbar Akhtar）がアーダムジー・インシュアランスのアドバイザーに就任し，それと同時に同年にムハンマド・ハニーフがチェアマンの職を辞し，またアブドゥル・ガッファール・アーダムジー（Abdul Gaffar Adamjee）とイクバール・アーダムジー（Iqbal Adamjee）もダイレクターの職を辞している。その翌年の2005年には，ジャッバル・アフタルに代わりニシャート財閥を率いるM.M.マンシャーがアーダムジー・インシュアランスのアドバイザーに就任している。また，2007年以降はアーダムジー家のアブドゥル・ハミード・アーダムジー（Abdul Hamid Adamjee）とアブドゥッラザーク・アーダムジー（Abdul Razak Adamjee）がダイレクターからおり，代わりにマンシャー家のミヤーン・ウマル・マンシャー[18]（Main Umer Mansha）が同社のチェアマンに，またミヤーン・ハサン・マンシャー[19]（Main Hassan Mansha）が同社のダイレクターにそれぞれ就任している。

　次に，表3-4はアーダムジー・インシュアランスの主要（アーダムジー財閥関係およびニシャート財閥関係）な株主および彼らの株式所有割合をあらわした

115

表3-3 アーダムジー・インシュアランスの役員：アーダムジー財閥とニシャート財閥との関連で

	1996年	1997年	1998年	1999年	2000年	2001年	2002年	2003年	2004年	2005年	2006年	2007年	2008年
ムハンマド・ハニーフ・アーダムジー	チェアマン	チェアマン	チェアマン	チェアマン	チェアマン	チェアマン	チェアマン	チェアマン	—	—	—	—	—
アブドゥル・ハミード・アーダムジー	ダイレクター	ダイレクター	ダイレクター	ダイレクター	ダイレクター	ダイレクター	ダイレクター	ダイレクター	—	ダイレクター	ダイレクター	—	—
アブドゥッラザーク・アーダムジー	ダイレクター	ダイレクター	ダイレクター	ダイレクター	ダイレクター	ダイレクター	ダイレクター	ダイレクター	—	ダイレクター	ダイレクター	—	—
アブドゥル・ガッファール・アーダムジー	ダイレクター	ダイレクター	ダイレクター	—	—	ダイレクター	ダイレクター	ダイレクター	—	—	—	—	—
イクバール・アーダムジー	ダイレクター	ダイレクター	ダイレクター	ダイレクター	ダイレクター	ダイレクター	ダイレクター	ダイレクター	—	—	—	—	—

	1996年	1997年	1998年	1999年	2000年	2001年	2002年	2003年	2004年	2005年	2006年	2007年	2008年
ジャッバル・アフタル	—	—	—	—	—	—	—	—	アドバイザー	—	—	—	—
ミヤーン・ムハンマド・マンシャー	—	—	—	—	—	—	—	—	—	アドバイザー	アドバイザー	アドバイザー	アドバイザー
ミヤーン・ウマル・マンシャー	—	—	—	—	—	—	—	—	—	—	—	チェアマン	チェアマン
ミヤーン・ハサン・マンシャー	—	—	—	—	—	—	—	—	—	—	—	ダイレクター	ダイレクター

（出典）Adamjee Insurance Co. Ltd, *Annual Report 1996~2008* の Board of Directors より作成。

第3章　アーダムジー財閥

表3-4　アーダムジー・インシュアランスの主な株式所有者の変化：アーダムジー財閥とニシャート財閥との関連で

(単位：%)

		1996年	1997年	1998年	1999年	2000年	2001年	2002年	2003年	2004年	2005年	2006年	2007年	2008年
アーダムジー財閥	ムハンマド・ハニーフ・アーダムジー	―	―	―	―	―	―	0.69	0.69	―	―	―	―	―
	アブドゥル・ハミード・アーダムジー	―	―	―	―	―	―	1.43	1.43	1.43	1.37	1.37	―	―
	アブドゥッラザーク・アーダムジー	―	―	―	―	―	―	0.41	0.41	0.41	0.31	0.31	―	―
	イクバール・アーダムジー	―	―	―	―	―	―	0.085	0.08	―	―	―	―	―
	グルフィシャーン（ムハンマド・ハニーフの妻）	―	―	―	―	―	―	0.007	0.007	―	―	―	―	―
	ハウワー（アブドゥル・ハミードの妻）	―	―	―	―	―	―	0.23	0.23	―	―	―	―	―
	ナスイーム（アブドゥッラザークの妻）	―	―	―	―	―	―	0.64	0.64	0.61	0.6	0.6	―	―
	サルワ（アブドゥル・ガッファールの妻）	―	―	―	―	―	―	0.69	0.69	0.16	0.16	0.16	―	―
	ファーティマ（イクバールの妻）	―	―	―	―	―	―	0.08 ★	0.08 ★	―	―	―	―	―
	アーダムジー財団	5.63	5.63	6.55	6.56	7.13	8.81	8.79	8.79	8.79	8.61	8.5	7.99	7.92

		1996年	1997年	1998年	1999年	2000年	2001年	2002年	2003年	2004年	2005年	2006年	2007年	2008年
ニシャート家	MCBバンク	―	―	―	―	―	―	―	―	―	―	―	0.16	0.01
	ミヤーン・ウマル・マンシャー	―	―	―	―	―	―	―	―	―	―	―	0.163	0.01
	ミヤーン・ハサン・マンシャー	―	―	―	―	―	―	29.37	29.37	29.37	29.37	29.37	29.37	29.37
ニシャート財閥関係	セキュリティ・ジェネラル・インシュアランス	―	―	―	―	―	―	―	―	―	―	―	0.02	0.02
	D.G.ハーン・セメント	―	―	―	―	―	―	―	―	―	―	―	3.96	3.34
	MCBインプロイーズ・ペンション・ファンド	―	―	―	―	―	―	―	―	―	―	―	―	2.86
	MCBプロビデント・ファンド・バンク・スタッフ	―	―	―	―	3.71	4.94	4.94	4.14	4.14	4.14	4.14	4.14	4.14
	D.C.ハーン・セメント・インプロイーズ・ペンション・トラスト	―	―	―	―	2.96	3.33	3.93	3.34	3.34	3.34	3.34	3.34	3.34
	ニシャート・ミールズ・インプロイーズ・プロビデント・ファンド	―	―	―	―	―	―	―	―	0.004	0.00008	0.00008	0.00008	0.00008
	ニシャート・インプロイーズ・ペンション・ファンド	―	―	―	―	―	―	―	―	―	―	0.144	0.163	0.163
		―	―	―	―	―	―	―	―	―	―	―	―	0.004

(注) ★は5株所有。同表では、アーダムジー家一族員の株式所有は2002年から記載されているが、アーダムジー・インシュアランスの「年次報告書」に株主として同一族員の名前が確認できるのが2002年からであるためである。2001年以前の同一族員の株式所有については確認できないが、2002年以降の同一族員の株式所有傾向からみて、2001年以前からアーダムジー・インシュアランスの株式を所有していたことは十分に考えられる。

(出典) Adamjee Insurance Co. Ltd., *Annual Report 1996~2008* の *Pattern of Shareholding of the Shares Held by the Shareholders* より作成。

表3-5 アーダムジー側，メーモン・コミュニティ関係，ニシャート側からの
アーダムジー・インシュアランスの株式所有割合の推移

(単位：％)

	1996年	1997年	1998年	1999年	2000年	2001年	2002年	2003年	2004年	2005年	2006年	2007年	2008年
アーダムジー側	5.63	5.63	6.55	6.56	7.13	8.81	13.1	13.1	11.43	11.06	10.96	7.99	7.92
ニシャート側	0	0	0	0	6.68	8.28	38.25	36.86	36.86	36.86	37	41.34	43.3
メーモン・コミュニティ関係	0.37	0.38	0.42	0.42	0.41	0.3	0.26	0.26	0.16	0.16	0.14	0.08	0.06

(注)　表3-4同様に1996年から2001年までのアーダムジー家一族員の所有を示す資料がないため，その期間アーダムジー側の所有比率が低くなっている。しかし，2001年以前と2007年以降の株式所有割合を比較するとそれほど大差はなく，1996年から2001年までもアーダムジー家一族員が同様に株式を所有していたと思われる。
(出典)　表3-4と同じ。

ものである。表3-4から2000年代に入り，アーダムジー・インシュアランスの主要な株主に大きな変化を確認することができる。表3-4からも明らかなように，2003年まではアーダムジー家の一族員10名がアーダムジー・インシュアランスの株式を所有し，また2006年までは同家の4名が株式を所有している。しかし，そのアーダムジー家による株式所有も2006年までとなっており，アーダムジー家一族員は2007年からは完全に株主から名前が消えている。それに代わって，2000年にMCBバンク関係のファンドなどがアーダムジー・インシュアランスの株式を所有したのを皮切りに，それ以降MCBバンクを含むニシャートの傘下企業が主要な株主として名を連ねている。また，アーダムジー家一族員が株主から姿を消した2007年からニシャート財閥のマンシャー家がアーダムジー家に代わって株式を所有している。2008年時点でアーダムジー・インシュアランスのアーダムジー側の株主として名を残すのはアーダムジー財団のみとなっている。なぜアーダムジー財団のみが残っているのか不明であるが，同財団が約8％の株式を所有している。

　アーダムジー財閥とニシャート財閥の1996年から2008年までの株式所有割合の変遷を示したのが表3-5である。同表からもアーダムジー・インシュアランスのアーダムジー側の株式所有割合は若干であるが年々減少し，逆にニシャート側のそれが年々上昇しているのがわかる。また，表3-5には現時点で確認しているメーモン・コミュニティと関係が深いと思われる組織（ファンドなど）の株式所有割合も掲載した。なぜなら，アーダムジー家は既述したようにメーモン・コミュニティとの関係が深く，一族としてコミュニティに深く

コミットしているからである。興味深いことに，アーダムジー家の株式所有割合の推移と似ており，メーモン・コミュニティ関係のそれも年々減少傾向にある。

以上，みてきたように，アーダムジー・インシュアランスは，アーダムジー財閥からニシャート財閥の傘下に移ったことは明らかである。現にニシャート財閥のいくつかの傘下企業の「年次報告書」に，アーダムジー・インシュアランスは関連会社の項目に掲載されている。しかし，アーダムジー財閥のウェブサイトにもアーダムジー・インシュアランスは，傘下企業として掲載されている。今後，同社の取り扱いについて，両者がどのような対応をとるのか。これからも継続し調査を続けたい。

4 アーダムジー家と傘下企業の関係

アーダムジー家と傘下企業の関係——株式所有を中心に

最後に，アーダムジー財閥の所有面（株式所有）および経営面（役員就任）について述べたいと思う。繰り返しになるが，先にあげた表3-2からも明らかなように，現在アーダムジー財閥傘下企業25社中，実に19社が非上場会社あるいは非公開会社という形態をとっている。それらの企業の事業内容ならびに規模などについて把握することは難しい。よって，所有面と経営面についてアーダムジー財閥傘下企業の詳細を知ることはできない。しかし，いくつかの資料などから株式の所有面におけるアーダムジー家と傘下企業の関係，また傘下企業間の関係について図3-2のようなことがいえるであろう。

図3-2は，アーダムジー財閥内の株式所有の関係を示したものである。財閥内に存在するグループ間の関係もあると思うが，基本的には図3-2が示しているように，アーダムジー家とアーダムジー・コーポレーションそしてアーダムジー財団の3者が中心となり，傘下企業の株式を所有していると思われる。なぜなら，先ほども述べたように，アーダムジー・コーポレーションは，同財閥の持株会社的な会社として重要な役割を担っており，アーダムジー財閥において中核的な企業であること。また，アーダムジー財団は，アーダムジー家が中心となり設立した財団であり，運営資金はアーダムジー家が多くを出資して

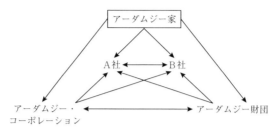

図3-2　アーダムジー財閥内における株式所有の関係図
(注) 同図は，正確な株式所有の関係を示すものではない。矢印は株式所有（あるいは出資）を示す。
(出典) アーダムジー財閥の各種資料を参考に作成。

いるが，傘下企業からの株式所有による配当もそれに当てられていること。またアーダムジー家については表3-4のように，主要な一族員が傘下企業の株主となっていることが考えられるからである。

　以上の3点から，アーダムジー財閥は所有面では図3-2が示すようにアーダムジー家とアーダムジー・コーポレーション，そしてアーダムジー財団の3者が中心となり，各傘下企業の株式を所有していると思われる。それに加え，パキスタンに存在する他の財閥にもみられるように傘下企業間でも株式の所有関係が存在すると思われるが，それらについては現時点では不明である。

アーダムジー家と傘下企業の関係——一族員の役員就任を中心に

　いっぽう，経営面におけるアーダムジー家のかかわりであるが，2009年12月時点で確認しているアーダムジー家から傘下企業への役員就任は，ムハンマド・ハニーフが傘下企業5社（アーダムジー・コーポレーション，アーダムジー・エンジニアリング（Adamjee Engineering〔Pvt.〕Ltd.），アーダムジー・パーマスティカルズ，ケンプロ・パキスタン（Chempro Pakistan〔Pvt.〕Ltd.），コースタル・エンタープライズ（Coastal Enterprises〔Pvt.〕Ltd.））のチェアマンの職にあり，アブドゥル・ハミードが傘下企業5社（アーダムジー・ディーゼル・エンジニアリング・パキスタン，ナショナル・インベストメント・トラスト，インダス・エンジニアリング，インベトレード・トレーディング，オーシャニック・インターナショナル）のダイレクター，またアブドゥッラザークがパシフィック・マルチ・プロダクツ（Pacific Multi Products〔Pvt.〕Ltd.）のダイレクターの職にある。

第3章　アーダムジー財閥

〈アーダムジー家の主要一族員の役員兼任（1998年）について〉[24]
ムハンマド・ハニーフ・アーダムジー
　チェアマン：アーダムジー・インシュアランス
　ダイレクター：アーダムジー・エンジニアリング，コモディティー・トレーディング（Commodities Trading〔Pvt.〕Ltd.），他8社
アブドゥル・ハミード・アーダムジー
　ダイレクター：アーダムジー・インシュアランス，アーダムジー・ディーゼル・エンジニアリング，他5社
アブドゥッラザーク・アーダムジー
　ダイレクター：アーダムジー・インシュアランス，K.S.B. パンプス（K.S.B. Pumps Co. Ltd.），他2社
アブドゥル・ガッファール・アーダムジー
　ダイレクター：アーダムジー・インシュアランス，ゴールデン・バリー・トレーディング（Golden Valley Trading Co. Ltd.），他8社
イクバール・アーダムジー
　チェアマン：メヘラーン・ジュート（Mehran Jute Mills Ltd.）
　チーフエグゼクティブ：パック・ニッポン・インダストリーズ（Pak Nippon Industries Ltd.），ミューチュアル・トレーディング（Mutual Trading Co.〔Pvt.〕Ltd.），他5社
　ダイレクター：アーダムジー・インシュアランス，K.S.B. パンプス

　上記の〈アーダムジー家の主要一族員の役員兼任（1998年）について〉は，1998年時点におけるアーダムジー家の主要一族員による役員兼任を示したものである。アーダムジー家の役員兼任の傾向を示すために古いデータではあるがあえて掲載した。また，〈アーダムジー家の主要一族員の役員兼任（1998年）について〉に掲載した傘下企業のなかには，すでにアーダムジー財閥傘下企業ではないものも含まれている。しかし，同財閥傘下企業に対するアーダムジー家の関与の傾向を示すために掲載した。上記からもわかるように，アーダムジー家の何人かの一族員が傘下企業の役員に就いている。例えば，1998年時点ではムハンマド・ハニーフは1社のチェアマン，10社のダイレクター，合計11社の

役員に就任している。また，アブドゥル・ハミードは7社のダイレクター，アブドゥッラザークは4社のダイレクター，アブドゥル・ガッファールは10社のダイレクター，イクバールは1社のチェアマン，7社のチーフエグゼクティブ，そして2社のダイレクターに就いている。

　現在，アーダムジー財閥傘下企業は，表3–2のアーダムジー財閥の傘下企業一覧（2009年）で示したように，傘下企業の多くが非上場会社あるいは非公開会社という形態をとっている。よって，同財閥傘下企業へアーダムジー家から何名，あるいは誰が役員に就任しているのかを確認することができない。現在確認しているのは，先にみたように，ムハンマド・ハニーフが5社のチェアマン，またアブドゥル・ハミードが5社のダイレクター，アブドゥッラザークが1社のダイレクターの職にあることだけである。そのため断定的なことはいえないが，表3–3で示したアーダムジー・インシュアランスのアーダムジー家の2006年までの役員就任傾向などからも推測すると，アーダムジー家一族員の傘下企業への役員就任状況は，現在でも先にみた1998年時点の役員就任状況と同様な傾向であると考えられる。

5　アーダムジー家とアーダムジー財閥

　アーダムジー財閥は，1900年前後からインド亜大陸で活躍してきた。1947年の印パ分離独立時には，ムスリム国家建国のためムハージルとしてパキスタンへわたってくることを決断し，混乱する建国当初の経済運営にもいくつかのムスリム一族とともにかかわり貢献した。それらの活動については，本章で述べたとおりである。

　しかし，現在のアーダムジー財閥の傘下企業をみると，傘下企業数の減少，またそのほとんどが非上場会社あるいは非公開会社の形態をとり，以前（1980年代以前）に同財閥が活躍していた時代に比べ，その規模が若干縮小しているように思う。また，同財閥の中核的な企業であったムスリム・コマーシャル・バンクやアーダムジー・インシュアランスがニシャート財閥へ移るなどの状況もそれを示しているであろう。名誉や伝統のある一族あるいは財閥は，その名誉や伝統の重みゆえに何事に対しても保守的になる傾向があり，革新性を失う

ことがある。アーダムジー家とアーダムジー財閥も伝統があり，パキスタン国内では「建国企業」とよばれる名誉ある一族（財閥）として名が知られている。しかし，アーダムジー家がパキスタン社会において名門一族とよばれる所以は，パキスタン経済の発展に貢献したことだけではない。本章でも述べたように，サー・アーダムジーを中心としたアーダムジー家は，地域社会およびコミュニティの発展のために力を尽くした。特に，教育や福祉面で多大な役割を果たした。アーダムジー家が設立にかかわった教育機関（学校など）や医療機関，またその他の施設などが現在でも存在することがそれをあらわしている。

現在，アーダムジー家および財閥内で重要な役割を担っているのは，アーダムジー家と傘下企業のかかわり（役員），およびグループの中心人物であるという点からムハンマド・ハニーフやザーヒドであろう。サー・アーダムジーを1世代目とするならば，ムハンマド・ハニーフは3世代目となり，ザーヒドは4世代目となる。アーダムジー家の3世代目および4世代目が同財閥の舵をどのようにとるのか，今後も注目したい。

注

(1) Qureshi, Yasmin, *The Merchant Knight Adamjee Haji Dawood*, Adamjee Foundation, 2004, p. 1.
(2) *Ibid.*, p. 16.
(3) *Ibid.*, pp. 34-35. 20世紀初頭のインド（特にベンガル地域）におけるマッチ産業の発展については，大石高志「日印合弁・提携マッチ工場の成立と展開 1910〜20年代——ベンガル湾地域の市場とムスリム商人ネットワーク」『東洋文化』第82号（東京大学東洋文化研究所，2002年）を参照のこと。同論文においてマッチ産業を中心にしたムスリム系企業家の積極的な活動および彼らと日本との関係などが論じられている。また同「ムスリム資本家とパキスタン」黒崎卓・子島進・山根聡編『現代パキスタン分析——民族・国民・国家』（岩波書店，2004年）なども参照のこと。
(4) *Ibid.*, p. 76, p. 78.
(5) *Ibid.*, p. 25.
(6) *Ibid.*, p. 28. Kochanek, Stanley A., *Interest Groups and Development : Business and Politics in Pakistan*, Oxford University Press, 1983, pp. 339-340.
(7) Adamjee Group of Company, Sir Adamjee and Jinnah（http://adamjees.net/AdamjeeJinnah.aspx, 2009年12月15日閲覧）より抜粋し作成した。また Qureshi,

Yasmin, *The Merchant Knight Adamjee Haji Dawood*, Adamjee Foundation, 2004 も参考にした。

(8) 同校は、1970年代に国有化され校名もアーダムジー・ガバメント・サイエンス・カレッジ（Adamjee Government Science College）となり現在に至っている。

(9) Adamjee Insurance Co. Ltd., *Adamjee Insurance*, p. 5.

(10) Qureshi, Yasmin, *op.cit.*, p. 134.

(11) *Ibid.*, Foreword.

(12) 現在、同社は社名を MCB Bank に変更し、アーダムジー財閥の傘下企業ではない。民営化により1991年に M. M. マンシャーが率いるニシャート財閥の傘下となった。

(13) Adamjee Group of Company, History-Patrakola Tea Co. Ltd.（http://adamjees. net/Patrakola-Tea.aspx、2014年10月3日閲覧）

(14) 山中一郎編著『現代パキスタンの研究 1947〜1971』（アジア経済研究所、1973年）361頁。

(15) 現在、アーダムジー財閥内には5つほどのグループが存在するといわれている。本章で取り上げたムハンマド・ハニーフ・アーダムジー・グループとアドパワー・グループ以外に、同財閥各種発表資料などからアブドゥッラザーク・アーダムジー（Abdul Razak Adamjee）、アブドゥル・ガッファール・アーダムジー（Abdal Gaffar Adamjee）、アシュラフ・アーダムジー（Ashraf Adamjee）らがそれぞれ中心となったグループが存在すると思われる。なぜ、5つのグループがあるのか。それに答えることは、資料的な制約により現時点ではできない。また、本章で触れた2つのグループ以外については、傘下企業なども不明のため本章では取り上げていない。アーダムジー家とそれらグループの関係、アーダムジー財閥内におけるグループ間の関係などについては今後も調査を続けたい。

(16) Adamjee Insurance Co. Ltd., *op.cit.*, pp. 67-68. しかし、2009年12月時点では、同社の海外事務所はドバイのみとなっている。

(17) ジャッバル・アフタルがアーダムジー側なのか、あるいはニシャート側の人物なのか、不明である。しかし、この数年間のアーダムジー・インシュアランスの役員の変化をみる限り、同氏はニシャート側の人物とみるのが自然であろう。なぜなら、彼がアドバイザーに就任する以前はアーダムジー・インシュアランスにはアドバイザーというポジションは存在せず、また彼はアドバイザーを1年で退任し、その後2005年から M. M. マンシャーがアドバイザーに就いているからである。

(18) ミヤーン・ウマル・マンシャーは、米国ボストンにあるボストン・カレッジを卒業し、現在ニシャート・ミールズのダイレクター＆チーフエグゼクティブ、MCBバンクや MCB アセット・マネジメントのダイレクターの職にあり、またパキスタン・ビジネス・カウンシルのメンバーでもある（Adamjee Insurance Co. Ltd., *Annual Report 2007*, p. 13.）。

(19) ミヤーン・ハサン・マンシャーは，ミヤーン・ウマル・マンシャーと同様にアメリカで教育を受け，現在パキスタン・アビエイターズ＆エビエーションのチーフエグゼクティブ＆マネージングダイレクター，またニシャート・ミールズ，ガルフ・ニシャート・アパレル，セキュリティ・ジェネラル・インシュアランス，ニシャート・パワーのダイレクターの職にある（Adamjee Insurance Co. Ltd., *Annual Report 2007*, p. 15.）。

(20) Nishat Mills Ltd., *Annual Report 2008*, p. 21, D. G. Khan Cement Co. Ltd., *Annual Report 2007-2008*, p. 17.

(21) アーダムジー・インシュアランスをめぐる問題は，両財閥間での所有権および経営権の問題だけではないようにも思える。アーダムジー・インシュアランスをめぐる両者の関係も重要な問題であるが，具体的にいうとコミュニティ間（アーダムジーはムハージルでありメーモンに属している。M. M. マンシャーはパンジャービーである）の競争関係も存在するように思う。パキスタン・ビジネス界におけるコミュニティ間の競争関係および変遷についての分析は別の機会に行いたい。

(22) Adamjee Engineering〔Pvt.〕Ltd., Brief History（http://www.adamjee-engg.com/History.aspx，2009年12月15日閲覧）

(23) Adamjee Insurance Co. Ltd., *Annual Report 2006*, pp. 15-16.

(24) アーダムジー・インシュアランス「社内資料」および Adamjee Insurance Co. Ltd., *Annual Report 1998*, p. 1 より。

第4章
ダーウード財閥

1 ダーウード財閥とパキスタン

 ダーウード家は，ハビーブ家やアーダムジー家と同じく独立後のパキスタンへムハージルとして移住してきた。ムハージルのいくつかの商人一族（後に財閥となる）がパキスタンの初期経済に大きく貢献したことは周知の事実である。

 ダーウード家の場合，12世紀頃ヒンドゥーからイスラームへ改宗したといわれるスンニー派のメーモン・コミュニティに属している。メーモンは，インドの商人カーストに似た世襲職業的な性格を持っているといわれている。また，第1章でも述べたように，メーモンはパキスタン国内でビジネス・コミュニティとして活躍してきたシーア派のホージャ・コミュニティやボホラ・コミュニティとならんで多くの財閥を輩出した有力なビジネス・コミュニティの1つである。

 1960年代以降，何度か発表されたパキスタン財閥の総資産額ランキングにおいて，ダーウード財閥はつねに上位に位置してきた。それからもわかるように

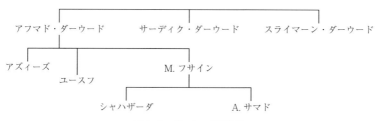

図4-1 ダーウード家系図

（注）2011年8月1日までに収集した資料をもとに作成した。
（出典）ダーウード・センターでの聞き取り調査（1998年7月17日）および各種資料より作成。

ダーウード財閥もハビーブ財閥などと同様に、パキスタンで旺盛な活動を展開し、現在にいたるまでパキスタン経済をリードしてきた財閥である。
　以下、本章ではダーウード財閥創始者であるアフマド・ダーウード（Ahmed Dawood）とダーウード家のパキスタンでの活動を明らかにし、またダーウード財閥傘下企業のビジネスならびにダーウード家とダーウード財閥傘下企業の関係を中心に検討する。

2　ダーウード家の出自と同家の活動

ダーウード家について

　ダーウード家は、インド亜大陸のカーティアーワール半島バントゥワの出身である。同家は、1947年の印パ分離独立を機にムハージルとしてパキスタンのカラーチーへ移住してきた。
　ダーウード財閥の創始者は、アフマド・ダーウードである。アフマドは、1905年にバントゥワに3人兄弟の長男として生まれた（図4-1を参照）。1917年、12歳になったアフマドは、彼のおじであるアブドゥッガニー・ハージー・ヌール・ムハンマド（Abdul Ghani Haji Noor Mohammad）のもとで働きはじめる。おじのアブドゥッガニー・ハージー・ヌール・ムハンマドは、インドのマイソールにある小さな町で、小さいながら雑貨などを扱う店を構えていた。アフマドは、そのおじのもとで2年間働き、その間に商売にかんするノウハウを学んだ。
　アフマドが15歳となった1920年に、彼の父が亡くなる。父の死を機に、アフマドはボンベイ（現ムンバイ）へ移り、おじから独立し商売を始めることを決意する。彼は、おじのアドバイスのもとボンベイで綿などを扱う店を構えた。

ダーウード家とパキスタン

　1947年の宗教的理由による印パの分離独立は、ボンベイで商売を行っていたアフマドをパキスタンへと移住させた。しかし、独立当初の新国家パキスタンは、多くの人的ならびに物的資源が流出したことから、インドに比べ経済的に

は悪条件のもとでの出発を余儀なくされた。新生パキスタンに必要であったのは、ハビーブ家、アーダムジー家やダーウード家などのようなビジネスに対する豊富な経験と旺盛な企業家精神を持った者たちであった。

アフマドがパキスタンへの移住後、最初に行ったことはダーウード・コーポレーション（Dawood Corporation〔Pvt.〕Ltd.）の設立である。その後1951年にダーウード・コットン（Dawood Cotton Mills Ltd.）を、そして1959年にはダーウード・ペトロリウム（Dawood Petroleum Ltd.）を設立した。しかし、ダーウード・ペトロリウムは、1971年に登場したZ. A. ブットーの国有化政策により1974年に接収され国有企業となった。[2]

ダーウードは、西パキスタンのカラーチーを拠点としていたが、いっぽうで彼らが初期の東パキスタンの経済発展に果たした役割は注目に値する。すなわち、1960年代当時、南アジア地域内で最大級といわれたカルナープリー・ペーパー（Karnaphuli Paper Mills Ltd.）の設立、また近代的で最先端のジュート工場として知られたダーウード・ジュート（Dawood Jute Mills Ltd.）などは有名である。さらにダーウードは、レーヨンなどの製造を行うカルナープリー・レーヨン＆ケミカル（Karnaphuli Rayon & Chemicals Ltd.）を外資との合弁により設立させ、またダーウード・シッピング（Dawood Shipping Co. Ltd.）を設立し、ダッカ、チッタゴンなどの東パキスタンの諸都市にダーウード傘下企業の関連事務所や倉庫などをおいた。しかし、1971年のバングラデシュの誕生により、ダーウードが東パキスタンでかかわったほとんどの企業はバングラデシュ政府に接収された。

また、ダーウードは企業経営だけではなく、1961年に設立したダーウード財団（Dawood Foundation）をつうじ積極的に慈善活動も行っている。パキスタンで学校、例えばダーウード・カレッジ・オブ・エンジニアリング＆テクノロジー（Dawood College of Engineering and Technology）の設立（1962年）など、また病院やモスクなどの設立ならびにそれらに対し寄付を行っている。

3　ダーウード財閥の傘下企業

1990年代後半のダーウード財閥傘下企業

　ダーウード財閥は，創業以来一貫して製造業を中心に事業を展開している。それは本節で検討する1997年から2008年までもほとんど変わっていない。また，傘下企業の1997年から2008年の約10年間の変化をみると，次のことがいえる。財閥内における傘下企業の区分がなされていること。また，ダーウード・インダストリーズ（Dawood Industries〔Pvt.〕Ltd.）などのプライベート・カンパニー（非公開会社）が増えたことである。[3]

　アフマドは，ダーウード・コーポレーションの設立を皮切りに，パキスタン国内に企業を設立してきた。1960年代の傘下企業は9社，1970年代に行われたZ. A. ブットー政権期の国有化政策に影響を受けたにもかかわらず，1997年時点では21社（ダーウード財団を含む。表4-1を参照），そして2008年時点では29社（ダーウード財団を含む。表4-2を参照）となっている。[4]

　表4-1は，1997年時点のダーウード財閥の傘下企業を示したものである。同財閥の主要企業はブーレーワーラー・テキスタイル（Burewala Textile Mills Ltd.），ダーウード・コットン（Dawood Cotton Mills Ltd.），ロウレンスプール・ウールン＆テキスタイル（Lawrencepur Woollen & Textile Mills Ltd.），ディルン（Dilon Ltd.），セントラル・インシュアランス（Central Insurance Co. Ltd.）などである。同時期のダーウード財閥の特徴は次の2点である。第1に同財閥の事業は，主にパキスタンの伝統的な産業である紡績・繊維産業が中心となっていたことである。ダーウード財閥は，当初より主に紡績業を中心に発展してきた。第2は，ダーウード財閥傘下企業21社を統括していた親会社ダーウード・コーポレーションの存在である。1990年代後半のダーウード財閥傘下企業の関係はダーウード・コーポレーションが中心となり，どちらかといえばピラミッド型になっていた（図4-2を参照）。しかし，10年後の2000年代後半にはダーウード・コーポレーションが中心となったピラミッド型が崩れている（図4-3を参照）。その点については次節で述べたい。

2000年代後半のダーウード財閥傘下企業

次に，2008年時点でのダーウード財閥の傘下企業について述べたい。同時期のダーウード財閥は，既述した1990年代までの事業をベースにビジネスを展開している。表4-2は，2008年時点のダーウード財閥傘下企業を一覧にしたものである。表4-1の1997年時点の傘下企業と，表4-2に示した2008年時点でのそれとでは若干異なる。例えば，表4-2から確認できるように，各傘下企業の同財閥内における位置づけが「グループ会社」，「関連会社」などのようにわけられている点である。わけた明確な理由はわからないが，各企業の成り立ちなどから推測すると「グループ会社」は，主にダーウード財閥が設立した企業が中心となっており，「関連会社」は設立後にダーウード財閥がその企業の経営にかかわったものが中心となっている。また「その他の企業」については，ほとんどがプライベート・カンパニー（非公開会社）であり，いくつかの「プライベート・カンパニー」は傘下企業との関係において重要な役割を担っていると思われる。

「グループ会社」のほとんどがダーウード財閥傘下企業のなかでも古参の企業であり，1960年代より同財閥の主力企業として財閥をけん引してきた企業である。同カテゴリーにあるダーウード・ロウレンスプール（Dawood Lawrence-pur Ltd.）は，これまでダーウード財閥の主要企業であったダーウード・コットン，ロウレンスプール・ウールン&テキスタイル，ブーレーワーラー・テキスタイル，ディルンの4社（紡績関連企業）が2004年に合併し誕生した企業である。現在，ダーウード・ロウレンスプールがダーウード財閥の中核企業であ

表4-1 ダーウード財閥傘下企業一覧（1997年）

企業名
ダーウード・コーポレーション
ダーウード・インダストリーズ
ダーウード財団
ディルン
セントラル・インシュアランス
ダーウード・コットン
D.G.ムダーラバ・マネジメント
ファーストD.G.ムダーラバ
アジアン・コーポラティブ・ソシエティ
ユニゾン
ユニティ・トレーダーズ
アライド・ディストリビューターズ
モダン・インダストリーズ
ラーラザール・エンタープライズ
ハジアーニー・ハニーファ・バーイー
ダーウード・パブリックスクール
スィンド・ペーパー
ナショナル・マインズ
ダーウード・ハーキュリーズ・ケミカル
ブーレーワーラー・テキスタイル
ロウレンスプール・ウールン&テキスタイル

（出典）ダーウード・センターでの聞き取り調査（1998年7月17日）および「社内資料」より作成。

表4-2　ダーウード財閥傘下企業一覧（2008年）

グループ会社	関連会社
ダーウード・ハーキュリーズ・ケミカル	エングロ・ケミカル・パキスタン
ダーウード・ロウレンスプール	エングロ・ポリマー＆ケミカル
セントラル・インシュアランス	エングロ・パワーゲン
インボックス・ビジネス・テクノロジーズ	エングロ・エクインプ
エリクサー・セキュリティーズ	エングロ・フーズ
ペブルス	エングロ・ヴォパック・ターミナル
戦略的投資	エングロ・エナジー
スイ・ノーザン・ガス・パイプラインズ	エングロ・マネジメント・サービシーズ
	アグリモール
慈善団体	アラビアン・シー・カントリークラブ
ダーウード財団	アヴァンシオン
その他の企業	アヴァンシオン・フリーゾーン・エスタブリッシュメント（UAE）
ダーウード・コーポレーション	エングロ・イノベーティブ（USA）
ダーウード	イノベーティブ・オートメーション（パキスタン）
ダーウード・インダストリーズ	アヴァンシオン LP（USA）
パテック	アドバンス・オートメーション・アソシエイティド GP LLC（USA）
サッチ・インターナショナル	

（注）「その他の企業」は，同財閥が明記している区分ではない。著者が便宜上つけ加えた区分である。また，エングロ・ケミカル・パキスタンおよび同社に関係するいくつかの企業は，関連会社に掲載されていなかったが，関連会社に掲載されている企業との関係から便宜上，関連会社に含めた。
（出典）傘下企業各社の *Annual Report* および各種資料，The Dawood Group（http://www.dawoodgroup.com/companies_group.html, 2011年10月20日閲覧）などを参考に作成。

ることは，これまでの同財閥の活動をみる限り間違いないと思われる。なぜなら，先ほども述べたが，ダーウード財閥は印パ分離独立以来，パキスタンで製造業，特に紡績業を中心に事業を展開してきたからである。

　また，特筆すべきは「関連会社」にあるエングロ・ケミカル・パキスタン（Engro Chemical Pakistan Ltd.）を中心とした企業の存在である。エングロ・ケミカル・パキスタンは，エングロ・ポリマー＆ケミカル（Engro Polymer & Chemical Ltd., 56.19％（2008年時点でエングロ・ケミカルが所有する株式所有割合，以下同様）），エングロ・フーズ（Engro Foods Ltd., 100％），エングロ・エナジー（Engro Energy Ltd., 95％），エングロ・パワーゲン（Engro Powergen〔Pvt.〕Ltd., 100％），エングロ・エクインプ（Engro Eximp〔Pvt.〕Ltd., 100％），アヴァンシオン（Avanceon Ltd., 62.67％）などの子会社や合弁企業を有している。[8]

　また，アヴァンシオンも表4-3が示すように，パキスタン国内，UAEお

表4-3 アヴァンシオンが関連する会社（子会社など）の同社の株式所有割合

(単位：％)

企業名	2008年
アヴァンシオン・フリーゾーン・エスタブリッシュメント（UAE）	100
エングロ・イノベーティブ（USA）	100
イノベーティブ・オートメーション	100
アヴァンシオン LP（USA）	70
アドバンス・オートメーション・アソシエイツ GP LLC（USA）	70

(出典) Engro Chemical Pakistan Ltd., *Annual Report 2008*, p. 120.

よびアメリカに子会社を有している。エングロ・ケミカル・パキスタンは，それらの子会社および合弁企業とともに化学製品や加工食品の製造および販売などを行っている。

例えば，エングロ・ポリマー＆ケミカルは，パキスタン国内で化学製品などの製造および販売を行っている。エングロ・フーズは2005年4月に設立され，その社名のとおり食品を扱っている。エングロ・フーズは，主に乳製品（パック牛乳，クリームなど）の製造および販売を行っている。エングロ・フーズの主なブランドは Olper's Milk, Olper's Cream, Olwell, Tarang などである。パキスタンにおける乳製品市場は，ネスレ・パキスタン（Nestle Pakistan）とハリーブ・フーズ（Haleeb Foods）の先発の2社が独占する市場であった。そこにエングロ・フーズが参入した形となる。同社は，後発企業ということもあり，広告活動を積極的に展開し知名度アップに努めている。また，エングロ・ケミカル・パキスタンは，オランダのロイヤル・ヴォパック（Royal Vopak）との合弁によりエングロ・ヴォパック・ターミナル（Engro Vopak Terminal Ltd.）を設立している。同社は，主に石油化学製品，バイオ燃料や液化天然ガスなどの液体貨物の保管業務を行っている。

以上，ダーウード財閥の傘下企業について簡単ではあるがみてきた。上述のとおり，これまでダーウード財閥は，紡績業を中心に事業を展開してきたが，2000年代に入りエングロ・ケミカル・パキスタンを傘下におさめ新たな分野へも進出している。

4　ダーウード家とダーウード財閥傘下企業の関係

ダーウード家と傘下企業の関係――株式所有を中心に

本節では,「所有と経営」の観点からダーウード財閥傘下企業とダーウード家の関係を検討する。結論から述べると，ダーウード財閥はダーウード家が中心となり事業を展開している。

最初に，所有面からダーウード家とダーウード財閥傘下企業の関係を検討する。図4-2（1997年）および図4-3（2008年）は，ダーウード家および傘下企業間での株式の所有関係を示したものである。図4-2をみると，1990年代後半の同財閥の中核をなす企業は，ダーウード家が直接支配するダーウード・コーポレーションであることがわかる。ダーウード・コーポレーションは，既述のとおり親会社として財閥内で重要な役割を果たしていた。同社は，プライベート・カンパニーという形態をとっているため事業内容を公にしていない。そのためダーウード・コーポレーションが，傘下企業の株式をどのくらい所有しているのか確認することはできない。しかし，図4-2に示したように，同社が傘下企業の株式を所有していることは間違いないであろう。また，1997年時点において資料上の制約により，一族員の株式所有状況についても確認することができない。しかし，その後の資料などから推測するに，一族員もダーウード・コーポレーションと同様に傘下企業の株式を所有していたと思われる。

さて，ダーウード・コーポレーションの次に重要な役割を果たしているのは，ダーウード財閥の唯一の金融機関であるセントラル・インシュアランスである。セントラル・インシュアランスは，1990年代後半に同財閥の主要企業ディルン，ブーレーワラー・テキスタイル，ロウレンスプール・ウールン＆テキスタイルなどの株式を所有していた。図4-2からダーウード・コーポレーションとセントラル・インシュアランス以外の傘下企業間においても株式の所有関係を確認することができ，ダーウード財閥傘下企業間でヨコの関係もあることがわかる。

次に，図4-3についてであるが，同図は2008年時点のダーウード家とダーウード財閥傘下企業間における株式所有関係を示したものである。先の図4-

第4章 ダーウード財閥

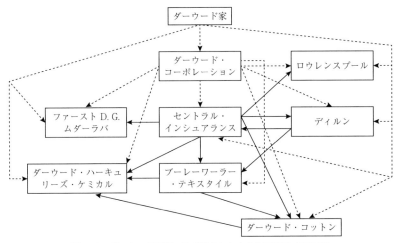

図4-2　ダーウード財閥の株式所有にかんする関係図（1997年）
（注）矢印先は株式の所有先を示す。図中の点線（---）は著者の推測である。
（出典）ダーウード・センターでの聞き取り調査（1998年7月17日），および Dawood Cotton Mills Ltd., *Annual Report 1997*, p. 20, Burewala Textile Mills Ltd., *Annual Report 1997*, p. 19, Central Insurance Co. Ltd., *Annual Report 1997*, p. 23, Dilon Ltd., *Annual Report 1997*, p. 15 より作成。

2と比較すると，この約10年間で株式の所有状況が大きく変化したことがわかる。ここで注目すべき点は，「プライベート・カンパニー」の存在である。1990年代後半でみたダーウード・コーポレーションはもとより，サッチ・インターナショナル（Sach International〔Pvt.〕Ltd.），パテック（Patek〔Pvt.〕Ltd.），ペブルス（Pebbles〔Pvt.〕Ltd.），ダーウード・インダストリーズ（Dawood Industries〔Pvt.〕Ltd.），ダーウード（Dawood〔Pvt.〕Ltd.）などの複数の「プライベート・カンパニー」が同財閥主要傘下企業の株式を所有している。なかでもダーウード・コーポレーションとサッチ・インターナショナルとパテックの3社は，主要傘下企業3社以上の株式を所有している。「プライベート・カンパニー」の存在ならびに増加理由を明らかにすることは難しい。ここではダーウード財閥内で「プライベート・カンパニー」が増加していることのみを指摘し，増加の理由などについては第8章で検討したい。

　図4-2と図4-3からダーウード財閥内における株式所有関係などの変化を確認したが，次に表4-4から表4-6を用いて，いくつかの傘下企業の株主や彼らの株式所有状況などを確認したい。表4-4〜6は，ダーウード財閥主要

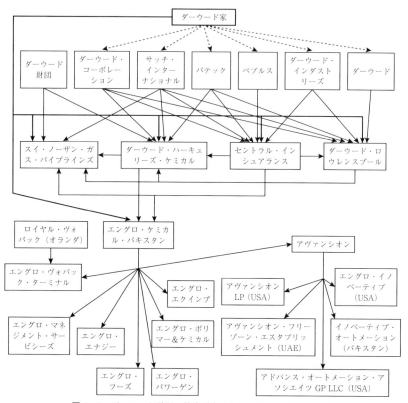

図4-3　ダーウード財閥の株式所有にかんする関係図（2008年）
(注) 矢印先は株式の所有先を示す。またダーウード家からでる点線（- - -）は著者の推測である。なぜなら矢印先の企業は「プライベート・カンパニー（非公開会社）」のため活動の詳細を公表していないからである。
(出典) Dawood Hercules Chemicals, *Annual Report 2008*, p. 100, Dawood Lawrencepur, *Annual Report 2008*, p. 90, Central Insurance, *Annual Report 2008*, p. 60, Engro Chemical Pakistan, *Annual Report 2008*, p. 47, 119, 120, Sui Northern Gas Pipelines, *Annual Report 2008*, p. 71 より作成。

企業に対する2000年代のダーウード家と傘下企業の株式所有状況の変遷を示したものである。以下で，いくつかの傘下企業の株主や株式所有状況などについて確認する。

表4-4は，セントラル・インシュアランスに対するダーウード家と傘下企業の株式所有状況の変遷を示したものである。表4-4から以下の点を指摘することができる。

第4章　ダーウード財閥

表4-4　セントラル・インシュアランスのダーウード家および傘下企業の株式所有割合

(単位：％)

	2004年	2005年	2006年	2007年	2008年	2009年	2010年
ダーウード・コーポレーション	25.93	25.93	25.93	25.93	49.49	49.49	49.49
ダーウード・インダストリーズ	0.005	0.005	0.005	0.005	0.005	0.005	0.005
ダーウード	9.99	9.99	9.99	9.99	—	—	—
サッチ・インターナショナル	8.98	8.98	8.98	8.98	8.98	8.98	8.98
パテック	0.02	0.02	0.02	0.02	0.02	5.50	5.50
ペブルス	—	—	—	—	9.99	5.07	5.07
傘下企業の合計	44.95	44.95	44.95	44.95	68.51	69.06	69.06
M. フサイン	29.87	29.87	29.87	29.87	12.10	—	—
シャハザーダ	3.48	3.48	3.48	3.48	—	—	—
A. サマド	3.48	3.48	3.48	3.48	4.72	4.42	3.06
一族の合計	36.85	36.85	36.85	36.85	16.83	4.42	3.06
傘下企業と一族の合計	81.80	81.80	81.80	81.80	85.34	73.49	72.13

(注) 各「合計」については，各株式所有数を足した合計を株式総数で除し100倍したため「合計」が必ずしも一致しない場合がある。
(出典) Central Insurance Co. Ltd., *Annual Report 2004～2010* の Pattern of Shareholding より作成。

- ダーウード・コーポレーションなどの「プライベート・カンパニー」が多くの株式を所有（傘下企業の合計）している。2007年以前は約45％，2008年以降は68～69％となっている。
- 「プライベート・カンパニー」のなかでも特に多くの株式を所有しているのは，ダーウード・コーポレーションであり，2008年以降は50％近い株式を所有している。
- 一族員の株式所有状況は，2008年以降減少傾向にある。2007年以前は約37％を所有していた。しかし，2008年以降はその半数の約17％となり2010年には約3％となっている。
- 一族員の所有割合が減少し，逆に「プライベート・カンパニー」の所有割合が増加している。両者を合わせた割合は，2004年以降，80％以上で推移しているが2009年以降は70％台に減少している。

次に，表4-5はダーウード・ロウレンスプールに対するダーウード家と傘下企業の株式所有状況の変遷を示したものである。セントラル・インシュアラ

表4-5 ダーウード・ロウレンスプールのダーウード家および傘下企業の株式所有割合

(単位：％)

	2004年	2005年	2006年	2007年	2008年	2009年	2010年
セントラル・インシュアランス	5.55	5.55	5.55	5.55	5.55	5.55	5.44
ダーウード・コーポレーション	35.83	35.83	35.83	35.83	34.90	49.06	49.06
サッチ・インターナショナル	0.01	0.01	0.01	0.01	0.006	0.006	0.006
ダーウード・インダストリーズ	0.01	0.01	1.09	1.09	0.20	0.20	0.20
パテック	2.11	2.11	2.11	2.12	1.10	5.92	5.92
ダーウード	2.13	2.13	2.13	2.13	1.16	—	—
ペブルス	—	—	—	—	—	1.16	1.16
傘下企業の合計	45.66	45.66	46.74	46.75	42.94	61.92	61.80
M. フサイン	15.81	15.81	15.81	15.81	10.44	—	—
シャハザーダ	2.25	2.25	2.25	2.25	1.17	1.17	1.72
A. サマド	2.25	2.25	2.25	2.25	—	3.29	1.72
一族の合計	20.31	20.31	20.31	20.31	11.61	4.46	3.44
傘下企業と一族の合計	65.98	65.98	67.06	67.07	54.55	66.38	65.25

(注) 各「合計」については表4-4と同様。
(出典) Dawood Lawrencepur Ltd., *Annual Report 2004～2010* の Pattern of Shareholding より作成。

ンスと同様の傾向を確認することができるが，表4-5から以下の点を指摘することができる。

- セントラル・インシュアランスと同様にダーウード・コーポレーションが多くの株式を所有している。2008年以前は約35％，2009年以降は約49％となっている。
- 一族員の株式所有については，2007年以前は20％程度の株式を所有していたが，2008年から所有割合が減少している。
- 傘下企業の所有分と一族員の所有分の合計は，それほど大きな変化はないが，その内訳に変化がみられる。具体的には，傘下企業の所有割合が増加し，逆に一族員のそれが減少傾向にあることが確認できる。

最後に，表4-6は，ダーウード・ハーキュリーズ・ケミカルズに対するダーウード家と傘下企業の株式所有状況の変遷を示したものである。表4-6から以下の点を指摘することができる。

第4章　ダーウード財閥

表4-6　ダーウード・ハーキュリーズ・ケミカルズのダーウード家および傘下企業の株式所有割合

(単位：％)

	2003年	2004年	2005年	2006年	2007年	2008年	2009年	2010年
ダーウード・ロウレンスプール	—	16.19	16.19	16.19	16.19	16.19	16.19	16.19
ダーウード財団	—	3.95	3.95	3.95	3.95	3.95	3.95	3.95
セントラル・インシュアランス	3.00	3.00	3.00	3.00	2.97	2.97	2.97	2.97
ダーウード・コーポレーション	4.33	4.33	4.33	4.33	4.33	0.02	0.02	0.02
サッチ・インターナショナル	0.001	0.001	0.001	0.001	0.001	0.001	0.001	0.001
パテック	0.03	0.03	0.03	0.03	0.03	0.03	0.03	0.03
ダーウード・コットン	6.45	—	—	—	—	—	—	—
ブーレーワーラー・テキスタイル	9.73	—	—	—	—	—	—	—
傘下企業の合計	23.56	27.51	27.51	27.51	27.48	23.16	23.16	23.16
M. フサイン	6.92	6.92	6.92	6.92	6.92	8.97	8.97	7.95
シャハザーダ	1.02	1.02	1.02	1.02	1.02	1.02	1.02	1.06
A. サマド	1.02	1.02	1.02	1.02	1.02	1.02	1.02	1.06
一族の合計	8.97	8.97	8.97	8.97	8.97	11.03	11.03	10.07
傘下企業と一族の合計	32.54	36.49	36.49	36.49	36.46	34.19	34.19	33.24

(注)　各「合計」については表4-4と同様。
(出典)　Dawood Hercules Chemicals Ltd., *Annual Report 2003〜2010* の Pattern of Shareholding より作成。

- ダーウード・コーポレーションの株式所有割合が，セントラル・インシュアランスとダーウード・ロウレンスプールと比べると低いことが確認できる。2007年以前は4.33％，そして2008年以降は0.02％となっている。
- 2003年から2010年の間，一族と「プライベート・カンパニー」を含む傘下企業の株式所有割合（35.01％：2003〜2010年の間の平均）についてそれほど大きな変化はない。
- セントラル・インシュアランスとダーウード・ロウレンスプールでは，一族の株式所有割合は減少傾向にあるが，ダーウード・ハーキュリーズ・ケミカルズの場合，若干ではあるが増加傾向にある。

以上，図4-2と図4-3を用い財閥傘下企業の株式所有関係の変遷を，また表4-4〜6を用いて各傘下企業の株主（ダーウード家一族員と同財閥傘下企業）ならびに彼らの株式所有割合の状況などをみてきた。それらから確認できる点は，ダーウード財閥傘下企業の株主としていくつかの「プライベート・カンパ

表 4-7 ダーウード家の一族員の役員就任状況

	1997年	2008年
アフマド・ダーウード	ディルン（チェアマン＆チーフエグゼクティブ） ロウレンスプール・ウールン＆テキスタイル（チェアマン） ダーウード・コットン（チェアマン＆チーフエグゼクティブ） ブーレーワーラー・テキスタイル（チェアマン） ダーウード・ハーキュリーズ・ケミカルズ（チェアマン） セントラル・インシュアランス（ダイレクター） ファースト D.G. ムダーラバ（チェアマン）	
M・フサイン・ダーウード	ディルン（ダイレクター） ロウレンスプール・ウールン＆テキスタイル（マネージングダイレクター） ダーウード・コットン（ダイレクター） ブーレーワーラー・テキスタイル（マネージングダイレクター） ダーウード・ハーキュリーズ・ケミカルズ（マネージングダイレクター） セントラル・インシュアランス（チーフエグゼクティブ＆マネージングダイレクター） ファースト D.G. ムダーラバ（チーフエグゼクティブ）	ダーウード・ハーキュリーズ・ケミカル（チェアマン） エングロ・ケミカル・パキスタン（チェアマン）
シャハザーダ・ダーウード	ディルン（ダイレクター） ダーウード・コットン（ダイレクター） ダーウード・ハーキュリーズ・ケミカルズ（ダイレクター） セントラル・インシュアランス（ダイレクター）	ダーウード・コーポレーション（ダイレクター） サッチ・インターナショナル（ダイレクター） ダーウード・ロウレンスプール（チェアマン） ダーウード・ハーキュリーズ・ケミカルズ（チーフエグゼクティブ） エングロ・ケミカル・パキスタン（ダイレクター） スイ・ノーザン・ガス・パイプラインズ（ダイレクター） エングロ・ポリマー＆ケミカル（ダイレクター） エングロ・エナジー（ダイレクター） エングロ・フーズ（ダイレクター） エングロ・ヴォパック・ターミナル（ダイレクター） イノベーティブ・オートメーション（パキスタン）（ダイレクター）

第4章　ダーウード財閥

A・サマド・ダーウード	ダーウード・コーポレーション（チーフエグゼクティブ） サッチ・インターナショナル（ダイレクター） ペブルス（ダイレクター） パテック（チーフエグゼクティブ） セントラル・インシュアランス（チェアマン） ダーウード・ハーキュリーズ・ケミカルズ（ダイレクター） スイ・ノーザン・ガス・パイプラインズ（ダイレクター） インボックス・ビジネス・テクノロジーズ（ダイレクター） ABL アセット・マネジメント（ダイレクター）

（注）ファースト D.G. ムダーラバのデータは1996年のものである。
（出典）1997年は Dawood Cotton Mills, Burewala Textile Mills, Lawrencepur Woollen & Textile Mills, Central Insurance, Dilon, Dawood Hercules Chemicals 各社の Annual Report 1997 の Company Information, First D.G. Modaraba, Annual Report 1996 の Company Information より、また2008年は Dawood Lawrencepur, Dawood Hercules Chemicals, Central Insurance, Engro Chemical Pakistan, Sui Northern Gas Pipelines 各社の Annual Report 2008 の Company Information より作成。

ニー」の名を確認することができたこと。傘下企業により若干の差はあるものの，それら「プライベート・カンパニー」の数が増え，「プライベート・カンパニー」が傘下企業の株式をある程度所有していること。また，傘下企業により異なるが，ダーウード家一族の傘下企業の株式所有割合が年々減少傾向（ダーウード・ハーキュリーズ・ケミカルズを除く）にあることなどを確認することができた。

ダーウード家と傘下企業の関係──一族員の役員就任を中心に

　それでは，次にダーウード家一族員の傘下企業への役員就任状況について述べたい。表4-7は，1997年と2008年の2時点におけるダーウード家一族員のダーウード財閥傘下企業の役員への就任状況を示したものである。表4-7から明らかなように，傘下企業の主要な役員ポストはダーウード家の一族員が就任している。例えば，1997年時点では，ダーウード財閥の創始者であるアフマドが老齢にもかかわらず，主要傘下企業のチェアマンの職に就いていた。当時92歳という老齢であったアフマドを支えていたのがアフマドの三男 M. フサイン（M. Hussain）と彼の息子シャハザーダ（Shahzada）であった。特に M. フサインは，高齢のアフマドに代わり同財閥の実質的なトップ経営者として財閥の

さまざまな場面で重要な役割を果たしていた。

　1997年から2008年の間のダーウード財閥傘下企業へのダーウード家からの役員就任はどのように変化したのだろうか。表4-7から明らかなように，長年にわたりダーウード財閥を率いてきたアフマド（2004年に亡くなる）が退き，事実上，1990年代から同財閥の経営を担ってきたM. フサインが名実ともにダーウード財閥の中心となり，彼の息子たちシャハザーダとA. サマド（A. Samad）がM. フサインを支える形となっている。2008年時点では，M. フサインが傘下企業2社のチェアマンに就き，そして彼の長男シャハザーダが11社の役員に就任し，次男A. サマドが9社の役員に就任している。2008年時点の役員就任状況から，現在シャハザーダとA. サマドの2人が中心となり，ダーウード財閥傘下企業の経営が行われているといえる。特に，シャハザーダは1997年から同財閥の経営にかかわり，1997年時点での役員数は4社，2008年時点でのそれは先に述べたように11社となっている。明らかに，この10年間でシャハザーダの財閥内における存在が大きくなってきていることがわかる。

　シャハザーダやA. サマドのようないわゆる3世代目は，アフマドが経験してきたような丁稚奉公的な訓練は経験していない。ダーウード家だけではなく，パキスタンの財閥のこれからの経営を担う者たちが今や2世，3世あるいは4世の時代に入ってきている。彼らのような，いわゆる2世や3世の多くが，アメリカやイギリスなどで高等教育を受けてきている。ダーウード財閥の主要一族員である3名も例外ではない。〈ダーウード家の主要一族員の学歴〉に示したように，M. フサインはアメリカとイギリスの大学で学び，ノースウェスタン大学ケロッグ経営大学院でMBAをえている。また，シャハザーダも父M. フサインと同じくアメリカとイギリスの大学で学んでいる。そしてA. サマドは，イギリスのユニバーシティ・カレッジ・ロンドンで経済学を学んだ。

〈ダーウード家の主要一族員の学歴〉[10]

M. フサイン・ダーウード：ノースウェスタン大学ケロッグ経営大学院MBA（アメリカ），シェフィールド大学（イギリス）

シャハザーダ・ダーウード：フィラデルフィア大学MSc（アメリカ），バッ

第4章　ダーウード財閥

キンガム大学（イギリス）
A. サマド・ダーウード：ユニバーシティ・カレッジ・ロンドン（イギリス）

　グローバル化しつつあるパキスタン経済にあって，またパキスタンが積極的に外資導入による工業化を目指している現在，彼らのようにパキスタン以外の地で学び，国際的感覚を身につけた財閥一族員に対する期待は大きい。例えば，パキスタン特有といわれる一族やコミュニティを重視する従来型の経営からどのように脱却するのか，などである。今後も2世代目や3世代目の動向に注目したい。

5　ダーウード家とダーウード財閥

　以上，アフマドの活動ならびにダーウード財閥傘下企業の変遷および同財閥傘下企業とダーウード家の関係などを中心に検討してきた。
　ダーウード財閥は，アフマドを中心に古くからパキスタンで製造業を中心に事業を展開してきた。1990年代までは主に紡績業を中心に，また2000年代に入りエングロ・ケミカル・パキスタンを傘下におさめ化学産業および加工食品産業などの分野へも進出している。また，スイ・ノーザン・ガス・パイプラインズ（Sui Northern Gas Pipelines Ltd.）とも関係を持ち[11]，新たな分野へも進出している。
　今回，明らかになったことは，ダーウード財閥は2000年代後半でも1990年代後半同様に主に3名（2000年代後半：M. フサイン，シャハザーダ，A. サマド。1990年代：アフマド，M. フサイン，シャハザーダ）が傘下企業の経営を担っていることである。アフマド亡き後，一族内でどのような形でビジネスを継承していくのか。その点は，ダーウード家にとって大きな課題であったと思われる。しかし，2000年代に入りA. サマドが傘下企業の経営に加わっている。このことはダーウード家にとって好ましいことであろう。このようなダーウード家主導による経営体制が今後どのように展開していくのか興味深いところである。

143

注

(1) White, Lawrence J., *Industrial Concentration and Economic Power in Pakistan*, Princeton University Press, 1974, pp. 60-61, Sayeed, Asad, Special Report The New Breed, *The Herald*, Jun 1990, p. 68 (a), Shahid-ur-Rehman, *Who owns Pakistan?: Fluctuating fortunes of business Mughals*, Aelia Communications, 1998, p. 61, 153 などを参照のこと。

(2) 当時, Z. A. ブットーは, 主要財閥の会長の国外逃亡を阻止するためパスポートを取り上げ, 自宅軟禁措置をとった。そのなかにダーウード財閥のアフマド・ダーウードも含まれていた。アフマド・ダーウード以外に同様の措置を受けたのは, ファハルッディーン・ワリーバーイー（ヴァリーカ財閥), ハビーブッラー・ハーン・ハタック（ビボージー財閥）らであった。

(3) 非公開会社については第8章を参照のこと。

(4) 山上達人「発展途上国の企業分析について——パキスタンのジュート産業と財閥支配」『経営研究』第101・102・103合併号（大阪市立大学経営学会, 1969年）146頁。

(5) 「その他の企業」は同財閥が明記している区分ではない。著者が便宜上つけ加えた区分である。

(6) カッコつきでプライベート・カンパニー（「プライベート・カンパニー」）と書く場合, ダーウード・コーポレーション, ダーウード, ダーウード・インダストリーズ, パテック, サッチ・インターナショナル, ペブルスを示す。なぜカッコつきでプライベート・カンパニーを書くかというと, それら企業はプライベート・カンパニー（非公開会社）という形態をとっているため実際どのような活動を行っているのか確認することは難しいからである（純粋持株会社あるいは事業持株会社なのか, または投資会社なのか, なども含めて)。しかし, 同財閥傘下企業の「年次報告書」をみる限り, ダーウード・コーポレーションはもちろんのこと, それ以外の上記の企業も複数の傘下企業の株式を所有していることを確認することができる。断定することはできないが, 財閥内においてそれらの企業は株式を所有するという意味において何らかの役割を担い, 何らかの影響力があると思われる。よって, ここで「プライベート・カンパニー」と書く場合, そのような意味を含むものとする。

(7) Dawood Lawrencepur Ltd., *Annual Report 2008*, p. 37, Dawood Lawrencepur Ltd. (http://www.dawoodlawrencepur.com, 2011年10月20日閲覧) より。

(8) それら企業の詳しい活動については Engro Chemical Pakistan Ltd., *Annual Report 2008*, pp. 24-27 を参照のこと。2008年時点でエングロ・ケミカル・パキスタンが所有する株式所有割合は, Engro Chemical Pakistan Ltd., *Annual Report 2008*, p. 119 より。

(9) ペブルスは傘下企業の区分（2008年）では「グループ会社」に属している。

(10) Engro Chemical Pakistan Ltd., *Annual Report 2008*, p. 18, Dawood Hercules

Chemicals Ltd., *Annual Report 2008*, pp. 14-15, Naqvi, Zafar Javed, *Directory of Pakistani Economists and Demographers*, Pakistan Institute of Development Economics, 1988, p. 41 などより作成。

(11) ダーウード財閥は，スイ・ノーザン・ガス・パイプラインズの株式を2003年頃から所有し始め，2005年からはダーウード家一族員が同社の役員に就任している(Sui Northern Gas Pipelines Ltd., *Annual Report 2003, 2004, 2005, 2006*)。

第5章
アトラス財閥

1 アトラス財閥とパキスタン

　パキスタンで活動する財閥の動向を出自という観点からみると大変興味深い事実が浮かび上がる。パキスタンで活動する財閥の出自は，ムハージル系と地場系（主にパンジャーブ）の大きく2つにわけることができる。前者は，主に英領インド時代から商人として活動し，1947年の印パ分離独立を機にパキスタンへ移住してきた者たちである。また，後者は主に現在のパキスタンのパンジャーブ地域から輩出された者たちである。先に財閥の動向を出自という観点からみると興味深いと述べた。何が興味深いかというと，分離独立当初に活躍した財閥と，1980年代以降に活躍する財閥の顔ぶれに変化がみられ，この約半世紀間に財閥の勢力関係が大きく変化していることである。
　本章で取り上げるアトラス財閥はパンジャーブ出身であり，パンジャービー系財閥の代表的な存在である。後で述べるが，アトラス財閥は1960年代にシラーズィー・インベストメント（Shirazi Investment〔Pvt.〕Ltd.）を設立し，日本の本田技研工業株式会社（ホンダ）との関係を軸に成長発展してきた財閥である。現在でもホンダとの関係は変わらず，製造業を中心に発展を遂げている。
　本章では，アトラス財閥の中心的事業である自動車製造業について，ならびにアトラス財閥傘下企業の変遷過程を考察する。それに加え，シラーズィー（Shirazi）家の財閥傘下企業へのかかわり，特に株式所有と役員就任状況などを中心に検討する。

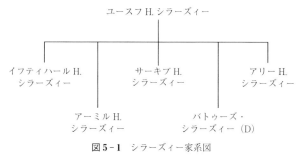

図 5-1 シラーズィー家系図
(注) (D) 娘を示す。
(出典) シラーズィー・インベストメントでの聞き取り調査(1999年12月23日) より作成。

2 アトラス財閥の傘下企業

シラーズィー・インベストメントについて

1962年に設立されたシラーズィー・インベストメントは,アトラス財閥の中心的な役割を担っている親会社である。アトラス財閥の特徴的な点は,アトラスが単独で企業の設立を行っているケースは稀であり,ほとんどの傘下企業が外資系企業との合弁により設立されていることである。表5-1は,アトラス財閥傘下企業の一覧(2009年)をあらわしたものである。例えば,同表にあげたアトラス・ホンダ(Atlas Honda Ltd.)とホンダ・アトラス・カーズ・パキスタン(Honda Atlas Cars (Pakistan) Ltd.)はホンダとアトラスの合弁企業であり,またアトラス・バッテリー(Atlas Battery Ltd.)は日本電池株式会社(現在GSユアサ)と関係を持っている。

シラーズィー・インベストメントは,アトラス財閥の窓口となり,アトラスが他の企業(特に外資系企業)と合弁あるいは技術提携などを行う際に重要な役割を果たしている。また,シラーズィー・インベストメントは,図5-3と図5-4が示すようにほとんどの傘下企業の株式を所有し,所有面および経営面で重要な役割を果たしている。シラーズィー・インベストメントのそれらが親会社といわれる所以である。

1990年代のアトラス財閥傘下企業について

ユースフ H. シラーズィー（Yusuf H. Shirazi）を中心に革新的な企業者活動を展開してきたシラーズィー家（図5-1を参照）は，1960年代から現在に至るまで多くの企業を設立してきた。パキスタンにおいて，アトラスの地位を確固たるものにしたのがホンダとの関係である。アトラスは，1960年代よりパキスタン国内でホンダのオートバイなどを取り扱い，現在までホンダとの関係を保っている。

表5-1 アトラス財閥の傘下企業（2009年）

シラーズィー・インベストメント
アトラス・ホンダ
アトラス・バッテリー
シラーズィー・トレーディング
アトラス・インシュアランス
アトラス・エンジニアリング
アトラス・バンク
ホンダ・アトラス・カーズ・パキスタン
ホンダ・アトラス・パワー・プロダクツ
トータル・アトラス・ルブリカント・パキスタン
アトラス・アセット・マネジメント
シラーズィー・キャピタル
アトラス・キャピタル・マーケッツ
アトラス・パワー
アトラス財団

（出典）Atlas Honda Ltd., *Annual Report 2009*, p. 93 および傘下企業 *Annual Report* を参考に作成。

表5-2は，1999年時点のアトラス財閥傘下企業を表したものである。では，ここで簡単ではあるが，表5-2にあげた傘下企業からいくつかの企業を取り上げ，概略を述べたいと思う。

アトラス・ホンダは，オートバイの製造および販売を目的にパンジダリヤ（Panjdrya Ltd.）とアトラス・オーツ（Atlas Autos Ltd.）が合併し誕生した企業である。同社は，カラーチーとシェイクプラに工場をおいている。同社については，後で述べることにする。次に，ホンダ・アトラス・カーズ・パキスタンは，ホンダ車の製造および販売を目的にホンダとの合弁により設立された企業である。同社も後で触れるが，1994年からシビックを生産し，また1997年からはシティを生産し現在に至っている。

アトラス・バッテリーは1966年に設立され，1969年に日本電池と技術提携を行っている。同社の製品は，多様な用途（自動車，オートバイ，トラクター，トラック，バス，建設用重機など）に用いられている。同社の市場における優位性は，国内に存在する多くの代理店，また即座に対応可能なサービスショップ，サービスセンターなどによって支えられている。

オールウィン・エンジニアリング・インダストリーズ（Allwin Engineering In-

表 5-2　アトラス財閥傘下企業一覧（1999年）

シラーズィー・インベストメント
アトラス・ホンダ
アトラス・バッテリー
シラーズィー・トレーディング
アトラス・ウェアハウジング
アトラス・オフィス・イクイップメント
ムスリム・インシュアランス
ホンダ・アトラス・パワー・プロダクツ
アトラス・リース
アトラス・インベストメント・バンク
ホンダ・アトラス・カーズ・パキスタン
ホンダ・アトラス・サービシーズ
アトラス・インフォメーション・テクノロジー
トータル・アトラス・ルブリカント・パキスタン
オールウィン・エンジニアリング・インダストリーズ

（出典）シラーズィー・インベストメントでの聞き取り調査（1999年12月23日）および Allwin Engineering Industries Ltd., *Annual Report 1999* より作成。

dustries Ltd.），現アトラス・エンジニアリング（Atlas Engineering Ltd.，〈アトラス財閥傘下企業の変遷（2009年時点まで）〉を参照）は，主に自動車部品の製造を行っている。同社は，パキスタンに存在する自動車部品メーカーとしては古参であり，その歴史は古く1951年にまで遡ることができる。同社は，設立から30年後の1981年にアトラス財閥の傘下となり，現在に至っている。[2]

アトラス・リース（Atlas Lease Ltd.）は，1989年にアトラス財閥，東京三菱銀行，そして国営投資信託（NIT）との合弁により設立されたリース会社である。テキスタイル，エンジニアリング，製薬，製紙，精糖，セメント，皮革などのさまざまな業種とビジネスの関係を持っていた。

最後に，アトラス・インベストメント・バンク（Atlas Investment Bank Ltd.）は，アトラス財閥，東京三菱銀行およびアジア開発銀行の出資により設立され，1990年に営業を開始している。[3]

以上，簡単ではあるが，1990年代のアトラス財閥内でも主要とされる企業数社の概略を述べた。以上の概略からいえることは，その多くがアトラス財閥が単独で設立した企業ではなく，諸外国の企業（例えば日本のホンダなど）との合弁により設立された企業であるということ。また，技術提携についても同様に日本の企業はもちろんのこと，諸外国の企業とも積極的に関係を持っていたことなどである。

2000年代後半のアトラス財閥傘下企業について

2000年代後半（特に2009年）のアトラス財閥の傘下企業については，先に示した表5-1のとおりである。アトラス財閥傘下企業の活動自体については，

第5章　アトラス財閥

2000年代後半もそれ以前とほとんど変化はない。しかし，事業活動以外で若干の変化がみられる。それは傘下企業が傘下企業同士で合併などを行っていること。また，傘下企業が社名の変更を行っていることなどである。

〈アトラス財閥傘下企業の変遷（2009年時点まで）〉は，そのようなアトラス財閥内での社名変更および合併などを示したものである。例えば，アトラス・バンクはアトラス・インベストメント・バンクにアトラス・リースが合併吸収され，その後ダーウード・バンク（Dawood Bank）との合併により現在に至っている。また，主に倉庫業を中心に事業を展開してきたアトラス・ウェアハウジング（Atlas Warehousing〔Pvt.〕Ltd.）も2001年にシラーズィー・インベストメントに吸収され同社の1部門となっている。

また，〈アトラス財閥傘下企業の変遷（2009年時点まで）〉に記したが，アトラス財閥は2000年代に入り，いくつかの傘下企業の社名を変更している。設立から半世紀以上の歴史を誇るムスリム・インシュアランス（Muslim Insurance Co. Ltd.）は2006年に社名をアトラス・インシュアランス（Atlas Insurance Ltd.）へ，またオールウィン・エンジニアリングは2007年にアトラス・エンジニアリングへ，シラーズィー財団（Shirazi Foundation）は2005年にアトラス財団（Atlas Foundation）へ，という具合に社名の変更を行っている。

〈アトラス財閥傘下企業の変遷（2009年時点まで）〉[4]

シラーズィー・インベストメント
　アトラス・ウェアハウジングは，2001年にシラーズィー・インベストメントに吸収。

アトラス・ホンダ
　アトラス・オーツとパンジダリヤが1990年に合併しアトラス・ホンダとなる。

アトラス・バンク
　アトラス・リースが2001年にアトラス・インベストメント・バンクに合併吸収される。その後，2005年にアトラス・インベストメント・バンクとダーウード・バンクが合併しアトラス・バンクとなる。

アトラス・エンジニアリング

オールウィン・エンジニアリング・インダストリーズは，1981年にアトラス傘下となる。2007年に社名をアトラス・エンジニアリングへ変更。
アトラス・インシュアランス
ムスリム・インシュアランスは，1972年に国有化される。その後，1980年にアトラス傘下となる。2006年にアトラス・インシュアランスへ社名を変更。
アトラス財団
シラーズィー財団は，2005年に社名をアトラス財団へ変更。

以上のような社名変更にみられる共通点は，傘下企業，特に同財閥の事業の中核を担うような企業の社名にアトラス（Atlas）というグループ名を冠している点である。それはアトラス傘下企業としての統一感あるいは一体感を図っているようにも思える。また，シラーズィー家と関係が深いと思われる企業についてはシラーズィー（Shirazi）の名を冠し，アトラス（Atlas）名を冠した傘下企業と色分けを行っているようにもみえる。どちらにしても，傘下企業内にムスリム・インシュアランスやオールウィン・エンジニアリングなどの企業名があった以前と比べ，アトラスという財閥名で統一することで，対外的にもアトラス財閥の統一感および一体感を示すものとなっている。

3　アトラス財閥のオートバイ・自動車関連の企業

アトラス・ホンダについて

アトラス財閥は，オートバイ関連企業アトラス・ホンダ，そして自動車関連の企業ホンダ・アトラス・カーズ・パキスタンが傘下に存在する。本節では，それら2社について述べる。

アトラス・ホンダは，先に述べたようにオートバイの製造および販売を目的に1990年にパンジダリヤとアトラス・オーツが合併し誕生した企業である。同社は，カラーチーとシェイクプラに工場をおいている。アトラス・ホンダの設立は，1962年のアトラス・オーツの設立まで遡ることができる。その後，図5-2にあるように，日本のホンダとアトラス財閥が技術提携を結び，ホンダ

製のオートバイ（C90とS90）の販売を行った。

また，1979年にはホンダとの合弁でパンジダリヤをシェイクプラに設立し，同社の工場で1982年からオートバイの生産を開始した。1988年には，ホンダと合弁企業の設立が決まり（ホンダがアトラス・オーツの株式を10％所有），先に述べたように1990年にアトラ

図5-2　ユースフ H. シラーズィーと本田宗一郎
（注）1962年にユースフ・H. シラーズィーが技術提携の調印のため来日した際に本田宗一郎と撮った写真。
（出典）Atlas Honda Ltd., *Annual Report 2009*, p. 9.

ス・オーツとパンジダリヤが合併し，社名をアトラス・ホンダに変更し現在に至っている。2015年時点では製造する車種も増え，CD 70, Pridor, CG 125, Deluxe, CG Dream, CD Dream, CBR 150, CBR 500 の8車種となっている。

その間そしてその後，アトラス・ホンダは，いくつかの日系企業と技術提携を結んでいる。例えば，〈アトラス・ホンダと日系企業の関係〉にあるように，1988年には株式会社ショーワとクッションにかんする技術提携，2001年には東洋電装株式会社とスイッチなどにかんする技術提携，2003年には株式会社ケーヒンと燃料コックにかんする技術提携などを行っている。アトラス・ホンダは，このように日系企業との関係をベースに現在に至っている。

〈アトラス・ホンダと日系企業の関係〉

1988年　株式会社ショーワとクッションにかんする技術提携。
2001年　東洋電装株式会社とスイッチ製品ならびにイグニッションコイルにかんする技術提携。
2003年　株式会社ケーヒンと燃料コックにかんする技術提携。
2004年　株式会社アツミテックとギヤーシフトドラムにかんする技術提携。
2004年　株式会社アスクテクニカとブレーキライニングにかんする技術提携。
2005年　株式会社デンソーとフライホイールにかんする技術提携。

表5-3 パキスタンにおけるメーカー別のオートバイの生産台数（上段）
および販売台数（下段）の割合

（単位：％）

	2001-2002年	2002-2003年	2003-2004年	2004-2005年	2005-2006年	2006-2007年	2007-2008年	2008-2009年	2009-2010年	2010-2011年
アトラス・ホンダ（ホンダ）	74.7	66.69	63.49	69.57	69.61	71.4	69.78	69.54	66.88	69.49
	74.95	68.42	63.76	69.39	70	71.49	69.66	69.75	66.79	69.67
ダーウード・ヤマハ（ヤマハ）	18.61	15.78	16.78	17.33	14.37	12.12	9.9	13.17	16.73	13.98
	18.34	16.28	16.89	17.28	14.44	12.11	9.72	13.25	16.72	13.92
スズキ（スズキ）	6.69	7.83	9.28	6.35	3.27	5.88	5.21	2.9	2.57	2.47
	6.71	8.05	9.19	6.28	3.34	5.9	5.13	3.06	2.41	2.41
ヒーロー（ファテ・モーター）					6.57	5.55	3.47	4.19	4.85	5.11
					6.44	5.58	3.72	3.95	5	5.16
ソホラーブ		3.91	4.13	2.92	2.86	1.62	0.94	1.39	0.98	0.44
		1.4	4.18	2.93	2.71	1.69	0.98	1.41	0.93	0.48
クィンキー		5.79	6.33	3.83	3.32	3.43	4.14	2.11	2.16	2.61
		5.84	5.98	4.13	3.06	3.24	4.32	2.11	2.13	2.49
ラーヴィー							3.55	3.63	3.18	3.27
							3.51	3.68	3.22	3.29
ハビーブ							3.01	3.08	2.66	2.64
							2.96	2.8	2.79	2.59

（注）会計年度（7月～翌年6月末まで）。クィンキーの数値には三輪も含まれている。
（出典）Pakistan Automotive Manufacturers Association, Historical Date: Production & Sale of Vehicles From 1995 onwards より抜粋し作成。

　また，アトラス・ホンダの工場では従業員の意識改革および品質向上を目的とし，QC活動やその他各種プログラムを提供している。また，ラーホールに技術訓練センターを開設し，いうまでもなくアトラス・ホンダは，パキスタンのオートバイ産業界のパイオニア的な存在である。

　次に，表5-3をみていただきたい。表5-3は，2001-2002年から2010-2011年までの各メーカー別にみたパキスタンにおけるオートバイ（二輪車）の生産台数および販売台数の割合を示したものである。パキスタンでは，8社ほどがオートバイの製造を行っている。

　最初に，生産台数の割合から確認しよう。表5-3からも明らかなように，アトラス・ホンダは2001-2002年からの約10年間，パキスタンで生産された

オートバイの約69％（2001-2002年～2010-2011年の平均）を生産し，パキスタンでのオートバイの生産はアトラス・ホンダが他を圧倒していることがわかる。アトラス・ホンダに次ぐのが，ダーウード・ヤマハ（Dawood Yamaha）である。同社の生産台数の割合は，約14％（2001-2002年～2010-2011年の平均）である。ダーウード・ヤマハの後を追うのが，スズキとヒーロー（Hero）である。近年の動向をみると，スズキの生産台数の割合がヒーローのそれを下回っている状況にある。パキスタンにおいて，スズキは自動車製造で他を圧倒する立場にあるが，オートバイにかんしては存在感を示していない。今後のスズキの活動が注目される。

次に，パキスタンにおけるオートバイの販売台数の割合を確認したい。表5－3には，オートバイの販売台数の割合も掲載した。当然のことであるが，生産台数の割合と比例する形でアトラス・ホンダの販売台数の割合が高い数値を示している。

アトラス・ホンダの販売台数の割合は，約69％（2001-2002年～2010-2011年の平均）となっている。アトラス・ホンダ以下も生産台数の割合と同様にダーウード・ヤマハ（約14％，2001-2002年～2010-2011年の平均），スズキ（約5.2％，2001-2002年～2010-2011年の平均），ヒーロー（約4.9％，2005-2006年～2010-2011年の平均）と続いている。表5－3からアトラス・ホンダのパキスタンのオートバイ市場におけるプレゼンスの高さがわかる。

ホンダ・アトラス・カーズ・パキスタンについて

ホンダ・アトラス・カーズ・パキスタンは，ホンダ車の製造および販売を目的にアトラス財閥とホンダとの間で1992年に合弁企業設立の合意に至り同年に設立された。その後，1994年にホンダとの間に技術提携がなされ1994年からシビックを，1997年からシティの生産を行っている。その後2005年には，増加しつつあるパキスタン国内の需要に応えるために，建屋の拡張，溶接・塗装設備などの増強を行うと発表し，現在に至っている。また，同社はパキスタンの諸都市に販売店やサービスセンターをおいている。

ホンダ・アトラス・カーズ・パキスタンの生産台数と販売台数および従業員数は，表5－4が示すとおりである。生産台数にかんしては2000年頃から増加

表5-4 ホンダ・アトラス・カーズ・

	1995-Jun	1996-Jun	1997-Jun	1998-Jun	1999-Jun	2000-Jun	2001-Jun	2002-Jun
生産台数	4,840	4,548	3,944	4,070	3,926	4,744	5,824	8,001
販売台数	4,648	4,551	3,745	4,331	3,660	4,812	6,007	8,004
従業員数	—	—	—	—	—	—	431	461

（出典）Honda Atlas Cars (Pakistan) Ltd., *Annual Report 2003*, p. 12, *Annual Report 2010*, pp. 38-39, *Annual*

表5-5 パキスタンでの日系

		2002-2003年	2003-2004年	2004-2005年	2005-2006年
ホンダ・アトラス・カーズ・パキスタン（ホンダ）		11.13	11.78	16.04	15.7
パック・スズキ（スズキ）		51.25	50.9	50.47	52.4
インダス・モーター	トヨタ	21.08	19.99	17.55	17.69
	ダイハツ	6.07	5.68	5.67	4.14
ガンダーラ・ニッサン（日産）		0.07	0.02	0	0

（注）生産台数の割合は，パキスタンでの自動車（バス，トラックを除く）の全生産台数に対するものである。
（出典）Pakistan Automotive Manufacturers Association, Historical Date : Production & Sale of Vehicles

し，2006年の3万1,476台がピークとなっている。2007年には大幅に生産台数を減らし，その後横ばい状態となっている。それは世界経済の影響などによるものと考えられる。販売台数については生産台数と比例する形で，2000年頃以降増加し，2007年以降は減少傾向そして横ばい状態となっている。もちろん従業員数についても同じことがいえ，2007年頃まで増加し，その後減少し横ばいとなっている。

　表5-4だけでは，ホンダ・アトラス・カーズ・パキスタンのパキスタン国内での位置を把握することはできない。では，次に表5-5をみていただきたい。同表は，2002-2003年から2011-2012年までのパキスタンで乗用車を生産しているメーカー（日系メーカーが関係する）別の生産台数の割合を示している。本章以外でも何度か触れているように，パキスタンの自動車（乗用車）市場は日系メーカーが90％前後を占め，日系メーカーの市場占有率はかなり高い。なかでもパック・スズキは，表5-5が示すようにパキスタンで生産される自動車の約半数を生産している。

第5章　アトラス財閥

パキスタンの生産台数，販売台数，労働者数　　　（単位：生産台数と販売台数は台，従業員は人）

2003-Mar	2004-Mar	2005-Mar	2006-Mar	2007-Mar	2008-Mar	2009-Mar	2010-Mar	2011-Mar
6,113	11,586	20,040	31,476	18,240	15,080	12,780	11,980	16,440
5,923	11,750	20,056	30,719	18,709	15,604	12,502	12,344	16,467
477	625	1,032	1,198	1,034	946	955	857	975

Report 2011, p. 36.

メーカーの自動車生産台数の割合　　　（単位：％）

2006-2007年	2007-2008年	2008-2009年	2009-2010年	2010-2011年	2011-2012年
8.12	7.5	11.59	9.75	10.2	7.11
61.63	61.14	51.35	52	56.14	61.36
17.71	19.14	28.12	32.8	28.89	29.21
6.46	6.63	5.73	3.72	4.08	2.07
0	0	0	0	0	0

会計年度（7月~翌年6月末まで）。ダイハツはインダス・モーターで生産（Cuore(Mira)）を行っている。
From 1995 onwards より作成。

　では，ホンダ・アトラス・カーズ・パキスタンはどうだろうか。表5-5にあるように，年により増減はあるものの平均して約10％（2002-2003年~2011-2012年）の生産台数を保っている。それはパック・スズキ，インダス・モーターに次ぎ3番目の生産台数の割合となっている。

　また，表5-6は日系自動車メーカーが関係する企業のパキスタンにおける自動車の販売台数の割合を示したものである。表5-5の生産台数の割合と同じくパック・スズキが50％前後のシェアをえており，次にインダス・モーター，そしてホンダ・アトラス・カーズ・パキスタンの順になっている。

　ホンダ・アトラス・カーズ・パキスタンでもアトラス・ホンダ同様に，従業員への教育を重視している。もちろんOJTも重視しているが，従業員の研修のために各種プログラム（工場ライン従業員用，管理職用）を用意し，そのプログラムを中心に教育を行っている。工場のラインに従事する者でも有能であれば，事務職員へ配置転換をすることもある。各個人の能力を十分に把握し，各種プログラムにより従業員の質を高め，そして固定的に雇用するのではなく適

表5-6 パキスタンでの日系

	2002-2003年	2003-2004年	2004-2005年	2005-2006年
ホンダ・アトラス・カーズ・パキスタン（ホンダ）	11.16	11.93	15.92	15.15
パック・スズキ（スズキ）	51.01	51.37	50.09	53.37
インダス・モーター　トヨタ	20.93	20.28	17.46	17.81
インダス・モーター　ダイハツ	6.09	5.66	5.68	4.25
ガンダーラ・ニッサン（日産）	0.09	0.02	0	0

(注) 販売台数の割合は，パキスタンでの自動車（バス，トラックを除く）の全販売台数に対するものである。
(出典) Pakistan Automotive Manufacturers Association, Historical Date: Production & Sale of Vehicles

材適所に人材を配置するようになっている。それらについては，ホンダが中心となり行っていることはいうまでもない。

では，ホンダサイドはホンダ・アトラス・カーズ・パキスタンとの合弁をどのようにみているのだろうか。ホンダでは，パキスタンで自動車ビジネスを行うために，以下の3点を重視している。

- ホンダフィロソフィー（基本理念）を現地パートナーに理解してもらう（下記の〈ホンダフィロソフィー（基本理念）〉を参照）。
- 現地パートナー（オーナー）との対話の重要性。
- 現地パートナー（オーナー）ならびに従業員に対し将来像を提示すること。

〈ホンダフィロソフィー（基本理念）〉

人間尊重

自立：自立とは，既成概念にとらわれず自由に発想し，自らの信念にもとづき主体性を持って行動し，その結果について責任を持つことです。

平等：平等とは，お互いに個人の違いを認めあい尊重することです。また，意欲のある人には個人の属性（国籍，性別，学歴など）にかかわりなく，等しく機会が与えられることでもあります。

信頼：信頼とは，一人ひとりがお互いを認めあい，足らざるところを補いあい，誠意を尽くして自らの役割を果たすことから生まれます。Hondaは，ともに働く一人ひとりが常にお互いを信頼しあえる関係でありたいと考え

メーカーの自動車販売台数の割合

(単位：%)

2006-2007年	2007-2008年	2008-2009年	2009-2010年	2010-2011年	2011-2012年
9.05	7.6	11.23	9.98	10.57	6.77
60.32	61.17	50.98	52.29	54.59	62.62
17.65	19.08	28.51	32.17	30.05	28.26
6.29	6.53	5.9	3.75	4.1	2.15
0	0	0	0	0	0

会計年度（7月～翌年6月末まで）。
From 1995 onwards より作成。

ます。

3つの喜び

買う喜び：Hondaの商品やサービスを通じて，お客様の満足にとどまらない，共感や感動を覚えていただくことです。

売る喜び：価値ある商品と心のこもった応対・サービスで得られたお客様との信頼関係により，販売やサービスに携わる人が，誇りと喜びを持つことができるということです。

創る喜び：お客様や販売店様に喜んでいただくために，その期待を上回る価値の高い商品やサービスをつくり出すことです。

社是

わたしたちは，地球的視野に立ち，世界中の顧客の満足のために，質の高い商品を適正な価格で供給することに全力を尽くす。

運営方針

常に夢と若さを保つこと。理論とアイディアと時間を尊重すること。

　ホンダがパキスタンで自動車ビジネスを行うために重視している上記の3点からもわかるように，ホンダは積極的に現地パートナーとコミュニケーションを図り，そのなかでホンダとしての考え方（ホンダフィロソフィー）を説明し，

その考えを理解してもらうことに力を入れている。そのことがホンダとしても重要なことであり，社会・経済・政治に不安があるパキスタンで，総合産業とよばれる自動車製造を行う上で重要なことであるといえよう。

　ホンダ・アトラス・カーズ・パキスタン設立以降，現在に至るまでパキスタンの自動車業界で生産および販売台数ともに同社は3位に位置している。今後，同社がどのような形でビジネスを展開するのか，これからも注視したい。

4　アトラス財閥の所有と経営に関する考察

アトラス財閥傘下企業の株式所有関係——1990年代後半について

　図5-3は，1999年時点のアトラス財閥傘下企業の所有，特に株式所有という観点からアトラス財閥内の傘下企業とシラーズィー一族の関係を示したものである。図中のシラーズィー・インベストメントは，既述のとおり同財閥の中核をなす親企業である。同社は，プライベート・カンパニー（非公開会社）という形態をとり，シラーズィー家が同社の株式のほとんどを所有している。図5-3が示すように，アトラス財閥の所有形態は1990年代ではシラーズィー家が直接的に傘下企業の株式を所有すると同時に，親会社であるシラーズィー・インベストメントも傘下企業の株式を所有する構図となっていた。

　また，傘下企業の主な株主および株式所有割合に目を向けると以下のとおりである。ホンダ・アトラスの主な株主および株式所有割合はシラーズィー家が18％，シラーズィー・インベストメントが20％，ホンダが20％となっている。また，同じようにアトラス・バッテリーについてはシラーズィー家が20％，シラーズィー・インベストメントが20％，日本電池が15％となっている。そしてホンダ・アトラス・カーズ・パキスタンについてはシラーズィー家が30％，シラーズィー・インベストメントが19％，ホンダが51％となっている。アトラス財閥傘下企業1社当たりの株式所有割合は，シラーズィー家が約17〜30％，そしてシラーズィー・インベストメントが約20％前後となっている。このことからシラーズィー家の1社当たりの直接的（シラーズィー家の傘下企業の株式所有），間接的（シラーズィー・インベストメントなどをとおした株式所有）な株式所有割合は約35〜50％となり，高い株式所有関係の構図が明らかになる。

第5章 アトラス財閥

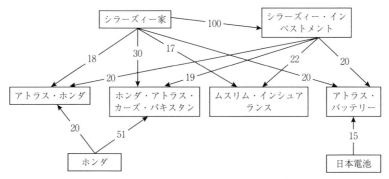

図5-3 アトラス財閥の株式所有にかんする関係図（1999年）
（注）矢印先は株式の所有先を示し，矢印上の数字は株式所有の割合（％）を示す。
（出典）シラーズィー・インベストメントでの聞き取り調査（1999年12月23日）および1999年12月23日までに収集した資料および聞き取り調査をもとに作成。

アトラス財閥傘下企業の株式所有関係——2000年代後半について

先に図5-3を用い，1999年時点でのシラーズィー家および傘下企業間での株式所有状況を確認した。ここで2000年代後半のシラーズィー家および傘下企業間における株式所有状況を述べたい。図5-4は，2009年時点でのアトラス財閥内における株式の所有関係を示したものである。図5-4を，先に示した図5-3と比較すると約10年の間にシラーズィー家および傘下企業間における株式の所有状況が複雑になっているのがわかる。図5-4から以下の3点が確認できる。

① シラーズィー家一族員およびシラーズィー・インベストメントが中心となった株式所有形態にほとんど変化はない。
② 「プライベート・カンパニー」[10]および財団の存在と両者の株式所有。
③ アトラス・インシュアランス（前ムスリム・インシュアランス）が主要傘下企業の株式を所有している。

最初に①についてである。シラーズィー家一族員およびシラーズィー・インベストメントが傘下企業の株式を所有していることは10年前とほとんど変わっていない。この点はアトラス財閥をみる上で，もっとも重要な点である。なぜなら，同財閥傘下企業の株式所有にかんしてシラーズィー家が中心的な役割を

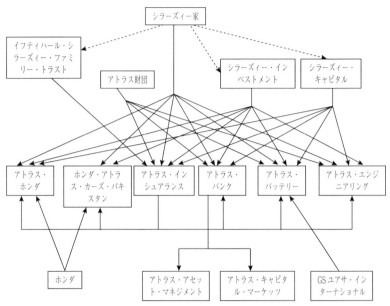

図 5 - 4　アトラス財閥の株式所有にかんする関係図（2009年）
(注) 矢印先は株式の所有先を示す。「点線（---）」は著者の推測である。また各社の詳細な株主の株式所有割合は表 5 - 7 ～12 を参照のこと。
(出典) Atlas Bank Ltd., *Annual Report 2009*, Atlas Insurance Ltd., *Annual Report 2009*, Atlas Battery Ltd., *Annual Report 2009*, Atlas Engineering Ltd., *Annual Report 2009*, Atlas Honda Ltd., Honda Atlas Cars（Pakistan）Ltd., *Annual Report 2009* の Pattern of Shareholding より作成。

果たし，株式所有にかんし大きな影響力を有していることをあらわしているからである。しかし，後で指摘するように，近年シラーズィー家一族員１人１人の傘下企業１社当たりの株式所有数ならびに割合が減少傾向にある。

次に，②の「プライベート・カンパニー」および財団の存在と両者の株式所有についてである。「プライベート・カンパニー」および財団の株式所有とシラーズィー家のそれとは関連があると思われるため，それらの株式所有状況を関連させながら検討したい。

表 5 - 7 から表 5 - 12 は，2002年から2010年（アトラス・バンクは2006-2009年，ホンダ・アトラス・カーズ・パキスタンは2003-2010年）までのアトラス財閥の主な傘下企業のシラーズィー家および傘下企業の株式所有状況を示したものである。同表を用い財閥傘下企業のシラーズィー家および傘下企業の株式所有状況を確

表5-7 アトラス・バンク:シラーズィー家,傘下企業の株式所有割合

(単位:%)

	2006年	2007年	2008年	2009年
シラーズィー・インベストメント	47.26	35.85	38.84	38.84
アトラス・インシュアランス	0.28	0.28	0.28	0.28
アトラス財団[a]	0.36	0.22	0.22	0.22
バトール・ベネフィット・トラスト	0.02	0.01	—	—
シラーズィー・キャピタル	—	—	0.01	0.01
傘下企業の合計	47.94	36.38	36.37	36.37
ユースフ H.	0.71	0.44	0.44	0.44
サーキブ H.	8.58	—	5.36	5.36
アーミル H.	—	5.36	—	—
一族の合計	9.3	5.81	5.81	5.81
傘下企業と一族の合計	57.24	42.19	42.19	42.19

(注) 各「合計」については,各株式所有数を足した合計を株式総数で除し100倍したため「合計」が必ずしも一致しない場合がある。(a) アトラス財団は2005年より同財団名となる。それ以前はシラーズィー財団であった。
(出典) Atlas Bank Ltd., *Annual Report 2006~2009* の Pattern of Shareholding より作成。

認する。最初に,シラーズィー家一族員についてである。傘下企業1社当たりに対するシラーズィー家1人当たりの株式所有割合は,それほど大きくないことが表5-7~12から確認できる。例えば,アトラス・インシュアランスの2009年時点での株主となっている一族員,ユースフとアリー(Ali)の株式所有割合はともに0.009%となっており(他の一族員は数年前より株式を所有していない),シラーズィー家のアトラス・インシュアランスの株式所有割合は約0.018%(ユースフとアリーの合計)となっている。一族員の他傘下企業の株式所有割合の傾向も同様であり,特に2008年以降のシラーズィー家一族員による傘下企業の株式所有割合が減少傾向にあり,所有面での一族員と傘下企業の関係に若干の変化がみられるようになっている。このようなシラーズィー家一族員の株式所有割合の減少は,「プライベート・カンパニー」や財団と関係があるように思われる。すなわちシラーズィー・インベストメントやシラーズィー・キャピタル(Shirazi Capital〔Pvt.〕Ltd.),またアトラス財団などの存在および活動が指摘できる。

では,次に表5-7~12にある「プライベート・カンパニー」と財団をみて

表5-8 アトラス・バッテリー：シラーズィー家，傘下企業，その他の株式所有割合

(単位：％)

	2002年	2003年	2004年	2005年	2006年	2007年	2008年	2009年	2010年
シラーズィー・インベストメント	21.42	33.24	39.34	39.34	29.89	29.89	29.89	29.89	29.89
アトラス・インシュアランス[b]	1.74	1.74	1.74	1.74	1.74	1.74	1.74	1.74	1.74
アトラス・インベストメント・バンク	3.48	—	—	—	—	—	—	—	—
アトラス・ホンダ	6.08	6.08	—	—	—	—	—	—	—
バトール・ベネフィット・トラスト	—	0.21	0.21	0.21	0.21	0.21	—	—	—
シラーズィー・キャピタル	—	—	—	—	—	—	19.51	19.51	19.51
アトラス財団	—	1.83	1.83	1.83	1.83	1.83	1.83	1.83	1.83
傘下企業の合計	32.74	43.12	43.14	43.14	33.68	33.68	52.98	52.98	52.98
ユースフ H.	0.41	0.41	0.41	0.41	0.41	0.41	0（1株）	0（1株）	0（1株）
イフティハール H.	4.72	4.72	4.72	4.72	4.72	4.72	0（1株）	—	—
アーミル H.	4.72	4.72	4.72	—	—	—	—	—	—
アリー H.	—	—	—	—	—	—	—	0（1株）	0（1株）
一族の合計	9.85	9.85	9.85	5.13	5.13	5.1	0（2株）	0（2株）	0（2株）
傘下企業と一族の合計	42.6	52.98	52.99	48.28	38.82	38.82	52.98	52.98	52.98
日本電池	14.99	14.99	14.99	14.99	14.99	14.99	—	—	—
GS ユアサ・インターナショナル	—	—	—	—	—	—	14.99	14.99	14.99

(注) 各「合計」については表5-7と同様。(b) アトラス・インシュアランスは2006年より同社名となる。それ以前はムスリム・インシュアランスであった。
(出典) Atlas Battery Ltd., *Annual Report 2002〜2010* の Pattern of Shareholding より作成。

表5-9 アトラス・ホンダ：シラーズィー家，傘下企業，その他の株式所有割合

(単位：％)

	2002年	2003年	2004年	2005年	2006年	2007年	2008年	2009年	2010年
シラーズィー・インベストメント	19.91	4.91	15.39	15.63	15.9	15.9	24.43	24.43	24.43
アトラス・バッテリー	1.85	1.85	—	—	—	—	—	—	—
アトラス・インシュアランス	2.83	2.83	2.83	2.83	2.83	2.83	2.83	2.83	2.83
シラーズィー・キャピタル	—	—	—	—	—	—	24.52	24.52	24.52
傘下企業の合計	24.59	9.59	18.23	18.46	18.74	18.74	51.79	51.79	51.79
ユースフ H.	0.3	32.78	24.46	24.46	24.46	24.46	0（4株）	0（4株）	0（3株）
アーミル H.	8.05	—	—	—	—	—	—	—	—
サーキブ H.	8.05	8.05	8.05	8.05	8.05	8.05	0（1株）	0（1株）	0（1株）
一族の合計	16.41	40.83	32.52	32.52	32.52	32.52	0（5株）	0（5株）	0（4株）
傘下企業と一族の合計	41.01	50.43	50.75	50.98	51.26	51.26	51.79	51.79	51.79
ホンダ	20	35	35	35	35	35	35	35	35

(注) 各「合計」については表5-7と同様。
(出典) Atlas Honda Ltd., *Annual Report 2002〜2010* の Pattern of Shareholding より作成。

第5章 アトラス財閥

表5-10 ホンダ・アトラス・カーズ・パキスタン：シラーズィー家，傘下企業，その他の株式所有割合
(単位：％)

	2003年	2004年	2005年	2006年	2007年	2008年	2009年	2010年
シラーズィー・インベストメント	0.19	0.18	0.19	0.19	0.19		0.19	1.63
アトラス・インシュアランス	0.59	0.59	0.59	0.59	0.59		0.59	0.59
傘下企業の合計	0.79	0.78	0.79	0.79	0.79		0.79	2.23
ユースフ H.	2	2	2	2	2		2	1.46
アーミル H.	7	7	7	7	7		7	1.44
一族の合計	9	9	9	9	9		9	2.90
傘下企業と一族の合計	9.79	9.78	9.79	9.79	9.79		9.79	5.15
ホンダ	51	51	51	51	51		51	51

(注) 各「合計」については表5-7と同様。空欄はデータをえることができなかった箇所である。
(出典) Honda Atlas Cars (Pakistan) Ltd., *Annual Report 2003～2007, 2009, 2010* の Pattern of Shareholding より作成。

表5-11 アトラス・エンジニアリング：シラーズィー家，傘下企業の株式所有割合
(単位：％)

	2002年	2003年	2004年	2005年	2006年	2007年	2008年	2009年	2010年
シラーズィー・インベストメント	33.24	58.14	58.14	61.59	49.84	49.84	49.84	61.63	61.63
アトラス・インシュアランス	2.87	2.87	2.87	2.87	2.87	2.87	2.87	2.87	2.87
シラーズィー・キャピタル	—	—	—	—	—	—	19.44	19.44	19.44
アトラス財団	—	—	—	—	—	—	—	2.83	2.83
傘下企業の合計	36.11	61.02	61.02	64.46	52.71	52.71	72.16	86.79	86.79
ユースフ H.	0.52	0.52	0.52	0.52	0.52	0.52	0 (1株)	0 (1株)	0 (1株)
アーミル H.	5.97	5.97	—	—	—	—	—	—	—
イフティハール H.	5.97	5.97	5.97	4.7	4.7	4.7	0 (1株)	—	—
アリー H.	—	—	—	4.7	4.7	4.7	0 (1株)	0 (1株)	0 (1株)
一族の合計	12.47	12.47	6.49	9.93	9.93	9.93	0 (3株)	0 (2株)	0 (2株)
傘下企業と一族の合計	48.58	73.49	67.51	74.4	62.65	62.65	72.16	86.79	86.79

(注) 各「合計」については表5-7と同様。
(出典) Allwin Engineering Industries Ltd., *Annual Report 2002～2007*, Atlas Engineering Ltd., *Annual Report 2008～2010* の Pattern of Shareholding より作成。

いただきたい。本章で何度も述べているように，シラーズィー・インベストメントは同財閥の親会社であるため，ほとんどの傘下企業の株式を所有し（図5-4も参照），その割合も高い。続いてシラーズィー・キャピタルであるが，

表 5-12 アトラス・インシュアランス:シラーズィー家,傘下企業の株式所有割合

(単位:%)

	2002年	2003年	2004年	2005年	2006年	2007年	2008年	2009年	2010年
シラーズィー・インベストメント	43.07	43.2	43.2	34	34	34	34	34	34
アトラス・インベストメント・バンク	0.13	—	—	—	—	—	—	—	—
アトラス財団	—	—	—	2.74	2.74	2.74	2.74	2.74	2.74
バトール・ベネフィット・トラスト	—	—	—	0.16	0.16	0.16	—	—	—
シラーズィー・キャピタル	—	—	—	—	—	—	31.45	31.45	31.45
イフティハール・シラーズィー・ファミリー・トラスト	—	—	—	—	—	—	—	0.009	0.009
傘下企業の合計	43.20	43.20	43.20	36.92	36.92	36.92	68.21	68.22	68.22
ユースフ H.	2.26	2.26	2.26	2.26	2.26	2.26	0.009	0.009	0.009
イフティハール H.	7.08	7.08	—	—	—	—	—	—	—
サーキブ H.	7.13	—	—	—	—	—	—	—	—
アーミル H.	—	7.19	7.06	7.06	7.06	—	—	—	—
アリー H.	—	—	—	—	—	7.19	0.009	0.009	0.009
一族の合計	16.47	16.53	9.33	9.33	9.33	9.45	0.018	0.018	0.018
傘下企業と一族の合計	59.68	59.74	52.53	46.26	46.26	46.38	68.23	68.23	68.23

(注)各「合計」については表5-7と同様。
(出典)Muslim Insurance Co. Ltd., *Annual Report 2002〜2004*, Atlas Insurance Co. Ltd., *Annual Report 2005〜2010* の Pattern of Shareholding より作成。

同社は持株会社として2005年に設立され現在に至っている。表5-7〜12から明らかなことは,シラーズィー・インベストメントに続き多くの傘下企業の株式を所有し,2008年以降は5社の株式を所有している。同社の株式所有状況で特筆すべき点は,例えば2009年の状況をみるとアトラス・バッテリーは19.51%,アトラス・ホンダは24.52%,アトラス・エンジニアリングは19.44%,アトラス・インシュアランスは31.45%となっているように,その所有割合が若干高めになっていることである。

最後にアトラス財団であるが,現時点で「プライベート・カンパニー」同様にアトラス財団が傘下企業の株式所有について,どのような活動を展開しているのか知ることはできない。しかし,図5-4および表5-7〜12から先にあげた「プライベート・カンパニー」のほどではないが,傘下企業数社の株式を所有していることがわかる。

シラーズィー家による傘下企業の株式所有状況と「プライベート・カンパ

ニー」とアトラス財団のそれとの関係をまとめると，次のようなことがいえる。すなわちシラーズィー家による株式所有数ならびにその割合は近年（特に2008年以降）減少傾向にあり，逆に「プライベート・カンパニー」とアトラス財団のそれは横ばい，あるいは増加傾向にある。株式の所有形態がシラーズィー家による直接所有から「プライベート・カンパニー」および財団などをつうじての間接所有へ，その比重を移しつつあるようにみえる。

次に③について検討する。1999年時点でのムスリム・インシュアランスは，図5-3からも確認できるように傘下企業の株式を所有することはなく，株式所有面にかんして他の傘下企業とほとんど関係を持っていなかった。しかし，図5-4が示すように2009年時点では社名も現在のアトラス・インシュアランスに変更し，数％ではあるが主要な傘下企業の株式を所有している。シラーズィー家および「プライベート・カンパニー」以外の傘下企業で，複数の傘下企業の株式を所有しているのは，アトラス・インシュアランスだけである。

最後に，アトラス財閥傘下企業1社当たりのシラーズィー家および傘下企業の両者を足した合計の株式所有割合を表5-7〜12からみておこう。結論から述べると，アトラス財閥傘下企業を株式所有という観点からみた場合，ホンダ・アトラス・カーズ・パキスタンを除く傘下企業の株式は表5-7〜12が示す期間，傘下企業によって異なるが平均して約50％前後をシラーズィー家と傘下企業が所有している。1社当たりのシラーズィー家と傘下企業の両者を足した株式所有割合が高いことが同表から明らかであり，先に示した1990年代の状況と同じように，傘下企業に対するシラーズィー家の影響が大きいことがわかる。もちろん，このような状況はアトラス財閥だけにみられるものではなく，パキスタンに存在する他の財閥にもみられる傾向である。前述したシラーズィー家の株式所有割合が減少し，「プライベート・カンパニー」およびアトラス財団のそれが増加している近年の傾向を，どのようにとらえるべきかについては，第8章で検討したい。

アトラス財閥の傘下企業の経営支配について——シラーズィー家の主な一族員の役員就任を中心に

アトラス財閥傘下企業へのシラーズィー家からの役員就任状況を検討する前

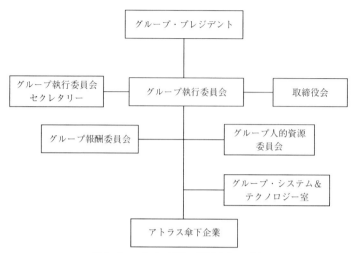

図 5-5 アトラス財閥の組織図（2007年）
(出典) *The Atlas Group of Companies Corporate Profile* (2007年入手), p. 5 より作成。

に，同財閥の組織図を確認しておこう。図 5-5 がアトラス財閥の組織図である。アトラス財閥は，意思伝達系統の統一化，グループとしての意思疎通がスムーズに進むように，はっきりとした組織を形成している。同組織図は，若干の変更はあるものの著者が1990年代後半にアトラス財閥を調査し始めた時から大きくは変わっていない。

アトラス財閥の指針および各傘下企業の経営方針や戦略などは，アーミル（Aamir）を長とするグループ執行委員会で計画，決定あるいは承認される。グループ執行委員会は，シラーズィー家一族員と一族員以外の者（3～4名）からの数名によって構成されている。グループ執行委員会の構成メンバーは，表 5-13 のとおりである。

アトラス財閥において，グループ執行委員会は傘下企業のさまざまな発展スキームに重要な役割を果たしている。このような組織図は，パキスタンに存在する他の財閥にはあまりみられない（あるいは公表されていない）ものであり注目に値するであろう。しかし，現時点でグループ執行委員会にかんする資料がえられないため，詳細な活動内容について知ることはできない。

表 5-13 のグループ執行委員会の構成メンバーからもわかるように，2001年

から同委員会のプレジデント（2004年以前の役職名はチェアマンであった）にアーミルが就任しており，シラーズィー家内における世代交代が進行していることがわかる。その点については後述する。

それでは，シラーズィー家一族員の傘下企業への役員就任状況について検討する。表5-14は，1996年から2010年までのシラーズィー家の主な一族員の傘下企業への役員就任状況をあらわしたものである。「年次報告書」を入手することができなかった年もあり，表としては完全なものとはなっていないが，しかし一族員の傘下企業への役員就任の傾向をみるには十分であろう。

表5-14から明らかなように，シラーズィー家のほとんどの男性がアトラス財閥主要傘下企業の役員として名を連ねている。繰り返しになるが，それに加え何人かの一族員は傘下企業の役員以外にグループ執行委員会のメンバーとなっている。表5-14から以下の点を指摘することができる。

- 創始者ユースフについて
  アトラス財閥の創始者であるユースフが，主要傘下企業のチェアマンの要職にあり，長年に渡りアトラス財閥のキーパーソンとして活躍している。
- シラーズィー家一族員（ユースフを除く）について
  ① 傘下企業への役員就任状況をみる限り，一族が中心となっている点では大きな変化はない。
  ② イフティハール（Iftikhar）の役員就任に変化がみられる。2009年時点では傘下企業の役員に就任していない。しかし，2008年以前は数社の役員に就任していた。
  ③ ユースフの末息子アリーが学業を終え，傘下企業の経営にかかわり2009年時点で3社の役員に就任している。

最初にユースフについてである。表5-14から明らかなようにユースフがほとんどの傘下企業のチェアマンの職にあり，彼の影響力が大きいことが確認できる。次にユースフを除くシラーズィー家の一族員についてである。表5-14からも明らかなように，1996年から2009年までの傘下企業への役員就任状況をみると，同家一族員が中心となっていることに大きな変化はない。しかし，イ

表 5-13　グループ執

		1996年(6)	1997年(7)	1998年(7)	1999年(7)	2000年(7)	2001年(7)	2002年(7)
プレジデント		ユースフ	ユースフ	ユースフ	ユースフ	ユースフ	アーミル	アーミル
メンバー	一族員	イフティハール, アーミル	イフティハール, アーミル, サーキブ	イフティハール, アーミル, サーキブ	イフティハール, アーミル, サーキブ	イフティハール, アーミル, サーキブ	イフティハール, サーキブ	イフティハール, サーキブ
	一族以外	ファラーヒム, ジャーヴェード, アムジャド[a]	ファラーヒム, ジャーヴェード, アムジャド[a]	ファラーヒム, ジャーヴェード, アムジャド[a]	ファラーヒム, ジャーヴェード, アムジャド[a]	ファラーヒム, ジャーヴェード, アムジャド[a]	ファラーヒム, ジャーヴェード, サリーム, テリーサ[a]	ファラーヒム, ジャーヴェード, サリーム, テリーサ[a]

(注) 2004年以前はプレジデントという役職名ではくチェアマンであった。カッコ内の数字はプレジデンリー・ハーン (Frahim Ali Khan), ジャーヴェード・イクバール・アフマド (Jawaid Iqbal Ahmed), サ Naeem Khan), アムジャド・フサイン (Amjad Hussain), テリーサ・ディアス (Theresa Dias) である。
(出典) Atlas Honda Ltd., *Annual Report 1996〜1998, 2000〜2003, 2005, 2006*, Allwin Engineering Management), *Annual Report 2007〜2010* の Organization より作成。

フティハールとアーミルの役員就任について若干の変化を確認することができる。その点についてグループ執行委員会も関連させながら検討したい。

表5-14から確認できるように，アーミルは1998年時点では3社のダイレクターの職にあり，2009年時点では1社のダイレクターの職にある。それらのことと，先に確認した表5-13のグループ執行委員会の役職を関連させてみると，次のようなことがいえる。表5-13が示すようにアーミルは，グループ執行委員会のプレジデントの職に2001年に就いている。アーミルの前のプレジデントには，財閥創始者であるユースフが就いていた。また，アーミルは表5-14が示すように2001年以降，徐々にではあるが傘下企業の役員から退いている。アーミルのグループ執行委員会のプレジデントへの就任から彼が傘下企業各社の経営に直接かかわるのではなく，アトラス財閥全体の経営にコミットするような立場へと，その役割をシフトさせてきているといえるであろう。

しかし，その点で気になることがある。それはグループ執行委員会のプレジデントに長男イフティハールではなく，次男アーミルが就任していることである。現時点において，その点について説明することはできないが，その事実のみを記しておきたい。

行委員会のメンバー

2003年(6)	2004年(6)	2005年(6)	2006年(7)	2007年(6)	2008年(7)	2009年(7)	2010年(7)
アーミル	アーミル	アーミル	アーミル	アーミル	アーミル	アーミル	アーミル
イフティハール, サーキブ	イフティハール, サーキブ	イフティハール, サーキブ	イフティハール, サーキブ	イフティハール, サーキブ	イフティハール, サーキブ	イフティハール, サーキブ	イフティハール, サーキブ
ファラーヒム, ジャーヴェード, テリーサ[a]	ファラーヒム, ジャーヴェード, テリーサ[a]	ファラーヒム, ジャーヴェード, テリーサ[a]	ファラーヒム, ジャーヴェード, バスィール, テリーサ[a]	ファラーヒム, ジャーヴェード, バスィール	ファラーヒム, ジャーヴェード, バスィール, M.ナイーム	ファラーヒム, ジャーヴェード, バスィール, M.ナイーム	ファラーヒム, ジャーヴェード, バスィール, M.ナイーム

トを含むグループ執行委員会の合計人数を示す。一族員以外のメンバーのフルネームは, ファラーヒム・アリーム・アフマド (Saleem Ahmed), バスィール・マッキー (Bashir Makki), M.ナイーム・ハーン (M. ナイーム)。[a] セクレタリー (Secretary) を示す。

Industries Ltd., *Annual Report 1999, 2004* の Company Information, Atlas Income Fund (Atlas Asset

 では, イフティハールはというと, 2000年前後は傘下企業数社のダイレクターの職にあったが, 2009年時点ではグループ執行委員会のメンバーではあるものの傘下企業の役員には就いていない。しかし, それは2009年からであり, 彼は表5-14にあるように, 前年の2008年までは傘下企業数社のダイレクターの職にあった。また, 図5-4と表5-12にあるように2009年よりイフティハール・シラーズィー・ファミリー・トラスト (Iftikhar Shirazi Family Trust) なるものがアトラス・インシュアランスの株主となっている。その社名からイフティハールが関係する会社とみて間違いないであろう。イフティハールの一族内における位置がどのようになっているのか大変興味深い。

 現在でも多くの傘下企業のチェアマンにユースフが就いている。しかし, 1962年にシラーズィー・インベストメントを設立した同氏はすでに高齢であり, ユースフにとっても一族関係者 (彼の息子たち) へのスムーズな経営権ならびに所有権の移譲, およびこれからのアトラス財閥を担う後継者の育成は重要な課題であろう。それらの問題を解決するため, ユースフは一線を退く形で財閥全体にかかわるグループ執行委員会のプレジデントの職を2001年にアーミルに譲り, ユースフ自身が健在な間に彼の後継者となる一族員の育成を行っている

表 5-14 シラーズィー家の主な一族員の傘下企業への役員就任状況

		1996年	1997年	1998年	1999年	2000年	2001年	2002年	2003年	2004年	2005年	2006年	2007年	2008年	2009年	2010年
アトラス・バンク	ユースフ											●	●	●	●	
	イフティハール												△			
	アーミル															
	サーキブ											△		△	△	
	アリー															
アトラス・リース	ユースフ	●	●	●	●	●										
	イフティハール	△	△													
	アーミル															
	サーキブ			△	△	△										
	アリー															
アトラス・インベストメント・バンク	ユースフ			●	●	●			●							
	イフティハール															
	アーミル															
	サーキブ			◎	◎	◎			△							
	アリー															
アトラス・インシュアランス	ユースフ			●	●		●	●	●	●	●	●	●	●	●	●
	イフティハール			△	△		△	△	△							
	アーミル									△	△					
	サーキブ				△			△								
	アリー											△	△	△	△	△
アトラス・ホンダ	ユースフ	●	●	●	●	●	●	●	●	●	●	●	●	●	●	●
	イフティハール															
	アーミル	△	△	△	△	◎	△	△								
	サーキブ								◎	◎	◎	◎	◎	◎	◎	◎
	アリー															
ホンダ・カーズ・パキスタン／アトラス	ユースフ	●	●	●			●		●		●		●		●	
	イフティハール															
	アーミル	△	△	△			△		△		△		△		△	
	サーキブ															
	アリー															
アトラス・エンジニアリング	ユースフ			●	●	●		●	●		●	●	●	●	●	●
	イフティハール															
	アーミル			△	△		△	△								
	サーキブ															
	アリー										△	△	△	△	△	△

第5章　アトラス財閥

アトラス・バッテリー	ユースフ	●	●	●	●	●	●	●	●	●	●	●	●
	イフティハール	△	△	△	△	△	△	△	△	△	△		
	アーミル				△	△	△	△					
	サーキブ												
	アリー											△	△

(注)　●：チェアマン，◎：CEO，△：ダイレクターを示す。アトラス・インシュアランスにはムスリム・インシュアランスの分が，アトラス・エンジニアリングにはオールウィン・エンジニアリングの分が含まれている。
(出典)　Atlas Bank Ltd., *Annual Report 2006〜2009*, Atlas Lease Ltd., *Annual Report 1996〜2000*, Atlas Investment Bank Ltd., *Annual Report 1998〜2000, 2003*, Muslim Insurance Co. Ltd., *Annual Report 1997, 1998, 2001〜2004*, Atlas Insurance Ltd., *Annual Report 2005〜2010*, Atlas Honda Ltd., *Annual Report 1996〜2010*, Honda Atlas Cars (Pakistan) Ltd., *Annual Report 1996〜1999, 2001, 2003〜2010*, Allwin Engineering Industries Ltd., *Annual Report 1998〜2007*, Atlas Engineering Ltd., *Annual Report 2008〜2010*, Atlas Battery Ltd., *Annual Report 1996〜2010* の Company Information より作成。

のであろう。

　表5-14からもわかるように，傘下企業の役員については，シラーズィー家が中心となっているという点では，大きな変化を確認することはできない。しかし，今述べた財閥全体にかかわるグループ執行委員会では，プレジデントにアーミルが，また同委員会のメンバーにはアリー以外のユースフの息子たちが就き，ユースフを取り巻く一族員で変化を確認することができた。

5　シラーズィー家とアトラス財閥

　以上，アトラス財閥について，シラーズィー家とアトラス財閥の関係，特に一族の傘下企業に対する株式所有および役員就任でのかかわりなどを中心に検討してきた。この場で，特に個々の論点についての詳細な要約は必要ないと思う。しかし，繰り返しになるが以下の2点について述べておきたい。

　第1は，シラーズィー家一族員の傘下企業の役員への就任状況についてである。先にも述べたが，シラーズィー家一族員の傘下企業への役員就任は，今回検討を加えてきた期間ではそれほど大きな変化はなかった。しかし，グループ執行委員会などの財閥全体を統括する組織において世代交代がみられた。具体的にいうと，父ユースフから息子アーミルへの役職の移譲などである。

　以上のことから，現在一族内で親から子への財閥内における役職などの移譲がなされ，ゆっくりとではあるが着実に世代交代が進行していると思われる。

また，ユースフの息子たち全員がパキスタン以外の地（特にアメリカ）で高等教育を受けている。学歴をみる限り，MBA をえている者もいる。今後，ユースフの息子たちがアトラス財閥の舵をどのように取るのか注目したい。
　第 2 は，傘下企業の株式所有についてである。本章で考察したように，近年シラーズィー家による傘下企業の株式所有割合が減少傾向にある。逆にシラーズィー・インベストメント，シラーズィー・キャピタル，またアトラス財団および傘下企業による株式所有割合の上昇傾向がみられるようになってきた。このような状況は，一族員が個々人で傘下企業の株式を所有するのではなく，シラーズィー家が一族として組織的に傘下企業の株式を所有する形態に変わってきていることをあらわしていると思う。
　そのような状況は，アトラス財閥だけにみられるものではなく他財閥にもみられる傾向である。それらについては改めて第 8 章で検討したい。いずれにしてもシラーズィー家内でゆっくりとではあるが，世代交代が進行していることは確かである。

注
(1)　*The Atlas Group*（1998年入手），p. 14.
(2)　*The Atlas Group*（1998年入手），p. 17.
(3)　*The Atlas Group*（1998年入手），p. 24.
(4)　アトラス財閥傘下企業の各種発表資料，各社ウェブサイトおよび各社 *Annual Report* などより作成。
(5)　アトラス財閥は，2012年 8 月に株式会社デンソーとパキスタンで合弁企業アトラス・ハイテック（Atlas Hitec〔Pvt.〕Ltd.）を設立すると発表した（株式会社デンソー　ニュースリリース（2012年 8 月31日）「アトラスグループ，デンソー，パキスタンで二輪車用部品の合弁生産会社設立を合意」）。アトラス・ハイテックは，2013年10月からパキスタン国内で二輪車用製品の生産を行っている。
(6)　*The Atlas Group*（1998年入手），p. 15.
(7)　本田技研工業株式会社ウェブサイト「広報発表 Press Information2005（2005年 9 月 5 日発表）」（http：//www.honda.co.jp/news/2005/c050905b.html, 2012年 1 月14日閲覧）。
(8)　現在のホンダ・アトラス・カーズ・パキスタンの販売店やサービスセンターの所在地については，Honda Atlas Cars (Pakistan) Ltd., 3S Dealership (Sales, Service, Spare Parts)（http://www.honda.com.pk/contact/dealer3s/, 2011年12月13日閲覧），

第5章　アトラス財閥

2S Dealership（Service, Spare Parts）(http://www.honda.com.pk/contact/dealer2s/, 2011年12月13日閲覧）を参照のこと。
(9) 本田技研工業株式会社本社での聞き取り調査より（2012年4月23日）。
(10) このようにカッコつきでプライベート・カンパニーを書く場合，シラーズィー・インベストメントとシラーズィー・キャピタルの両者をさす。また「プライベート・カンパニー」については第8章を参照のこと。
(11) Shirazi Capital〔Pvt.〕Ltd. の HP（http://www.shirazicapital.com.pk/, 2011年12月27日閲覧）より。
(12) 同社の場合，表5-10からも明らかなように，ホンダが同社の株式の51％を所有している。同社はホンダの連結子会社である。シラーズィー家と傘下企業の合計した株式所有割合は約9.7％と他の傘下企業に比べると低くなっている。

第6章
ビボージー財閥

1 ビボージー財閥とパキスタン

1960年代のパキスタンは，経済的にもっとも発展した時期である。同時期のパキスタンは，ムハンマド・アユーブ・ハーン（Muhammad Ayub Khan，以下アユーブ，図6-2を参照）が実権を握る軍事政権期であった。アユーブは，政治家，官僚，経済人の闇の関係を一掃することに尽力し，パキスタンの経済発展ならびに経済の安定に力を入れた人物である。

1960年代に，その後のパキスタンを代表するいくつかの財閥が誕生した。本章で取り上げるビボージー財閥，そしてアトラス財閥（第5章を参照）もこの時期に発展の基礎を築いた。これら財閥に特徴的なことは，パキスタンの伝統的な産業である紡績産業はもちろんのこと，いち早く自動車産業に進出したことである。興味深いのは，ビボージーとアトラスともに日本の自動車メーカーと積極的に関係を持っていることである。アトラスは日本の本田技研工業株式会社（ホンダ）と，またビボージーは，いすゞ自動車株式会社とUDトラックス株式会社（旧日産ディーゼル）と連携して合弁企業を設立し，現在に至っている。

本章では，ハタック（Khattak）家の主要一族員の活動を考察しハタック家の特徴を明らかにする。また，ビボージー財閥の形成と発展過程ならびにハタック家とビボージー財閥傘下企業の関係などについて検討し，同財閥の特徴を明らかにする。

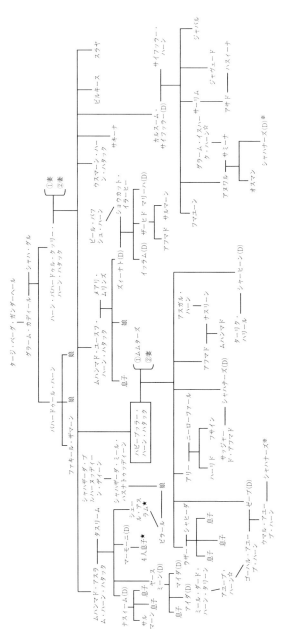

図 6-1 ハタック家の家系図

(注) 同家系図は、2012年4月までに収集した資料をもとに作成した。ハビーブッラー・ハーン・ハタック およびハーン・サイフッラー・ハーンの子たちのサイフッラー・ハーン・ハタック、ハーン・ハタック は省略した。①は1番目の妻を、②は2番目の妻を各乗る。イフッラーはアスラムの養子となりジュヌール・アスラムと名乗る。☆：元大統領。(D)：4人のうちの1人の息子ジャハリヤールはアスラムの養子となりジュヌール・アスラムと名乗る。※：ジャハーンは同一人物である。

(出典) Ghandhara Nissan Diesel Ltd. 本社での聞き取り調査 (1999年12月22日)、傘下企業 Annual Report, Khattak, Muhammad Aslam Khan, ed. with a foreword by Spain, J. W., A Pathan Odyssey, Oxford University Press, 2005. Ghandhara Nissan および Ghandhara Nissan Diesel の役員に就任した経験を持つ）へのインタビュー（2010年4月2日）、中野勝一氏（元カラチ日本総領事）「資料」、また各種資料などを参考に作成した。

2　ハタック家の活動

ハビーブッラー・ハーン・ハタックと彼の兄弟

　本節では，ビボージーの創始者であるハビーブッラー・ハーン・ハタック（Habibullah Khan Khattak，以下ハビーブッラー）を輩出したハタック家について，特にパキスタンにおける同家のステイタスおよび同家一族員のパキスタンでの活動などをとおしてハタック家の特徴を明らかにしたい。先に結論を述べると，ハタック家はパキスタンで名家として知られている。なぜなら，1947年のパキスタン誕生以来，同家はパキスタンにおいて影響力のある軍人および政治家などを輩出してきたからである。

　ハタック家の特徴を明らかにするために，ハタック家の主要な人物の略歴，特にムハンマド・アスラム・ハーン・ハタック（Mohammad Aslam Khan Khattak，以下アスラム），ハビーブッラー，ムハンマド・ユースフ・ハーン・ハタック（Muhammad Yusuf Khan Khattak，以下ユースフ）の3人兄弟（図6-1を参照）を中心に，彼らがどのような立場にあり，またどのような活動をし，そして彼らが誰と交流があったのかなどについて述べたい。彼らに関係のあった人物の行動ならびに歴史的評価については，ここでは省略し他の書物にゆずることにする。

　最初に，ビボージーの創始者であるハビーブッラーから述べておこう。彼は，ビジネス界に身を投じる以前はパキスタン軍に属し，階級は中将であり参謀長を務めた軍人であった。

　ハビーブッラーは，1913年10月17日にワズィーリスターンのワーナという町に生まれた。彼は，ペシャワールにあるイスラミア・カレッジ（Islamia College）を卒業し，デヘラードゥーンにあるインディアン・ミリタリー・アカデミー（Indian Military Academy）[3]へ，そしてその後インド軍に入隊した。ハビーブッラーは，印パ分離独立とともにパキスタン軍へ移り，パキスタン軍では少将，そしてイギリスのインペリアル・ディフェンス・カレッジ（Imperial Defence College）への留学から1958年に帰国すると中将となった[4]。

　次は，アスラムについてである。アスラムは，父ハーン・バハードゥル・

クッリー・ハーン・ハタック（Khan Bahadur Kuli Khan Khattak）と彼の最初の妻との間に1908年に生まれた。アスラムは，パキスタンで外交官そして政治家として活躍した人物である。

　アスラムは，1930年代に留学先のイギリスで，ケンブリッジ大学へ留学していたチョウドリー・ラフマト・アリー（Choudhary Rahmat Ali，以下チョウドリー）らと交流があった。アスラムは，1933年にチョウドリーらとともにパキスタン建国についてのパンフレット『Now or Never』を発行した。このパンフレットが注目を集めたのは，パキスタン建国を主張したことだけではない。国家にとってもっとも重要な国名「PAKISTAN」を提示したことである。同(5)パンフレットの末尾にアスラムとチョウドリーを含む4名の名前があり，アスラムが『Now or Never』の発行およびイギリスでのパキスタン建国運動にかかわっていたことがわかる。

　アスラムは，パキスタンで外交官として駐アフガニスタン大使，駐イラン大使，駐イラク大使を歴任し，また政治家として NWFP 州議会議員，NWFP 州知事，国会議員などを務め，また1980年代から1990年代初めにかけ内務大臣，(6)通信・鉄道大臣，通信大臣，州間調整大臣などを歴任している。

　次は，ユースフについてである。ユースフも兄アスラムと同じく政治家として活躍した人物である。ユースフはオックスフォード大学留学から帰国後，パ(7)キスタン建国運動に参加するため全インド・ムスリム連盟の活動に参加した。

　特に，ユースフの行動で注目されることは，アユーブ政権期の1965年に実施(8)された大統領選でアユーブを支援するのではなく，ファーティマ・ジンナー(9)（Fatima Jinnah，以下ファーティマ）を支援したことである。1965年の大統領選挙の結果は，アユーブの勝利に終わるが，ユースフはなぜアユーブではなくファーティマを支援したのだろうか。その理由は，ユースフの娘ズィーナト・ジャハーン（Zeenath Jahan，以下ズィーナト）の以下の記述からもわかるように，ユースフは軍事政権に反対していたからである。

> ユースフの親友で義理の兄弟でもあるサイフッラー・ハーンが，アユーブ・ハーンの戒厳令に理解を示した時，ユースフは彼にいいました。ユースフは，目に涙を浮かべながら「あなたは間違っている」と。「ハビーブッラーの娘

第6章　ビボージー財閥

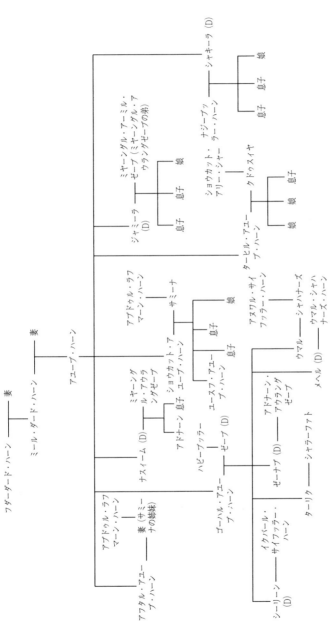

図6-2　アユーブ・ハーン家の家系図

(注)　表中の (D) は娘を示す。
(出典)　Ayub Khan, Mohammad, *Friends not Masters: A Political Autobiography*, Oxford University Press, 1967, Khan, Gohar Ayub, *Glimpses into the Corridors of Power*, Oxford University Press, 2007 などを参考に作成した。

(ゼーブ：川満注)はアユーブの息子(ゴーハル：川満注)と結婚している。それがどうしたというのか。これはパキスタンにとって致命的な打撃です。」ユースフは，軍事独裁に加わることを断固として拒否しました。[10]

ズィーナトの記述からもわかるように，後でも触れるがハビーブッラーの娘ゼーブ(Zeb)とアユーブの息子ゴーハル・アユーブ・ハーン(Gohar Ayub Khan，以下ゴーハル，図6-2を参照)は結婚しており，実はハタック家とアユーブとは親戚関係にある。ちなみに文中に出てくるサイフッラー・ハーン(Saifullah Khan，図6-1を参照)[11]は，ユースフの妹カルスーム(Kulsum)の夫であり，ユースフとは義理の兄弟の関係にある。地縁や血縁を重んじるパキスタン社会で，ユースフはアユーブを支援するのではなく，ファーティマを支援したことになる。同件にかんするユースフの真意はわからない。しかし，ズィーナトの記述からユースフのパキスタンに対する思いを感じることができるであろう。また，ユースフは国会議員としても活躍し，1970年代のZ.A.ブットー政権期に燃料・電力・天然資源大臣の要職に就いたこともあった。

ハタック家について

ハビーブッラーと彼の兄弟を中心にハタック家を検討してきたが，同家は彼ら以外にも国会議員や州議会議員などの政治家，また軍人を輩出している。例えば，政治家はカルスーム[12]，シェール・アスラム・ハーン・ハタック(Sher Aslam Khan Khattak，アスラムの息子)[13]，ゼーブ，ウマル・アユーブ・ハーン(Omer Ayub Khan，ゴーハルとゼーブの息子，以下ウマル)[14]らがいる。またカルスームが嫁いだサイフッラー家も政治家を輩出している。それに加え特筆すべき点は，ハタック家は2名の元大統領と親戚関係にあることである。1人は先にも触れたアユーブである。またもう1人は第7代大統領グラーム・イスハーク・ハーン(Ghulam Ishaq Khan，図6-1を参照)である。同氏は，ハタック家と直接かかわりがあるわけではないがカルスームやウマルと関係がある。

また，軍人はハビーブッラーの次男アリー・クッリー・ハーン・ハタック(Lt. Gen. (Retd.) Ali Kuli Khan Khattak，以下アリー)と三男アフマド・クッリー・ハーン・ハタック(Ahmed Kuli Khan Khattak，以下アフマド)である。アリーは，

父ハビーブッラーと同じくパキスタン軍で中将であり参謀長を務めた。元大統領パルヴェーズ・ムシャラフ（Pervez Musharraf, 以下ムシャラフ）の自叙伝[15]によれば，ムシャラフとアリーは学生時代からの友人であり，また軍内においてライバルであった。ムシャラフによれば，アリーが軍を辞めたのは，ムシャラフが陸軍参謀総長に昇進したことが理由とある[16]。現在，アリーは兄弟とともにビボージーの経営にかかわっている。また，アフマドは空軍に所属していた。退役後，アリーと同様にビボージー財閥の経営にかかわっている。また，アフマドの妻ナスリーン（Nasreen）は，元空軍参謀総長で自立運動党[17]（Tehrik-e-Istiqlal）の党首を務めていたアスガル・ハーン（Asghar Khan）の娘である。

以上，ハタック家についてみてきたが，次のいくつかの点をハタック家の特徴として示すことができる。第1にアスラム，ハビーブッラー，ユースフの3人兄弟が高等教育（インド亜大陸以外の地（特にイギリスで））を受けていること。第2にパキスタン建国に際し活動家として，また軍人として積極的にかかわりを持った人物を輩出していること。第3に国会議員（大臣経験者も含む）などの政治家を輩出していること。第4に大統領経験者2名の一族と親戚関係にあること，などが同家の特徴としてあげることができるであろう。

3　ビボージー財閥の形成過程

創始者ハビーブッラーについて――軍人から企業家へ

ハビーブッラーは，1959年10月にパキスタン軍を辞した。なぜ，彼は軍を辞めたのか。ハビーブッラーは1958年10月のアユーブのクーデター時に参謀長の地位にあり，次期陸軍参謀総長に近い人物と目されていた。しかし，ハビーブッラーは陸軍参謀総長へ昇進することができなかった。昇進することができなかったことを，彼が軍を辞した理由として断定することは難しい。しかし，そのことがハビーブッラーが軍を辞した主な理由と思われる[18]。なぜなら，先に述べたように，ハビーブッラーは，次期陸軍参謀総長になることが確実視されていたからである。しかし，自分にとって危険な存在とみたアユーブは，ハビーブッラーを退任させ，アユーブの後任にムハンマド・ムーサー（Muhammad Musa) を任命したとの話しもある。また，アユーブの息子ゴーハルは，自身の自叙伝のなかで陸軍参謀総長の人事について以下のように述べている。

　軍の最高会議が開催された。父（アユーブ・ハーン：川満注）が戒厳令総司令官になったため，新しい陸軍参謀総長を決めなければいけなかったからである。父は，ハビーブッラー・ハーン・ハタックを推薦したが，しかし，結局選ばれたのはムハンマド・ムーサーであった。

　最初に述べたハビーブッラーが軍を辞めた理由は，アユーブがハビーブッラーの昇進を阻止したことになっている。またゴーハルによると，アユーブはハビーブッラーを推薦したが認められなかった，とある。それらには昇進できなかった理由がそれぞれ異なった立場から述べられている。なぜ，ハビーブッラーが軍を辞めたのか。その理由を解明することは重要なことである。しかし，本章はその理由を解明する場ではないため，ハビーブッラーが軍を辞めたという事実のみに注目したいと思う。

　　　〈1950年代後半から1960年代のハビーブッラーと周囲の関係〉
1957年　ゴーハルとゼーブが結婚。
1958年　アユーブ・ハーンがクーデターにより政権を掌握。
1959年　ハビーブッラーが軍を辞す。
1960年　ハビーブッラーがコハートにジャナナ・デ・マラチョ・テキスタイルを設立。
1961年　ハビーブッラーがビボージー・サービシーズを設立。
1962年　ゴーハルが軍を辞す。
1963年　ハビーブッラーとゴーハルがGMのパキスタン工場を購入。社名をガンダーラ・インダストリーズへと変更。
1965年　ハビーブッラーの妻が交通事故で死亡。
1968年　ゴーハルはガンダーラ・インダストリーズの経営から退く。

　ビボージーは，ハビーブッラーがパキスタン軍を辞し，彼が1960年にジャナ

ナ・デ・マラチョ・テキスタイル（Janana De Malucho Textile Mills Ltd.）を北西辺境州のコハートに設立したことに始まる。その後，1961年9月にビボージー・サービシーズ（Bibojee Services〔Pvt.〕Ltd.）を設立する。同社は，プライベート・カンパニー（非公開会社）という形態をとり，現在でも同財閥の中核的な企業である。ビボージー・サービシーズの主な活動は，ビボージー財閥傘下企業の経営に関与することはもちろんのこと，貿易業務，各種プロジェクトの計画などである。このようにビボージー・サービシーズは，ビボージー内において重要な役割を果たしているが，プライベート・カンパニーという形態をとっているため同社の活動の詳細は明らかにされていない。

　現在のように，ビボージーの名がパキスタンで知れわたるようになったのは，1963年にハビーブッラーの義理の息子ゴーハルと共同でパキスタンにあったジェネラル・モーターズ（General Motors：GM）の工場を購入したことに始まる（その後，社名をガンダーラ・インダストリーズ[21]（Ghandhara Industries Ltd.）に変更する）。同社は，パキスタン人が経営する企業としてパキスタン国内で初めてトラック，バスを製造した企業であった。そのことにより，ハビーブッラーは「パキスタンの自動車産業の父」と呼ばれることもある。

　先にも触れたが，ゴーハルの父アユーブは1958年にクーデターにより政権を掌握した人物であり，またアユーブはハビーブッラーの軍人時代の上官であった。ハビーブッラーの娘ゼーブ[22]とゴーハルは1957年3月に結婚し，ハビーブッラーはゴーハルの義理の父となった。繰り返しになるが，そのゴーハルと共同でGMの工場を購入したのであった。なぜ，元軍人のハビーブッラーがGMの工場を購入することができたのか。彼は1960年にジャナナ・デ・マラチョを設立し，確かに製造業の経験があったが自動車製造にかんする知識を有していたのだろうか。その点にかんし，ゴーハルの自叙伝には特に記述はない。しかし，地縁・血縁など何かしらの人脈を重んじるパキスタン社会の構造から推測すると[23]，断定することはできないが，ハビーブッラーの持つ人脈，特にゴーハルの父アユーブとの関係がGMをえるための重要なポイントになったと思われる。現にゴーハルの自叙伝にもGMの工場をえた件で，アユーブの政敵から非難されたとあり[24]，上記のように推測することも可能である。

　1968年までハビーブッラーとゴーハルは，共同でガンダーラ・インダスト

リーズの経営を行った。しかし，1965年2月にハビーブッラーの妻が交通事故で亡くなったのをきっかけに両者の関係は悪化していく。ゴーハルによれば，その理由はハビーブッラーの再婚であった。ゼーブとハビーブッラーの再婚者である継母とは当初より仲が悪く，その関係がハビーブッラーとゴーハルにも影響してきたようである。(25)それにより1968年11月にゴーハルは，ガンダーラ・インダストリーズの経営から退くことになった。

　また，ゴーハルは1965年に国会議員に当選して以来，政治家としても活躍し，ナワーズ・シャリーフ政権期（1997～1999年）に外務大臣，(26)また水利・電力大臣を歴任した。(27)

　ガンダーラ・インダストリーズは，1971年に政権についた Z. A. ブットーの社会主義型経済政策によりハビーブッラーの手を離れ，1972年に国有化され社名もナショナル・モーターズ（National Motors Ltd.）に変更された。(28)ちなみに同社は，1992年に当時の政府の民営化政策により，民間へ経営権が移譲された。ナショナル・モーターズの経営権をえたのはビボージー・サービシーズであった。ハビーブッラーは，同社の社名をナショナル・モーターズから1999年11月にガンダーラ・インダストリーズへ戻した。(29)

　ハビーブッラーが Z. A. ブットー政権から受けた影響は，ガンダーラ・インダストリーズの国有化だけではない。彼自身も逮捕され拘束された。(30)彼が逮捕された理由は定かではないが，ハビーブッラーがアユーブに近かったことが考えられる。また，東西パキスタン間の問題や「20家族」問題などの格差が社会問題となっていた時期であり，(31)Z. A. ブットーは格差是正を訴え当選した大統領であった。そのため国民へのアピールのために主要財閥の当主を拘束した。また，1970年暮れに行われた選挙に産業界（ビボージーを含む財閥）が Z. A. ブットーを支援しなかったことなどもその理由としてあげられるであろう。(32)

　いずれにしてもハビーブッラーは，Z. A. ブットーが行った彼に対する措置などからもわかるように，アユーブ政権下で彼の事業は成長し，短期間でパキスタンにおいて著名な企業家となっていた。

ビボージー財閥傘下企業について

　すでに述べたように，ハビーブッラーは1959年に軍を辞したあと，1960年に

表6-1　ビボージー財閥の傘下企業一覧（2010年）

	ビボージー・サービシーズ
テキスタイル	ジャナナ・デ・マラチョ・テキスタイル バンヌー・ウォレン ラーマン・コットン バーブリー・コットン
自動車	ガンダーラ・インダストリーズ ガンダーラ・ニッサン
タイヤ	ジェネラル・タイヤ&ラバー・オブ・パキスタン
保　険	ユニバーサル・インシュアランス
建　設	ギャモン・パキスタン

（出典）Bibojee Group of Companies（http://www.bibojee.com.pk, 2013年8月30日閲覧），Bibojee Services Ltd., *Pamphlet* より作成。

ジャナナ・デ・マラチョを設立したのを皮切りに，パキスタン国内に企業を設立していく。

　表6-1は，2010年時点でのビボージー財閥傘下企業を一覧にしたものである。ビボージーの主力事業は，紡績と自動車であることが同表からわかる。紡績についていえば，パキスタンは古くから綿花の産地として知られ，印パ分離独立直後は綿花の輸出で外貨をえることになる。その後も紡績産業は，パキスタンの伝統的な産業の1つとしてパキスタン経済を支えてきた。そのためパキスタンの財閥も傘下に紡績工場を有し，紡績は財閥の主力事業の1つであった。ビボージーの紡績関連企業も上記の事柄と関連するものである。軍を辞したハビーブッラーが，最初に設立した企業がジャナナ・デ・マラチョであったこと，同社を含め財閥内に4社の紡績関連の企業があることからも上記のことがうかがえよう。

　もう1つの主力事業は自動車である。現在，傘下に2社の自動車メーカーがある。すでに述べたように，ビボージーは1963年にGM（後に社名をガンダーラ・インダストリーズに変更）をえて自動車関連の事業へ進出する。現在，ガンダーラ・インダストリーズは，日本のいすゞのトラックなどの組立および販売を行っている。

　また，1981年8月にはガンダーラ・ニッサン（Ghandhara Nissan Ltd.）を設立した。同社は，ビボージー・サービシーズと日産自動車との合弁により設立さ

れ,設立の主な目的はパキスタン国内での日産車(主にサニー)の製造ならびに販売などであった。また,1985年には,トラックやバスなどの製造および販売などを主な目的に日産ディーゼル(現 UDトラックス),株式会社トーメンとガンダーラ・ニッサンの3社の合弁によりガンダーラ・ニッサン・ディーゼル(Ghandhara Nissan Diesel Ltd.)を設立した。

表6-1からもわかるように,現在ガンダーラ・ニッサン・ディーゼルは存在しない。現在,同社が存在しないのはいくつか理由がある。1つは2006年4月のトーメンと豊田通商の合併である。周知のように,豊田通商はトヨタ系の総合商社であり,トーメンはガンダーラ・ニッサン・ディーゼルの設立にあたり,日産および UDトラックスと関係を持っていた。ガンダーラ・ニッサン・ディーゼルの中心的企業であったトーメンが豊田通商と合併することになり,トーメンはガンダーラ・ニッサン・ディーゼルから手を引かざるをえない状況にあった。2つ目はガンダーラ・ニッサンが製造していた乗用車の販売台数の減少も大きく関係していると思われる[34]。そのような関係のなか,2004年にガンダーラ・ニッサン・ディーゼルのガンダーラ・ニッサンへの合併が決まり2005年から両社は1つとなった。現在ガンダーラ・ニッサンは日産車の製造を中止し,UDトラックスのバスとトラックの製造および販売を行っている。

現在,ビボージー財閥内に UDトラックスといすゞという異なるブランドのトラックとバスを製造している企業が存在している。ビボージーにおいてガンダーラ・インダストリーズとガンダーラ・ニッサンは主力企業であり,UDトラックスといすゞはビボージーにとってもっとも重要なパートナーといえよう。

ガンダーラ・インダストリーズは,同社で行っていたバスとトラックの製造を2005年よりガンダーラ・ニッサンに委託している。よって2005年以降,ガンダーラ・ニッサンでは UDトラックスのトラックとバス,そしていすゞのトラックとバスの製造を行っている。ガンダーラ・インダストリーズがガンダーラ・ニッサンへ製造の委託を行ったのは,両社のオーナーがハタック家であったこと,また生産体制の合理化などがその主な理由である[35]。

以上,簡単ではあるが,ビボージーの主要傘下企業である紡績と自動車関連の企業についてみてきた。現在,ビボージー財閥の主力企業はこれまでみてきたように UDトラックス,いすゞなどとの関係を軸とした自動車関連の企業で

ある。パキスタンでハタック家を中心としたビボージーの名を有名にしたのも自動車関連企業であることは間違いない。

4　ハタック家と傘下企業の関係

ハタック家一族員の傘下企業への役員就任状況について

　本節では，現在でもビボージー財閥傘下企業の経営を直接担っているハタック家と傘下企業の関係をみたい。特に，ハタック家一族員の傘下企業の株式所有状況と同家一族員の傘下企業への役員就任状況を中心に，ハタック家が傘下企業とどのような関係にあるのか，またハタック家の傘下企業に対する影響力がどのようになっているのか，などを検討したい。

　最初に，ハタック家一族員の傘下企業への役員就任状況を考察する。表6-2は，ハタック家一族員のビボージー財閥主要傘下企業の役員への就任状況を一覧にしたものである。主要企業ということで，すべての傘下企業の役員を示したものではない。しかし，表6-2は，ハタック家と傘下企業の関係を確認するには十分の資料であろう。同表からハタック家一族員の傘下企業の役員への就任状況を大きく2つにわけることができる。1つは自動車関連企業への役員就任（ハタック家の男性が中心）と，2つ目は紡績関連企業への役員就任（ハタック家の男性と女性）である。

　それでは，自動車関連企業への役員就任状況から確認したい。表6-2からも明らかなように，ハタック家からラザーとアリーとアフマドの3名がガンダーラ・インダストリーズとガンダーラ・ニッサンの役員に就任している。2011年時点では，ラザーはそれら2社のチェアマン，アリーはガンダーラ・インダストリーズのダイレクターとガンダーラ・ニッサンのプレジデントに就き，そしてアフマドはガンダーラ・インダストリーズとガンダーラ・ニッサンのCEOに就いている。また，ジェネラル・タイヤ&ラバー・オブ・パキスタン（General Tyre & Rubber Co. of Pakistan Ltd.）の役員については，アリーが2006年から2008年までCEOを務め，2009年以降はチェアマンに就き，ラザーとアフマドがダイレクターの職にある。

　それら3社の2000年以前の役員をみると，ラザーを含む3人兄弟以外にベー

表6-2 ハタック家主要一族の役員就任状況

		1989年	1990年	1991年	1992年	1993年	1994年	1995年	1996年	1997年	1998年	1999年	2000年	2001年	2002年	2003年	2004年	2005年	2006年	2007年	2008年	2009年	2010年	2011年
ガンダーラ・インダストリーズ	取締役の人数										9名	9名	9名	9名				7名	7名	7名	7名	7名	7名	7名
	ラザー										●	●	●	●				●	●	●	●	●	●	●
	アリー										-	-	-	◄				◄	◄	◄	◄	◄	◄	◄
	アフマド										◎	◎	◎	◎				◎	◎	◎	◎	◎	◎	◎
ガンダーラ・ミサン	取締役の人数							8名	9名	9名	10名	10名	9名	9名		10名	9名	9名	9名	10名	10名	10名	●1	●1
	ラザー							●	●	●	●	●	●	●		●	●	●	●	●	●	●	●1	●1
	アリー							-	-	-	-	◎	◎	◎		◎	◎	◎	◎	◎	◎	◎	○1	○1
	アフマド							◄	◄	◄	◄	◄	◄	◄		◄	◎	◎	◎	◎	◎	◎	◎	◎
	タヘミーナ							-	-	-	-	-	-	-		-	-	-	-	-	-	-		
	ダイレクター（日本人）											1名	1名			-	1名	1名	1名	1名	-	1名		
ガンダーラ・ミサン・デーゼル	取締役の人数	9名	10名	10名	10名		10名	9名	9名	9名	10名	10名	9名	9名	10名									
	ハビーブッラー	●	●	●	●		-	◎	◎	◎	◎	◎	◎	◎	-									
	ラザー	-	-	-	-		●	●	●	●	●	●	●	●	●									
	アリー	-	-	-	-		-	-	-	-	-	◄	◄	◄	-									
	アフマド	-	-	-	-		◄	◄	◄	◄	◄	◄	◄	-	◄									
	タヘミーナ	◄	◄	◄	◄		◄	◄	◄	◄	◄	◄	◄	-	-									
	ダイレクター（日本人）	2名	2名	2名	2名		2名	2名	2名	2名	2名	2名	2名	2名	1名									
ラジャ・エキオール・パキ	取締役の人数								13名	13名	13名	13名	13名	13名					16名	13名	12名	13名	13名	10名
	ラザー								●	●	●	●	●	◄					◄	◄	◄	◄	◄	◄
	アリー								-	-	-	-	-	◄					◎	◎	◎	◎	◎	●

第6章　ビボージー財閥

		ライザー	アリー	アフマド	ウマル	ゼーブ	シャーヒーン	シャーヒーン	マハンマド
◀	—	8名	●	◀	◀	—	◎	◀	◀	◀
◀	—	10名	●	◀	◀	△	◎	◀	◀	◀
◀	—	10名	●	◀	◀	△	◎	◀	◀	◀
◀	—	10名	●	◀	◀	△	◎	◀	◀	◀
◀	—	10名	●	◀	◀	—	◎	◀	◀	◀
◀	—									
◀ ◀										
◀ ◀										
◀ ◀		9名	●	◀	—	◎	◀	◀	◀	—
◀	—									
◀	—									
◀	—									

（キャスト&ホスト　アフマド・シャーヒーン）

	ジャーナビーン									
	取締役の人数				9名	9名	10名	9名	9名	9名
ニッサン・ディーゼル	ラザー				●	●	●	●	●	●
	アリー				◂	◂	◂	◂	◂	◂
	アフマド				◂	◂	◂	◂	◂	◂
	ゼーブ				◂	◂	◂	◂	◂	◂
	ジャハーンズ							◎	◎	
	ジャーナビーン					◂	◂	◂	◂	◂
	取締役の人数	10名	10名	11名	10名	10名				
ガンダーラ・リーシング	ラザー	◂	◂	●	●	●				
	アリー	—	—	—	◂	—				
	アフマド	◂	◂	◂	◂	—				
	ジャミーナ	—	—	—	◂	—				

(注) ●はチェアマン。○はプレジデント。◎はチェアマン&CEO。●●はチェアマン&CEO、▲はダイレクター、△はCOO。空欄は「年次報告書」をえられなかった年あるいは不明を示す。1：ラザーがチェアマンとしたことをHPを確認したところラザーがチェアマン、アリーがプレジデント、アリーがプレジデントの職にあったこと、また他の資料でアフマドが2010年と2011年の役職がそれ以前と同じであったことなどから2010年と2011年の両年もラザーがチェアマン、アリーがプレジデントと推測した。また、ガンダーラ・ニッサンとガンダーラ・ニッサン・ディーゼルの「ダイレクター（日本人）」欄の人数は日本人の役員数を示す。

(出典) National Motors Ltd., *Annual Report* 1998, Ghandhara Industries Ltd., *Annual Report* 1999, 2000, 2005～2011, Ghandhara Nissan Ltd., *Annual Report* 1996, 1997, 1999～2001, 2003～2009, Ghandhara Nissan Diesel Ltd., *Annual Report* 1989, 1991, 1992, 1994, 1996～2002, The General Tyre and Rubber Co. of Pakistan Ltd., *Annual Report* 1996～2001, 2006～2011, The Universal Insurance Co. Ltd., *Annual Report* 1999, 2007～2011, Janana De Malucho Textile Mills Ltd., *Annual Report* 2006～2011, Ghemni Leasing Co. Ltd., *Annual Report* 1996, Ghandhara Leasing Co. Ltd., *Annual Report* 1996～2000, Babri Cotton Mills Ltd., *Annual Report* 1997, 1999, 2007～2011, Bannu Woollen Mills Ltd., *Annual Report* 1999, 2000, 2006, 2008～2011 の Company Information および Board of Directors などより作成。

ガム・タヘミーナ・ハビーブッラー・ハーン（Begum Tehmina Habibullah Khan）がガンダーラ・ニッサンのダイレクターに就き，またジェネラル・タイヤ&ラバーのダイレクターにハビーブッラーの娘シャーヒーン・クッリー・ハーン・ハタック（Shahin Kuli Khan Khattak, 以下シャーヒーン）が就いている。しかし，2002年以降，自動車関連企業の役員にハタック家の女性一族員の名前を確認することはできない。2002年以降の自動車関連企業へのハタック家一族員からの役員はラザー，アリー，アフマドの男性が中心となっている。

次に，2つ目の紡績関連企業への役員就任状況についてである。先にみた自動車関連企業の役員就任状況とは若干異なり，紡績関連企業にはハタック家のラザーを含む3人兄弟だけではなく女性も複数人，役員に名を連ねている。例えば，バンヌー・ウォレン（Bannu Woollen Mills Ltd.）には，ダイレクターとしてゼーブ，シャハナーズ・サッジャード・アフマド（Shahnaz Sajjad Ahmad, 以下シャハナーズ），シャーヒーンのハビーブッラーの娘たちが就いている。また，バーブリー・コットン（Babri Cotton Mills Ltd.）とジャナナ・デ・マラチョにも同じくダイレクターとして彼女らも就いている。他のパキスタン財閥ではあまりみられないが，以上からもわかるように，ビボージーでは女性陣も傘下企業の役員に就任し，活躍している。ちなみにハタック家の女性は，例えばゼーブは国会議員を務め，またシャーヒーンはイギリスのキングス・カレッジ・ロンドンで Ph.D. を取得し研究書を著している。[36]

以上のように，ビボージー傘下企業の役員構成はハタック家，特にハビーブッラーから数えて2世代目となる彼の息子ならびに娘たちが中心となっている。それに加え，チェアマンや CEO などの主要な役員ポストも彼らが占め，ビボージーはハタック家による経営支配が顕著であるといえるであろう。

ハタック家の傘下企業の株式所有状況について

本項では，ハタック家と傘下企業の関係を傘下企業の株式所有状況から確認する。図6-3は，2009年時点のハタック家とビボージー傘下企業ならびに傘下企業間における株式の所有関係を示したものである。図6-3から以下の点を確認することができる。

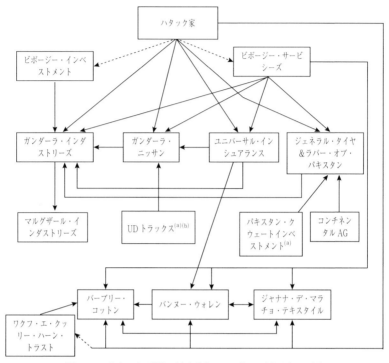

図6-3　ビボージー財閥の株式所有にかんする関係図（2009年）
(注) 矢印は株式の所有先を示す。点線は著者の推測である。(a) ビボージー財閥傘下企業以外の企業をさす。(b) 前日産ディーゼル。
(出典) Ghandhara Industries Ltd., Ghandhara Nissan Ltd., The Universal Insurance Co. Ltd., General Tyre & Rubber Co. of Pakistan Ltd., Janana De Malucho Textile Mills Ltd., Bannu Woollen Mills Ltd. 各社 *Annual Report 2009* および Babri Cotton Mills Ltd., *Annual Report 2010* の Pattern of Shareholding より作成。

- ハタック家の一族員がほとんどの傘下企業の株主となっている。
- ハタック家が多くの株式（ほぼ100％と思われる）を所有していると思われるビボージー・サービシーズもハタック家同様に，ほとんどの傘下企業の株主となっている。
- 緩やかではあるが，傘下企業間で株式所有をつうじて関係を持っている。

図6-4は，1999年時点のハタック家と傘下企業の株式所有関係および傘下企業間における株式所有関係を示したものである。同図は，約10年の間に同財

第❻章　ビボージー財閥

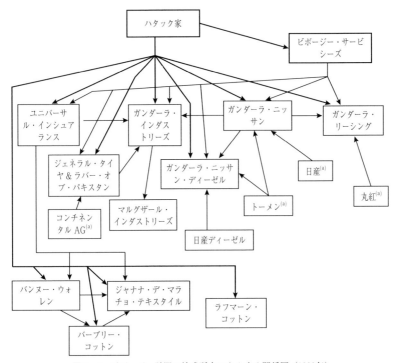

図6-4　ビボージー財閥の株式所有にかんする関係図（1999年）
（注）矢印は株式の所有先を示す。太線は，ハタック家の株式所有を示している。また，ハタック家とビボージー・サービシーズの株式所有については，1999年時点の「年次報告書」から知ることはできない。よって著者の推測である。しかし，同家と同社の関係からハタック家が同社の株式を所有していることは間違いない。ビボージー・サービシーズが紡績関連企業（ジャナナ・デ・マラチョを含む4社）の株式を所有していると思われるが，1999年時点の資料を入手することができなかったため不明である。(a) ビボージー財閥傘下企業以外の企業をさす。
（出典）川満直樹「パキスタン財閥の形成と発展──ガンダーラ財閥とアトラス財閥を中心として」『阪南論集』第38巻第1号（2002年）23頁とその後新たに入手した傘下企業の *Annual Report* をもとに作成。

閥の株式所有関係がどのように変化したかを確認するために掲載した。図6-4から確認できることは，ハタック家の一族員がほとんどの傘下企業の株主となっていることや，またビボージー・サービシーズもハタック家同様にほとんどの傘下企業の株主となっていることなどである。この約10年間（1999年から2009年）で存在しなくなった企業もあるが，図6-3（2009年）と図6-4（1999年）を比較すると，ハタック家と傘下企業の関係ならびに傘下企業間の関係は

195

表 6-3 ガンダーラ・インダストリーズの株主と株式所有状況：
ハタック家，傘下（関連）企業

(単位：%)

	2004年	2005年	2006年	2007年	2008年	2009年	2010年
ビボージー・サービシーズ	29.817	29.817	29.817	39.162	39.162	39.162	39.162
ビボージー・インベストメント	0.081	0.081	0.081	0.1	0.1	0.1	0.1
ガンダーラ・ニッサン	19.702	19.702	19.702	24.249	24.249	24.249	24.249
ユニバーサル・インシュアランス	0.04	0.04	0.07	5.595	5.595	5.595	5.595
ジェネラル・タイヤ&ラバー・オブ・パキスタン	1.536	1.536	1.536	0.472	0.472	0.472	0.472
傘下企業の合計	51.176	51.176	51.206	69.578	69.578	69.578	69.578
アフマド	0.045	0.045	0.045	0.056	0.056	0.056	0.056
ラザー	0.038	0.038	0.038	0.046	0.046	0.046	0.046
アリー	—	—	—	0[a]	0[a]	0[a]	0[a]
一族の合計	0.083	0.083	0.083	0.102	0.102	0.102	0.102
傘下企業と一族の合計	51.259	51.259	51.289	69.68	69.68	69.68	69.68

(注) (a) 9株所有。
(出典) Ghandhara Industries Ltd., *Annual Report 2004～2010* の Pattern of Shareholding より作成。

それほど変わっていないといえる。

次に，表6-3から表6-6は，ビボージー主要傘下企業のハタック家，傘下企業およびパートナー企業による数年にわたる株式所有割合の状況を示したものである。

表6-3のガンダーラ・インダストリーズから確認したい。同表からも明らかなように，ガンダーラ・インダストリーズの2004年から2010年までのハタック家と傘下企業による株式所有割合は，約51～69％となっており近年増加傾向にある。なかでももっとも多くの株式を所有しているのが，ハタック家ではなく傘下企業であり，先に示した合計分のほとんどの株式を所有している。特に，ビボージー・サービシーズは多くの株式を所有し2004～2006年28.817％，2007～2010年39.162％であり，次に多いのがガンダーラ・ニッサンの2004～2006年19.702％，2007～2010年24.249％である。傘下企業5社中の株式所有分の大半をこの2社が占めていることになる。2010年時点の両社のそれを合わせると約63％にもなり，ガンダーラ・インダストリーズの株主としての両社の影響力の大きさがうかがえる。

次に，ガンダーラ・インダストリーズのハタック家の所有状況について確認

第❻章 ビボージー財閥

表6-4 ガンダーラ・ニッサンの株主と株式所有状況:ハタック家,傘下(関連)企業,他

(単位:%)

	2004年	2005年	2006年	2007年	2008年	2009年
ビボージー・サービシーズ	63.828	62.321	62.321	62.321	62.321	62.321
ユニバーサル・インシュアランス		0.011	0.011	0.011	0.011	0.011
傘下企業の合計	63.828	62.332	62.332	62.332	62.332	62.332
UDトラックス(日本)		8.104	8.104	8.104	8.104	8.104
傘下企業とUDトラックスの合計	63.828	70.436	70.436	70.436	70.436	70.436
ラザー	0.011	0.139	0.139	0.139	0.139	0.139
アリー	0.008	0.133	0.133	0.133	0.133	0.133
アフマド	0.045	0.154	0.154	0.154	0.154	0.154
一族の合計	0.064	0.426	0.426	0.426	0.426	0.426
傘下企業と一族の合計	63.892	62.758	62.758	62.758	62.758	62.758
傘下企業と一族とUDトラックスの合計	63.892	70.862	70.862	70.862	70.862	70.862

(注)表中の空欄は「年次報告書」で確認することができなかったことを示す。
(出典)Ghandhara Nissan Ltd., *Annual Report 2004〜2009* の Pattern of Shareholding より作成。

する。ハタック家一族員からアフマドとラザーとアリーの3名が株主となっている。同表からもわかるように,ハタック家の3名の各々の株式所有は0.1%にも満たないものとなっており,アリーにいたっては9株でそれほど多くはない。

表6-4のガンダーラ・ニッサンについてである。同社の株式を多く所有しているのは,ビボージー・サービシーズであり約62〜63%の株式を所有している。次に多いのがUDトラックスの約8%である。また,ハタック家の各々の株式所有状況は先にみたガンダーラ・インダストリーズ同様に,それほど多くはない。

次に,表6-5のジェネラル・タイヤ&ラバーについてである。同社については2007年以前の「年次報告書」をえることができなかったため,同表では2008年から2010年分の株式の所有状況を示した。同表からも明らかなように,ビボージー・サービシーズが約28%の株式を所有し大株主となっている。また,ハタック家一族員の株式所有については先にみてきた2社と同じく,それほど多くの株式を所有していない。ハタック家の3名の株式所有分を足しても約1%である。

表6-5 ジェネラル・タイヤ&ラバーの株主と株式所有状況：
ハタック家，傘下（関連）企業　　　（単位：％）

	2008年	2009年	2010年
ビボージー・サービシーズ	27.787	27.787	27.787
傘下企業の合計	27.787	27.787	27.787
アリー	0.399	0.399	0.399
ラザー	0.402	0.402	0.402
アフマド	0.203	0.203	0.203
一族の合計	1.004	1.004	1.004
傘下企業と一族の合計	28.791	28.791	28.791

（出典）General Tyre & Rubber Co. of Pakistan Ltd., *Annual Report 2008〜2010* の Pattern of Shareholding より作成。

　最後に，表6-6のユニバーサル・インシュアランス（The Universal Insurance Co. Ltd.）についてである。同表から明らかなように，ビボージー・サービシーズが約70％以上の株式を所有し大株主となっている。ユニバーサル・インシュアランスの先に確認した3社と異なる点は，表6-3から表6-5には登場しなかったゼーブ，シャハナーズ，シャーヒーンなどハタック家の女性が株式を所有していることである。彼女らの株式所有分は，他の一族員同様にそれほど多くはないが，ハタック家の女性一族員が同社の役員に就き，そして株主となっていることは興味深い。

　以上，主要傘下企業4社の株式所有状況をみてきた。特筆すべき点は，4社におけるハタック家一族員の株式所有割合が合計でもガンダーラ・インダストリーズ：0.102％（2010年），ガンダーラ・ニッサン：0.426％（2009年），ジェネラル・タイヤ＆ラバー：1.004％（2010年），ユニバーサル・インシュアランス：4.849％（2010年）と，それほど多くないことである。

　では，ハタック家一族員が主要4社の株式所有で影響力を持っていないのかというと，そうではない。既述したようにビボージー・サービシーズは，ハタック家が中心となった企業であり，同社の株式のほとんどをハタック家が所有していると思われる。その点を考慮すると，ハタック家は直接主要4社の株式を所有するのではなく，ビボージー・サービシーズをとおし間接的に株式を所有しているといえるであろう。一族員の傘下企業の株式所有傾向を検討する

表6-6 ユニバーサル・インシュアランスの株主と株式所有状況：
ハタック家，傘下（関連）企業 （単位：％）

	2007年	2008年	2009年	2010年
ビボージー・サービシーズ	71.441	72.182	72.182	77.746
傘下企業の合計	71.441	72.182	72.182	77.746
ラザー	2.43	2.43	2.43	1.944
アリー	1.18	1.18	1.18	0.944
アフマド	1.094	1.094	1.094	0.875
ゼーブ	0.34	0.59	0.59	0.472
シャハナーズ	0.368	0.368	0.368	0.295
シャーヒーン	0.368	0.368	0.368	0.295
ムハンマド	0.031	0.031	0.031	0.024
一族の合計	5.811	6.061	6.061	4.849
傘下企業と一族の合計	77.252	78.243	78.243	82.595

（出典）The Universal Insurance Co. Ltd., *Annual Report 2007～2010* の Pattern of Shareholding より作成。

ことは，一族員間のそれぞれの関係，そして家族を超え一族として彼らがどのような形で，その資産を継承していこうとしているのかを明らかにする上で役立つであろう。

5　ハタック家とビボージー財閥

　本章では，ビボージー財閥を取り上げ，ハタック家一族員について，それに加えハタック家と財閥傘下企業の関係などを中心に考察してきた。
　ハタック家については，特にビボージー財閥の創始者であるハビーブッラーに加え，ハビーブッラーの兄弟アスラムとユースフを中心にパキスタンにおける彼らの活動を論じた。繰り返しになるが，ハタック家の特徴として以下の点をあげることができる。パキスタン建国に積極的にかかわった者を輩出していること。国会議員および大臣，州議会議員などの政治家を輩出していること。軍人を輩出していること。大統領経験者と親戚関係にあること，などである。
　本章では，ビボージー財閥の形成過程を考察してきたが，特筆すべき点はハビーブッラーとアユーブおよびハビーブッラーとアユーブの息子ゴーハルの関係である。すでに述べたように，アユーブはハビーブッラーの軍人時代の上官

にあたり，彼の影響によりハビーブッラーは軍を辞めビジネスの世界へ身を投じた。また，ゴーハルの妻はハビーブッラーの長女ゼーブであり，ハビーブッラーはゴーハルの義理の父にあたる。1963年に，ゴーハルとハビーブッラーは共同でガンダーラ・インダストリーズの前身となる企業（GMの工場）を購入した。そのガンダーラ・インダストリーズがビボージーの中心的な企業となっている。その一連の流れは，良くも悪くもアユーブとの関係によるところが大きいといえる。

本章の考察からも明らかなように，ビボージー財閥傘下企業は，ハタック家一族員が中心となり経営が行われている。経営（一族員の役員就任）面にかんしては，ハタック家の主要一族員が傘下企業の重要なポストであるチェアマンやCEO，ダイレクターなどに就いていることを確認した。また，傘下企業の株式の所有状況にかんしては，ハタック家一族員による傘下企業の株式所有はそれほど多くはなく，ハタック家が支配しているビボージー・サービシーズが主要傘下企業の株式を多く所有していることを表6-3から表6-6で確認した。それはハタック家の各々の一族員が個人的に株式を直接所有するのではなく，ビボージー・サービシーズをとおし間接的に株式を所有し，ハタック家として株式所有を行っていると考えることができるであろう。

注
(1) ビボージー（Bibojee）は，いくつかの資料などではガンダーラ（Ghandhara）と表記されていることもある。最近の資料でもそれが使われている場合がある。著者も以前はガンダーラという名称を使用していた。最近，自らビボージーと称していることもあり，ここではそれにならって名称をビボージーで統一する。
(2) 2010年2月に日産ディーゼル工業株式会社からUDトラックス株式会社に社名を変更した。
(3) Bibojee Group of Companies, Founder Profile（http://www.bibojee.com/index_founder_detail.htm, 2010年5月14日閲覧）。
(4) ハビーブッラーは，ズィヤー政権期に工業・生産大臣を務めたこともある。
(5) PAKISTANは，次の地域の文字からとっている。P：Punjab（パンジャーブ），A：Afghan（アフガン），K：Kashmir（カシミール），S：Sind（シンド），TAN：Baluchistan（バローチスタン）。Rahmat Ali, Choudhary, *Now or Never, Are We to Live or Perish for Ever?* The Pakistan National Movement, 28th January 1933.

Khattak, Muhammad Aslam Khan, ed. with a foreword by Spain, J. W., *A Pathan Odyssey*, Oxford University Press, 2005, p. 15.
(6) アスラムが NWFP 州知事に任命された当時の経緯については，中野勝一『パキスタン政治史——民主国家への苦難の道』（明石書店，2014年）164-165頁を参照。
(7) ユースフは，ガバメント・カレッジ（Government College）を卒業後，オックスフォード大学へ留学し近代史を学んだ。
(8) アユーブは1962年に戒厳令を解除し，また政党の活動を認めた。彼自身もパキスタンムスリムリーグの総裁となった（Ayub Khan, Mohammad, *Friends Not Masters*, Oxford University Press, 1967, p. 232. また山中一郎・深町宏樹編『パキスタン——その国土と市場』（科学新聞社，1985年）59-61頁なども参照のこと）。
(9) ファーティマはパキスタン建国の父 M. A. ジンナーの妹である。
(10) A Short History of My Family, Zeejah's Garden（http://zeejah.tripod.com/khattaks.html, 2012年3月26日閲覧）。
(11) 同家もいわゆる財閥一族であり，パキスタン国内でサイフ・グループ（Saif Group）を率いている。同財閥については別稿で論じたい。
(12) カルスームは，1980年代後半に無任所大臣（閣僚），国務大臣（商業，閣外相）を務めている。
(13) 2002年に PML（Q）より出馬し，国会議員となる（Khan, Gohar Ayub, *Glimpses into the Corridors of Power*, Oxford University Press, 2007, p. 62.）。
(14) 資料によっては，ウマル（Omer）を Umer と表記していることもある。ウマルは1970年生まれである。ウマルは，ジョージワシントン大学から1993年に BBA（経営学士）を，1996年には MBA を取得している。また PML（Q）に所属し，ショウカット・アズィーズ（Shaukat Aziz）政権期（当時の大統領はムシャッラフ）に国務大臣（財務）を務めた。
(15) Musharraf, Pervez, *In the Line of Fire : A memoir*, Free Press, 2006.
(16) アリーとムシャッラフの関係については，ムシャッラフの自叙伝（Musharraf, Pervez, *In the Line of Fire : A memoir*, Free Press, 2006）に述べられているので同書を参照のこと。
(17) 山中・深町編前掲書『パキスタン——その国土と市場』72頁。
(18) 著者は以前に，ハビーブッラーが軍人から企業家へ転身した理由を1999年にパキスタンで行った調査より「それはアユーブ・ハーンが大統領となり，彼のとった経済政策（開発）に触発され，またそれに魅力を感じ，軍人として生きるのではなく，激動の産業界で彼自身の力を試したかったからだと思われる」（川満直樹「パキスタン財閥の形成と発展——ガンダーラ財閥とアトラス財閥を中心として」『阪南論集』第38巻第1号，2002年）と述べた。それはハビーブッラーが軍を辞めた主な理由ではなく，今回指摘したことが，彼が軍を辞めた主な理由であろう。しかし，アユーブ政権期のパキスタン経済は順調に発展した時期であり，その点を考慮すると，

以前に述べた理由もまったく否定することはできないと考える。
⒆　本章中で何度か触れているが，1957年にゴーハルとゼーブが結婚した。翌年の1958年に，アユーブがクーデターを起こし政権を掌握した。時系列的にみると，ハビーブッラーの陸軍参謀総長への昇進話は，ゴーハルとゼーブの結婚後ということになり，その時すでにアユーブとハビーブッラーは親戚関係にあった。推測の域を出ないが，そのため親戚関係にあったハビーブッラーの陸軍参謀総長への昇進は，政官財の癒着関係を一掃することに努めたアユーブにとってマイナスのイメージを与えかねないものであった可能性もある。
⒇　Khan, Gohar Ayub, *op.cit*., p. 35.
㉑　ガンダーラ・インダストリーズについては *Ibid*., pp. 52-59. を参照のこと。
㉒　*Ibid*., p. 31.　Khattak, Muhammad Aslam Khan, *op.cit*., p. 111.
㉓　パキスタンにおけるそのような関係を山中一郎は次のように述べている。「パキスタンでは，"企業者職能"は，単に，勤勉や努力や新技術の導入や経営ノウハウの習得だけではなく，政権との関係，要人との接触，人脈など，要するに権限を持つ者へのアプローチの才覚を含んだ概念である。」「産業界にかぎらず，パキスタンの社会構造そのものが，地縁・血縁で固く結ばれ，出自を同じくするものというアイデンティティー意識が強い。」などである（山中一郎「産業資本家層──歴代政権との対応を中心として」山中一郎編『パキスタンにおける政治と権力──統治エリートについての考察』（アジア経済研究所，1992年）339頁）。
㉔　Khan, Gohar Ayub, *op.cit*., pp. 53-54. を参照。
㉕　*Ibid*., p. 58.
㉖　*Ibid*., pp. 264-277.　Past Foreign Ministers, Ministry of Foreign Affairs Pakistan (http://www.mofa.gov.pk/mfa/pages/article.aspx?id=18&type=4, 2012年8月3日閲覧)。
㉗　*Ibid*., pp. 306-318.
㉘　Z. A. ブットーの社会主義型経済政策により痛手を負ったのはビボージーだけではない。ある財閥は総資産のかなりの部分を，またある財閥は総資産のすべてを失った。ちなみに Z. A. ブットー政権によるビボージーの資産の接収は総資産の67.7％におよんだ（山中一郎「ブットー政権下の産業国有化政策について」『アジア経済』第20巻第6号（アジア経済研究所，1979年）53頁）。
㉙　Ghandhara Industries Ltd., *Annual Report 1999*.
㉚　Khattak, Muhammad Aslam Khan, *op.cit*., pp. 229-230. ハビーブッラー以外にもアフマド・ダーウード（Ahmed Dawood），ファフルッディーン・ヴァリバーイー（Fakhruddin Valibhai）らが同様の措置を受けた。
㉛　「20家族」問題とは，パキスタンの著名なエコノミストであるマフブーブル・ハクが述べた言葉で，パキスタンにおける経済力集中の問題を論じる際に頻繁に使用される言葉となった。その後，「20家族」に2家族が追加され「22家族」となって

いる。
(32) 山中前掲論文「産業資本家層」319-320頁。
(33) 特に,朝鮮戦争はパキスタン政府の打ち出した「産業政策声明」と重なり,パキスタンの経済発展に影響を与えるものであった。朝鮮戦争によりパキスタンの主要輸出品目である綿花とジュートの国際価格は上昇し,パキスタンにとって朝鮮戦争は多大な経済的恵みを与えることになった。それにより多額の外貨収入をえることをも可能にした。
(34) ガンダーラ・ニッサンの販売台数は,757台(1998年),241台(1999年),242台(2000年),164台(2001年),115台(2002年),49台(2003年),10台(2004年)と年々減少していた(FOURIN編『アジア自動車産業2004/2005』206頁,同『アジア自動車産業2006』298頁,同『アジア自動車産業2011』315頁)。
(35) ガンダーラ・インダストリーズとガンダーラ・ニッサンの大株主はビボージー・サービシーズである。ビボージー・サービシーズはガンダーラ・インダストリーズの39.16%(2009年)の株式を所有し(Ghandhara Industries Ltd., *Annual Report 2009*, p. 14),ガンダーラ・ニッサンの62.32%(2009年)の株式を所有している(Ghandhara Nissan Ltd., *Annual Report 2009*, p. 48)。
(36) Khattak, Shahin Kuli Khan, *Islam and the Victorians : Nineteenth Century Perceptions of Muslim Practices and Beliefs*, I. B. Tauris & Company, 2008.

第7章
ラークサン財閥

1 ラークサン財閥とパキスタン

　1980年代以降のパキスタン財閥の特徴としていえることは，それ以前の主力産業（紡績業など）をベースに，主に消費財関係やサービス業などをメインとする財閥が登場してきたことである。本章で取り上げるラークサン財閥は，1980年代以降に発展してきた財閥であり，ラークサン財閥傘下には紡績関連の企業もあるが，洗剤や食品関係などの企業や，またパキスタン国内でマクドナルドを経営し，最近ではITやメディア関連の事業も展開している。ラークサン財閥は，パキスタンの代表的な新興財閥の1つといえるであろう。

　本章では，ラークサン財閥傘下企業について考察し，ラーカーニー（Lakhani）家と同財閥傘下企業との関係，特にラーカーニー家一族員の株式所有状況の変化などを中心に検討する。

2 ラークサン財閥の傘下企業

ラークサン財閥について

　ラークサン財閥は，1980年代以降に成長・発展してきた財閥である。ラークサン財閥を率いるラーカーニー家は，シーア派のイスマイリーに属し，ムハージル系の他のグループと共通する背景を有しているといわれている。同財閥は，ハサンアリー・カーラーバーイー（Hasanali Karabhai）が1969年に設立したラークサン・タバコ（Lakson Tobacco）をもって始まりとし，現在ラークサン財閥傘下企業の経営に深くコミットしているのが，ハサンアリーの息子たちであるスルター

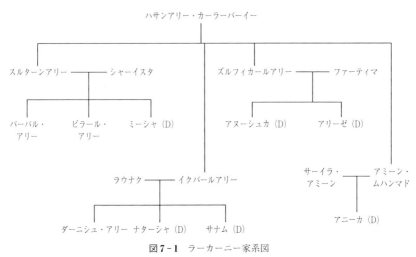

図7-1 ラーカーニー家系図

(注) 表中の (D) は娘を示す。
(出典) 家族構成にかんする質問状に対する回答 (2003年10月14日受取) より作成。

表7-1 1988年の総売上額ランキング
(単位：100万 Pak.Rs.)

順位	財閥	総売上額
1	ラークサン	3,890
2	クレセント	3,858
3	ハビーブ	3,110
4	ダーウード	2,459
5	サヘガル	2,144
6	ワズィール・アリー	1,883
7	ディーワン	1,551
8	バーワニー	1,370
9	サフィール	1,351
10	ニシャート	1,318

(出典) 山中一郎「産業資本家層――歴代政権との対応を中心として」山中一郎編『パキスタンにおける政治と権力――統治エリートについての考察』(アジア経済研究所, 1992年) 327頁より抜粋し作成。

ンアリー・ラーカーニー (Sultanali Lakhani), イクバールアリー・ラーカーニー (Iqbalali Lakhani), ズルフィカールアリー・ラーカーニー (Zulfiqarali Lakhani), アミーン・ムハンマド・ラーカーニー (Amin Mohammed Lakhani) の4人兄弟である (図7-1)。

　ラークサン財閥は, 石鹸・洗剤・歯磨き粉・タバコ・食品などの製造および販売, また外食産業やメディアなどを中心に事業を展開してきた。表7-1は1980年代後半のパキスタン財閥の売上額ランキングである。表7-1にあるように, 1988年の売上額がもっとも多かったのはラークサン財閥であり, また同時期, ラークサンは「タバコ・キング」と呼ばれていた。

　ラークサン財閥の特徴は, 主要な傘下企

業がアメリカを中心とする外資系企業との合弁あるいは技術提携を積極的に行っている点である。例えばラークサン・タバコとプレミア・タバコ（Premier Tobacco）は米フィリップモリス・インターナショナル（Philip Morris International）と，コルゲート・パルモリーブ・パキスタン（Colgate-Palmolive (Pakistan) Ltd.）はコルゲート・パルモリーブ（Colgate Palmolive）と，シーザー・フーズ（Siza Foods〔Pvt.〕）はマクドナルド（McDonald's Corporation）と，クローバー・パキスタン（Clover Pakistan）はクラフト・フーズ（Kraft Foods）と，という具合に積極的に外資と関係を持っている。

　ラークサンは1980年代以降，外資系企業の持つ資金力と技術力，それに加え潜在的なブランド力などをフルに活用し事業を展開している。著者は，以前に「支配的資本の鼎構造」(3)という概念からパキスタンの産業界について，「近年，パキスタンへいくつかの多国籍企業が進出しているが産業別にみた場合，それはかなり限定された分野であり，外資の役割はいまだそれ程大きくない。しかし今後，政情の安定化にともなって外資の進出が活発になり，その業種が拡大していけば『支配的資本の鼎構造』が確立されていくと思われる」(4)と述べたことがある。1980年代以降いくつかのパキスタン財閥は，外資と積極的な提携関係を築いており，ラークサン財閥はその典型的な例といえるであろう。

　しかし，外資との関係のみがラークサンを現在の地位にしたのではない。パキスタン特有の同族性，帰属性なども大きく影響している。特に，ラークサンの場合イスマーイールに属しているため，それに属する他の財閥あるいは企業家から人脈，資金面において援助を受けてきたと思われる。いくら外資の強力なバックアップがあっても，また外資との関係がいくら良好であっても，パキスタン社会では横（人的）の関係を持っていなければラークサンも現在のような活躍はなかったであろう。

ラークサン財閥の傘下企業について
　表7-2は，ラークサン財閥傘下企業の一覧を表したものである。同財閥傘下企業の特徴を3つあげることができる。第1が，先にも触れたように主要傘下企業のほとんどが外資と技術提携を行っているか，あるいは合弁によって設立されていること。第2が，主要傘下企業が食品や嗜好的な商品の製造および

表7-2 ラークサン財閥の傘下企業（2013年）

レストラン	マクドナルド・パキスタン（シーザー・フーズ）
メディア・出版	センチュリー・パブリケーション サテライト・ブロードキャスティング ザ・エクスプレス・トリビューン
金融	センチュリー・インシュアランス ラークサン・インベストメント
旅行	プリンストン・トラベルズ
製造など	コルゲート・パルモリーブ・パキスタン クローバー・パキスタン テトリー・クローバー タイタン センチュリー・ペーパー＆ボード メリット・パッケージング トリテックス・コットン アーキュライ・サージカルズ
IT	サイバーネット・インターネット・サービシーズ ラークサン・ビジネス・ソリューションズ ICE アニメーションズ サイバード
その他	シーザー シーザー・サービシーズ シーザー・コモディティーズ プレミア・ファッション ハサンアリー・カーラーバーイー財団

（出典）Lakson Group of Companies, Group Profile（パワーポイント資料，2013年5月26日閲覧），Lakson Group（http://www.lakson.com.pk/，2013年5月31日閲覧）などより作成。また作成にあたり Lakson Group of Companies, *Group Profile* (*Updated to June, 2002*) および各社 *Annual Report* なども参考にした。

販売をメインとしていること。第3は，この点はパキスタンに存在するいくつかの財閥に共通するが，投資会社的あるいは持株会社的な会社がプライベート・カンパニー（非公開会社）という形態をとり，財閥傘下にいくつか存在するということである。

　ここで簡単ではあるが，ラークサン財閥主要傘下企業について触れておきたい。アーキュライ・サージカルズ（Accuray Surgicals Ltd.）は1981年に生産を開始し，パンジャーブ州のシアルコットに工場を有している。シアルコットは，

第7章　ラークサン財閥

手術用のメスなどを含む医療器具やスポーツ用品（特に，サッカーボールの製造は世界的にも有名でサッカーワールドカップでも公式に使用されている）などの製造で有名な都市であり，パキスタンでも有数の輸出工業都市である。同市がこのような先進的な産業集積都市として発展したのは，主要都市を結ぶ交通の要所としてムガール帝国時代から栄え，王室に刀剣などをおさめていた鍛冶屋などがあったことが背景としてある。

　また，シアルコットが医療器具などを製造する拠点となったのは，それほど古くなく19世紀後半ごろである。同市にパキスタンの人々のための医療機関を，アメリカのキリスト教団体が設立した。その病院で使用していた医療器具の修理などをシアルコットの鍛冶職人が引き受けることになった。また第2次大戦が始まり，手術用の器具などを中心に医療器具の需要が高まり，その結果シアルコットのそれら産業は発展を遂げることになった。

　シアルコットのスポーツ用品産業は，1800年代後半ごろから始まった。同市に存在した皮革製品の製造業者は乗馬用具を製造し，その後イギリス軍（人）との関係からクリケット用具，テニス，サッカーなどの用具を製造するようになった。このように皮革製品ならびにスポーツ用品が同市で産業化したのは，シアルコットにそれらを製造するために必要となる原材料が存在したことや，先にみた技術力の高い鍛冶屋などの存在もその要因といえるであろう。(5)

　アーキュライ・サージカルズに話を戻すが，同社は手術用具などの医療器具の製造および販売を行っている。同社の製品は性能が高く，米国食品医薬品局（FDA）でも承認され，海外へも輸出している。(6)現在では，同社の持つ精巧な技術力を活かし，つめ先などを手入れするためのマニキュア用品，電子ペンチなどの製造も行っている。次に，センチュリー・インシュアランス（Century Insurance Co. Ltd.）は，1985年に設立された。(7)同社は，海上・火災・自動車などの保険業務を主に取り扱っている。

　センチュリー・ペーパー＆ボード（Century Paper & Board Mills Ltd.）は，製紙（段ボール紙も含む）および紙製品の販売を目的に1984年に設立された。(8)同社は，本社をビジネスの中心地カラーチーにおき，セールスの拠点となる事務所をカラーチーとラーホールにおいている。また，同社は電力の安定供給を目的に，電力会社センチュリー・パワー・ジェネレーション（Century Power Generation Ltd.)を子会社として1994年に設立した。センチュリー・パワーは非上場会社であり，センチュリー・ペーパーが同社の株式の86.96％を所有していた。[9] その後，同社は，2005年にセンチュリー・ペーパー＆ボードに合併され現在に至っている。

　クローバー・パキスタンは1986年に設立され[10]，主に菓子製品の製造および販売を行う食品メーカーである。同社は，1988年にクラフト・フーズとライセンス契約を結び[11]，菓子製品（クッキー，チョコレートなど），チーズ製品や飲料などをパキスタン国内で販売している。次に，コルゲート・パルモリーブ・パキスタンは，1977年にナショナル・デタージェント（National Detergents Ltd.）という社名で設立された[12]。同社も先に述べたクローバー・パキスタンと同様に，多国籍企業と緊密な関係にある。コルゲート・パルモリーブ・パキスタンは，米国コルゲート・パルモリーブとパートナーシップ関係にある。同社は，1984年にコルゲート・パルモリーブとライセンス契約を結び，1990年には米国側が30％の株式を取得し，社名をコルゲート・パルモリーブ・パキスタンに変更し現在に至っている。現在，同社はコルゲートブランドの製品などを取り扱っている。

　トリテックス・コットン（Tritex Cotton Mills Ltd.）は，その名のとおり紡績工場として1987年に設立された[13]。同工場の設備は日本から輸入し[14]，パキスタン国内でも最新鋭の設備であった。同社の製品は，パキスタン国内はもちろんのこと，日本を含む東アジア地域やスリランカなどの海外へも輸出されている。

　ラークサン財閥は，カラーチーやラーホールなどの主要都市を中心にマクドナルドの店舗を経営している[15]。同財閥内においてマクドナルドの経営を担当しているのはシーザー・フーズである。米国マクドナルドは，ラークサン財閥とパートナーシップを結ぶにあたり，パキスタン国内で25から30程度のパートナー候補とインタビューを行った。その結果，マクドナルドはラークサンとパートナーシップを結んだ。マクドナルドは，アラブ首長国連邦ドバイのオフィスをつうじて，ラークサンのマクドナルドのレストランチェーン展開をサポートしている[16]。

　マクドナルドがラークサン財閥とパートナーシップを結んだ理由は，次の2点に集約される[17]。第1に先ほど述べたが，ラークサン財閥は，コルゲート・パ

ルモリーブやクラフト・フーズなどの企業との関係が深く，長年にわたり外資系企業との関係が良好であること。現在の世界情勢から，イスラーム諸国へアメリカ系企業が進出するには，それなりのリスクをともなうと思われる。マクドナルドもパキスタンでのリスクを考え，それまでパキスタン国内で外資系企業と関係があり，あるいはその経験を有する企業をパートナーに選定したということであろう。第2に，ラークサンの経営を取り仕切るラーカーニー4人兄弟がスタンフォード大学やカリフォルニア大学バークレー校などで学び，高い学歴を有していることである（〈ラーカーニー家の主要一族員の学歴〉を参照）。主にこれらの点がマクドナルドに評価され，ラークサンはパキスタン国内でのマクドナルドの経営権をえることとなった。

　最後に，ラークサン・タバコについて述べたい。ラークサン・タバコは，ラークサンが最初に設立した企業である。同社は1969年に設立され[18]，古参ということもあり同財閥内における同社の存在はかなり大きかった。しかし，表7-2からも明らかなように，現在同社はラークサン財閥の傘下企業ではない。フィリップモリス・インターナショナル（Philip Morris International Inc.）が2007年1月19日に発表した「ニュースリリース」によれば，フィリップモリス・インターナショナルがラークサン・タバコの株式を50.21％取得したとある。フィリップモリス・インターナショナルが以前から所有していた株式を足すと70％以上の株式を所有することになり，他のフィリップモリス関連企業の所有分も合わせると95％以上となる[19]。

　また，ラークサン・タバコの役員構成にも変化がみられ，2006年までは役員にチェアマン&CEOのイクバールアリーをはじめダイレクターにズルフィカールアリーとアミーン・ムハンマドらが名を連ねていたが，2007年以降はイクバールアリーのみがアドバイザーとして残っている。しかし，そのイクバールアリーも2010年以降はアドバイザーを辞し，ラーカーニー家一族員は，完全にラークサン・タバコの経営から手を引いている。ラークサン・タバコは，パキスタンでも2番目に大きなタバコメーカーであり，フィリップモリス・インターナショナルは同社を傘下におさめることにより，直接パキスタンのタバコ市場へ参入する機会を得，2011年より社名もフィリップモリス・パキスタン（Philip Morris (Pakistan) Ltd.）に変更し現在に至っている。

なぜ，ラークサン財閥は同財閥で中軸企業のラークサン・タバコをフィリップモリス・インターナショナルへ売却したのか。その理由は，現在発表されている資料などからだけでは詳しく知ることはできない。しかし，フィリップモリス・インターナショナルが発表した「ニュースリリース」にラーカーニー家のイクバールアリーの以下のようなコメントが掲載されており，大きな問題もなくラークサン・タバコがフィリップモリス・インターナショナルの傘下に入ったことを知ることができる。

　ラークサン・タバコのチェアマン＆チーフエグゼクティブのイクバールアリー・ラーカーニーは，「これは，株主や従業員を含むステークホルダーにとって素晴らしいものである」と述べた。[20]

　以上，簡単ではあるが，ラークサン財閥傘下企業をみてきた。傘下企業の特徴としていえることは，既述したが主要企業のほとんどが嗜好品を含む消費財の製造および販売を中心に企業活動を展開していることである。その代表がクローバー・パキスタン，コルゲート・パルモリーブ・パキスタン，マクドナルドなどである。同財閥の製造業関連傘下企業のいくつかがパキスタン国内で単独で消費財の製造・販売を行っているわけではなく，ブランド力・技術力・資金力などを持つ外資系企業と合弁あるいは技術提携を行う形で事業を展開している。この点は，アトラス財閥とも共通するところであり，グローバル化の波がパキスタンへも押し寄せてきていることのあらわれといえるであろう。

3　ラーカーニー家とラークサン財閥傘下企業の関係

ラーカーニー家一族員の傘下企業への役員就任状況について

　本節では，ラーカーニー家の傘下企業の株式所有状況と傘下企業への役員就任状況を考察し，ラーカーニー家とラークサン財閥傘下企業の関係を検討する。結論を先に述べると，同財閥傘下企業の経営は，ラーカーニー家が中心となり行っている。

　ラーカーニー家とラークサン財閥傘下企業の関係を役員就任という観点から

みた場合，どのようなことがいえるのだろうか。結論から述べると，ラーカーニー家一族員がほとんどの傘下企業の役員に就任し，傘下企業の経営は彼らが中心となり行われているということである。そのことを示すのが表7－3の「ラーカーニー家一族員の役員兼任状況」である。同表は，2002年・2003年と2011年時点の同財閥主要傘下企業の役員への就任状況ならびに一族員の役員の兼任状況を示したものである。同表からも明らかなように，どちらの時点でもラークサンの主要傘下企業には，ラーカーニー4人兄弟の誰かが役員として入っている。

　最初に，2002年・2003年を確認する。特に，次男のイクバールアリー・ラーカーニーは，センチュリー・インシュアランス，メリット・パッケージング，ラークサン・タバコ，センチュリー・ペーパーなど主要企業8社のチェアマン（そのうちの2社はCEOを兼任）という要職にある。同表が示すとおり，ラークサンの主要企業の経営にかんする意思決定にかんしては，イクバールアリーが多大な影響力を持つと思われ，ラークサン財閥のキーパーソンとして活躍している。また，三男のズルフィカールアリーは，センチュリー・インシュアランスのダイレクターやコルゲート・パルモリーブ・パキスタンのCEOなど7社の要職にある。四男アミーン・ムハンマドも同じく，トリテックス・コットンのCEO，そしてコルゲート・パルモリーブ・パキスタンなど数社のダイレクターなど，主要企業8社の要職にある。

　最後に，長男スルターンアリーについてである。彼は，主要傘下企業8社のアドバイザーという地位にあり，経営の一線から退いた形になっている。ラーカーニー兄弟の中でも年長者であるスルターンアリーは，高所から客観的な立場にたち傘下企業の経営にかかわっている。しかし，表7－2の傘下企業一覧の「その他」にあるように，持株会社的あるいは投資会社的な企業がいくつか存在する。ここではそれらを総称して「プライベート・カンパニー」とするが，それらの企業は事業内容などを特に公表する義務はない。後でも述べるが，「プライベート・カンパニー」は同財閥にとって「所有」という観点から重要な役割を果たしている。現時点で断定的なことはいえないが，スルターンアリーは「プライベート・カンパニー」の要職を兼任していると思われる。もちろん，それらの「プライベート・カンパニー」へスルターンアリー以外の兄弟

も役員に就任していることも考えられる。

　次に，表7－3の2011年をみたい。先に確認をした2002年・2003年と大きく変わることはなく，ラーカーニー兄弟が主要傘下企業の役員に就任していることがわかる。約10年間，ラーカーニー兄弟が主要傘下企業の役員に就任し，彼ら兄弟が中心となっていたことが同表からわかる。また，4人兄弟それぞれの役職（スルターンアリー：アドバイザーが中心，イクバールアリー：主にチェアマン，ズルフィカールアリーとアミーン・ムハンマド：主に CEO とダイレクター）もこの10年間，若干の変化はあるもののその傾向はほとんど変わっていないことも同表からわかる。

　このようにラークサン財閥傘下企業の経営は，ラーカーニー4人兄弟によりなされている。もちろんラークサンのように特定の一族が傘下企業の経営を担っているケースは，パキスタンでは決して珍しいことではない。本書でみてきたように，ハビーブ財閥ではハビーブ家が，ダーウード財閥についてはダーウード家が，アトラス財閥についてはシラーズィー家が，という具合に一族が傘下企業の主要な役員ポストに就き，傘下企業の経営に大きくコミットしている。

　〈ラーカーニー家の主要一族員の学歴〉は，ラーカーニー4人兄弟の学歴を示したものである。長男のスルターンアリー以外は，アメリカの大学あるいは大学院で学び MBA などをえている者もいる。彼ら4人兄弟は国際的なビジネス感覚を持ち，グローバルな観点から企業経営の判断を行える経営者といえるであろう。ちなみに近年，パキスタンの財閥一族の2世や3世は高学歴志向で，多くがアメリカやイギリスなどの大学あるいは大学院で学んでいる。G.F. パパネックがパキスタンのムスリム産業企業家の学歴について実施した調査[22]（1958年）によれば，調査当時の企業家の多くは初等・中等レベルあるいはそれ以下の教育しか受けていなかったことがわかっている。G.F. パパネックの調査と現在の状況を比べたならば，財閥内において高学歴志向が強まっているといえるであろう。

〈ラーカーニー家の主要一族員の学歴〉[23]
スルターンアリー・ラーカーニー：カラーチー大学（パキスタン）

第7章　ラークサン財閥

表7-3　ラーカーニー家一族員の役員兼任状況

名　前	企業名（役職）（2002年・2003年）	企業名（役職）（2011年）
スルターンアリー	センチュリー・インシュアランス（アドバイザー） センチュリー・ペーパー＆ボード（アドバイザー） センチュリー・パワー・ジェネレーション（アドバイザー） クローバー・パキスタン（アドバイザー） コルゲート・パルモリーブ・パキスタン（アドバイザー） メリット・パッケージング（アドバイザー） トリテックス・コットン（アドバイザー） ラークサン・タバコ（アドバイザー）	センチュリー・インシュアランス（アドバイザー） センチュリー・ペーパー＆ボード（アドバイザー） クローバー・パキスタン（アドバイザー） コルゲート・パルモリーブ・パキスタン（アドバイザー） メリット・パッケージング（アドバイザー） センチュリー・パブリケーション（CEO） デイリー・エクスプレス＆エクスプレス・ニュース・チャンネル（編集主任）
イクバールアリー	センチュリー・インシュアランス（チェアマン＆CEO） センチュリー・ペーパー＆ボード（チェアマン） センチュリー・パワー・ジェネレーション（チェアマン） クローバー・パキスタン（チェアマン） コルゲート・パルモリーブ・パキスタン（チェアマン） メリット・パッケージング（チェアマン） トリテックス・コットン（チェアマン） ラークサン・タバコ（チェアマン＆CEO）	センチュリー・インシュアランス（チェアマン） センチュリー・ペーパー＆ボード（チェアマン） クローバー・パキスタン（チェアマン） コルゲート・パルモリーブ・パキスタン（チェアマン） メリット・パッケージング（チェアマン） ラークサン・インベストメント（チェアマン） サイバーネット・インターネット・サービシーズ（CEO）
ズルフィカールアリー	センチュリー・インシュアランス（ダイレクター） センチュリー・ペーパー＆ボード（ダイレクター） センチュリー・パワー・ジェネレーション（ダイレクター） クローバー・パキスタン（CEO） コルゲート・パルモリーブ・パキスタン（CEO） メリット・パッケージング（ダイレクター） トリテックス・コットン（ダイレクター）	センチュリー・インシュアランス（ダイレクター） センチュリー・ペーパー＆ボード（ダイレクター） クローバー・パキスタン（CEO） コルゲート・パルモリーブ・パキスタン（CEO） メリット・パッケージング（ダイレクター） テトリー・クローバー（CEO）
	センチュリー・インシュアランス（ダイレクター）	センチュリー・インシュアランス（ダイレクター）

アミーン・ムハンマド	センチュリー・ペーパー&ボード（ダイレクター） センチュリー・パワー・ジェネレーション（ダイレクター） クローバー・パキスタン（ダイレクター） コルゲート・パルモリーブ・パキスタン（ダイレクター） メリット・パッケージング（ダイレクター） トリテックス・コットン（CEO） ラークサン・タバコ（ダイレクター）	センチュリー・ペーパー&ボード（ダイレクター） クローバー・パキスタン（ダイレクター） コルゲート・パルモリーブ・パキスタン（ダイレクター） メリット・パッケージング（ダイレクター） アーキュライ・サージカルズ（CEO） マクドナルド・パキスタン（CEO）
バーバル・アリー		ラークサン・インベストメント（CEO）

（注）2002年・2003年について：センチュリー・インシュアランスのみ2003年，それ以外は2002年のデータである。
（出典）Century Insurance Co. Ltd., *Annual Report 2003, 2011*, Century Paper & Board Mills Ltd., *Annual Report 2002, 2011*, Century Power Generation Ltd., *Annual Report 2002* (Century Paper & Board Mills Ltd., *Annual Report 2002*, p. 86), Clover Pakistan Ltd., *Annual Report 2002, 2011*, Colgate-Palmolive (Pakistan) Ltd., *Annual Report 2002, 2011*, Merit Packaging Ltd., *Annual Report 2002, 2011*, Lakson Investments Ltd., *Annual Report 2011*, Tritex Cotton Mills Ltd., *Annual Report 2002*, Lakson Tobacco Co. Ltd., *Annual Report 2002* の Company Information および Lakson Group of Companies, *Group Profile*（パワーポイント資料, 2011年7月23日閲覧）より作成。

イクバールアリー・ラーカーニー：カリフォルニア大学バークレー校 BBA（アメリカ）
ズルフィカールアリー・ラーカーニー：ペンシルバニア大学ウォートン・スクール MBA（アメリカ）
　　　　　　　　　　　　　　　　　スタンフォード大学 BS, MS（アメリカ）
アミーン・ムハンマド・ラーカーニー：ペンシルバニア大学ウォートン・スクール MBA（アメリカ）
　　　　　　　　　　　　　　　　　スタンフォード大学 BS（アメリカ）

ラーカーニー家の株式所有状況について

　図7-2は，2002年時点でのラークサン財閥傘下企業の株式所有関係を示したものである。同図からも明らかなように，ラークサン財閥傘下企業の株式所有関係において重要な役割を果たしているのはラーカーニー家である。また，

第**7**章 ラークサン財閥

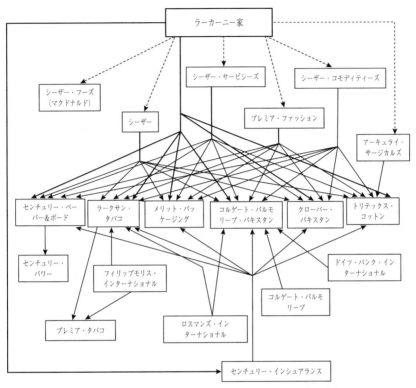

図7-2 ラークサン財閥の株式所有にかんする関係図（2002年）
(注) 点線（---）矢印は，著者の推測である。
(出典) Century Paper & Board Mills Ltd., *Annual Report 2002*, p. 31, 53, Tritex Cotton Mills Ltd., *Annual Report 2002*, p. 30, Colgate-Palmolive (Pakistan) Ltd., *Annual Report 2002*, p. 37, Merit Packaging Ltd., *Annual Report 2002*, p. 33, Lakson Tobacco Co. Ltd., *Annual Report 2002*, p. 19, 36, Clover Pakistan Ltd., *Annual Report 2002*, p. 38 などより作成。

ラーカーニー家の次に重要な役割を果たしているのが，同家が株式を100％所有していると思われるシーザー（Siza〔Pvt.〕Co.）やシーザー・サービシーズ（Siza Services〔Pvt.〕Co.）などの「プライベート・カンパニー」である。先にも触れたが，「プライベート・カンパニー」は事業内容などについて特に公表する義務はない。そのため「プライベート・カンパニー」のラークサン財閥内における役割や財閥一族との関係などについて詳しく知ることはできない。しかし，「プライベート・カンパニー」にかんし図7-2からいえることは，「プライベート・カンパニー」もまたラーカーニー家同様にほとんどの傘下企業の

217

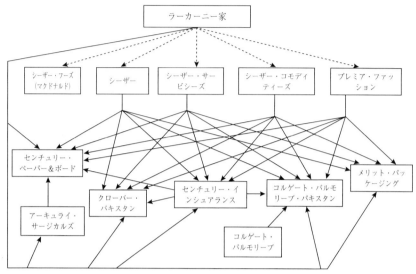

図7-3 ラークサン財閥の株式所有にかんする関係図（2010年）

(注) 同図は2012年12月までに確認した資料をもとに作成した。矢印先は株式の所有先を示す。またラーカーニー家からでる点線（---）矢印は著者の推測である。
(出典) Century Paper & Board Mills Ltd., *Annual Report 2010*, Clover Pakistan Ltd., *Annual Report 2010*, Century Insurance Ltd., *Annual Report 2010*, Colgate-Palmolive (Pakistan) Ltd., *Annual Report 2010*, Merit Packaging Ltd., *Annual Report 2010* の Pattern of Shareholding より作成。

株式を所有しているということである。

　上述した「プライベート・カンパニー」は，あくまでも傘下企業の株式所有をメインとした存在だと思われ，どちらかといえば，持株会社的な役割を果たしていると思われる。「プライベート・カンパニー」の同財閥内における存在意義は，現時点では詳細について知りえないため断定することはできない。第8章で検討するが，ここでは次の点を指摘しておきたい。「プライベート・カンパニー」は，ラーカーニー家と傘下企業を結ぶ橋渡し的な存在であり，ラーカーニー家が直接すべての傘下企業の株式を所有するのではなく，リスク分散を図るため「プライベート・カンパニー」をとおして間接的に株式を所有するというような機能を果たしていると思われる。また，一族の資産を問題なく次世代へ継承するための機能を果たしているとも思われる。

　次に，図7-3は2010年の同財閥主要傘下企業の株式所有関係を示したものである。ラーカーニー家が主要傘下企業の株式を所有し，それに加え「プライ

第7章　ラークサン財閥

表7-4　センチュリー・インシュアランス：ラーカーニー家と傘下企業の株式所有割合

(単位：%)

	2003年	2004年	2005年	2006年	2007年	2008年	2009年	2010年	2011年	2012年
シーザー	10.156	10.156	10.156	10.156	10.156	14.230	14.230	14.230	14.230	14.230
シーザー・サービシーズ	3.578	3.578	3.578	3.578	23.236	23.564	23.564	23.564	23.564	23.564
シーザー・コモディティーズ	3.877	3.877	3.877	3.877	9.881	9.881	9.881	9.881	9.881	9.927
プレミア・ファッション	3.541	3.541	3.541	3.526	28.957	28.957	28.957	28.957	28.957	28.957
傘下企業合計	21.153	21.153	21.153	21.139	72.232	76.634	76.634	76.634	76.634	76.679
イクバールアリー	9.698	9.698	9.698	9.698	0.002	0.002	0.002	0.002	0.002	0.002
ズルフィカールアリー	9.158	9.158	9.158	9.158	0.002	0.002	0.002	0.002	0.002	0.002
アミーン・ムハンマド	9.158	9.158	9.158	9.158	0.003	0.003	0.003	0.003	0.003	0.003
ラウナク・イクバル	3.531	3.531	3.531	3.531	0.0008	0.0008	0.0008	0.0008	0.0008	0.0008
ファーティマ・ザルフィカール	3.525	3.525	3.525	3.525	0.0004	0.0004	0.0004	0.0004	0.0004	0.0004
サーイラ・アミーン・ムハンマド	3.07	3.07	3.07	3.07	0.0006	0.0006	0.0006	0.0006	0.0006	0.0006
グルバーノー・ラーカーニ	—	—	—	—	—	—	0.001	0.001	0.001	0.001
スルターンアリー	—	—	—	—	—	—	0.001	0.001	0.001	0.001
シャーイスタ・スルターンアリー	—	—	—	—	—	—	0.0008	0.0008	0.0008	0.0008
バーバル・アリー	—	—	—	—	—	—	0.002	0.002	0.002	0.003
ビラール・アリー	—	—	—	—	—	—	0.0007	0.0007	0.0007	0.0007
ダーニシュ・アリー	—	—	—	—	—	—	0.002	0.002	0.002	0.002
サナム・イクバル	—	—	—	—	—	—	0.0009	0.0009	0.0009	0.0009
ミーシャ	—	—	—	—	—	—	0.001	0.001	0.001	—
アヌーシュカ・ズルフィカールアリー	—	—	—	—	—	—	0.001	0.001	0.001	0.001
アニーカ・アミーン・ムハンマド	—	—	—	—	—	—	0.001	0.001	0.001	0.001
一族合計	38.141	38.141	38.141	38.141	0.009	0.009	0.022	0.022	0.022	0.022
傘下企業と一族合計	59.295	59.295	59.295	59.280	72.242	76.644	76.656	76.656	76.656	76.702

(注) 各「合計」については，各株式所有数を足した合計を株式総数で除し100倍したため「合計」が必ずしも一致しない場合がある。
(出典) Century Insurance Co. Ltd., *Annual Report 2003〜2012* の Pattern of Shareholding より作成。

ベート・カンパニー」もまたほとんどの主要傘下企業の株式を所有していることが同図からわかる。図7-2と比較すると，その傾向はほとんど変わっていない。

　図7-2ならびに図7-3の株式所有関係を詳細にみたのが，表7-4から表7-6である。紙幅の関係上，センチュリー・ペーパー&ボード，メリット・パッケージングとトリテックス・コットンについては表を省いた。省いたそれら企業のラーカーニー家と傘下企業の株式所有割合は，表7-4〜6にあげた傘下企業と同じような傾向を示している。

表7-5　クローバー・パキスタン：ラーカーニー家と傘下企業の株式所有割合

(単位：%)

	2002年	2003年	2004年	2005年	2006年	2007年	2008年	2009年	2010年	2011年	2012年
シーザー	19.564		19.564		19.564	19.564	19.564	23.57	23.57	23.57	23.57
シーザー・サービシーズ	9.266		2.92		2.92	13.41	25.559	25.559	25.559	25.559	25.559
シーザー・コモディティーズ	15.876		0.492		0.494	0.51	17.425	21.111	21.111	21.111	21.111
プレミア・ファッション	16.189		7.215		7.215	9.531	23.613	23.613	23.613	23.613	23.613
センチュリー・インシュアランス	0.705		0.705		0.705	0.705	0.705	0.705	0.705	0.705	0.705
傘下企業合計	61.602		30.897		30.9	43.72	86.867	94.559	94.559	94.559	94.559
イクバールアリー	4.2		4.2		4.2	0.018	0.018	0.018	0.018	0.018	0.018
ズルフィカールアリー	3.794		3.794		3.794	0.076	0.076	0.076	0.076	0.076	0.076
アミーン・ムハンマド	3.948		3.948		3.948	2.849	0.01	0.01	0.01	0.01	0.01
ラウナク・イクバル	1.397		1.397		1.397	0.002	0.002	0.002	0.002	0.002	0.002
ファーティマ・ザルフィカール	4.289		4.289		4.289	0.001	0.001	0.001	0.001	0.001	0.001
サーイラ・アミーン・ムハンマド	0.917		0.917		0.917	0.002	0.002	0.002	0.002	0.002	0.002
グルバーノー	—		—		—	—	—	—	0.006	0.006	0.006
スルターンアリー	—		—		—	—	—	—	0.004	0.004	0.004
シャーイスタ・スルターンアリー	—		—		—	—	—	—	0.002	0.002	0.002
バーバル・アリー	—		—		—	—	—	—	0.005	0.019	0.026
ビラール・アリー	—		—		—	—	—	—	0.002	0.002	0.002
ダーニシュ・アリー	—		—		—	—	—	—	0.001	0.001	0.001
サナム・イクバール	—		—		—	—	—	—	0.01	0.01	0.01
アニーカ・アミーン・ムハンマド	—		—		—	—	—	—	0.009	0.009	0.009
アヌーシュカ・ズルフィカールアリー	—		—		—	—	—	—	0.009	0.009	0.009
ナターシャ	—		—		—	—	—	—	0.009	0.009	0.009
一族合計	18.548		18.548		18.548	2.881	0.0428	0.042	0.157	0.172	0.178
傘下企業と一族合計	80.151		49.446		49.448	46.602	96.91	94.602	94.717	94.731	94.738

(注)　各「合計」については表7-4と同様。
(出典)　Clover Pakistan Ltd., *Annual Report 2002, 2004*（著者所有の PDF), *2006〜2012* の Pattern of Shareholding より作成。

　図7-2（2002年）と図7-3（2010年）を比較すると，先にも述べたように，株式の所有関係はそれほど変わっていない。しかし，それら2つの図に表7-4〜6を照らし合わせてみると，この10年間でそれぞれの株式所有者の株式所有割合に変化を確認することができる。それは次の2点である。1つは，主な傘下企業とも「プライベート・カンパニー」に所有されている株式の割合が増加傾向にあること。例えば，以下のとおりである。

第7章　ラークサン財閥

表7-6 コルゲート・パルモリーブ・パキスタン：ラーカーニー家と傘下企業の株式所有割合

(単位：%)

	2002年	2003年	2004年	2005年	2006年	2007年	2008年	2009年	2010年	2011年	2012年
シーザー	7.845	7.845		7.845	7.845	7.845	7.845	7.845	7.845	7.845	17.38
シーザー・サービシーズ	6.555	6.555		6.555	6.555	20.784	28.241	28.241	28.241	28.241	25.28
シーザー・コモディティーズ	4.88	4.88		4.88	4.88	4.88	9.239	9.239	9.239	9.239	6.664
プレミア・ファッション	1.665	1.669		1.669	1.669	7.665	16.18	16.18	16.18	16.18	12.18
センチュリー・インシュアランス	0.036	0.036		0.036	0.036	0.036	0.036	0.036	0.036	0.036	0.036
傘下企業合計	20.984	20.988		20.988	20.988	41.212	61.542	61.542	61.542	61.542	61.542
コルゲート・パルモリーブ (USA)	29.999	29.999		29.999	29.999	29.999	29.999	29.999	29.999	29.999	29.999
ドイツ・バンク・インターナショナル	20.236	20.236		20.236	20.236	20.236	—	—	—	—	—
パートナー企業の合計	50.236	50.236		50.236	50.236	50.236	29.999	29.999	29.999	29.999	29.999
イクバールアリー	3.798	3.798		3.798	3.798	0.011	0.011	0.011	0.011	0.011	0.011
ズルフィカールアリー	2.674	2.674		2.674	2.674	0.003	0.003	0.003	0.003	0.003	0.003
アミーン・ムハンマド	2.261	2.261		2.261	2.261	0.01	0.01	0.01	0.01	0.01	0.01
ラウナク・イクバル	3.887	3.887		3.887	3.887	1.075	1.075	1.075	0.762	0.762	0.762
ファーティマ・ザルフィカール	3.294	3.294		3.294	3.294	0.0006	0.0006	0.0006	0.0006	0.0006	0.0006
サーイラ・アミーン・ムハンマド	1.58	1.58		1.58	1.58	0.001	0.001	0.001	0.001	0.001	0.001
グルバーノー	—	—		—	—	—	—	—	5.242	5.242	5.242
スルターンアリー	—	—		—	—	—	—	—	0.001	0.001	0.113
シャーイスタ・スルターンアリー	—	—		—	—	—	—	—	0.001	0.001	0.001
バーバル・アリー	—	—		—	—	—	—	—	0.001	0.005	0.006
ビラール・アリー	—	—		—	—	—	—	—	0.001	0.001	0.001
ダーニシュ・アリー	—	—		—	—	—	—	—	0.0004	0.001	0.002
サナム・イクバール	—	—		—	—	—	—	—	0.001	0.001	0.001
ナターシャ	—	—		—	—	—	—	—	0.0004	0.0003	0.0003
アヌーシュカ・ズルフィカールアリー	—	—		—	—	—	—	—	0.0009	0.0009	0.0009
アニーカ・アミーン・ムハンマド	—	—		—	—	—	—	—	0.001	0.001	0.001
一族合計	17.496	17.496		17.496	17.496	1.102	1.102	1.102	6.042	6.047	6.16
傘下企業と一族合計	38.48	38.484		38.484	38.484	42.314	62.645	62.645	67.585	67.589	67.703

(注) 各「合計」については表7-4と同様。「傘下企業合計」ならびに「傘下企業と一族合計」には、コルゲート・パルモリーブ (USA) とドイツ・バンク・インターナショナルの所有分は含まれていない。
(出典) Colgate-Palmolive (Pakistan) Ltd., *Annual Report 2002, 2003* (著者所有の PDF), *2005～2012* の Pattern of Shareholding より作成。

〈傘下企業 (主に「プライベート・カンパニー」) の株式所有割合の変遷〉
- センチュリー・インシュアランス：21.153% (2003年), 76.679% (2012年)
- クローバー・パキスタン：61.602% (2002年), 94.559% (2012年)
- コルゲート・パルモリーブ・パキスタン：20.984% (2002年), 61.542% (2012年)

- センチュリー・ペーパー＆ボード：38.357％（2002年），61.002％（2012年）
- メリット・パッケージング：20.008％（2002年），52.866％（2012年）

〈傘下企業（主に「プライベート・カンパニー」）の株式所有割合の変遷〉に示したように，表7-4～6の企業を含む主要傘下企業のほとんどが，「プライベート・カンパニー」に多くの株式を所有されている。なかには，クローバー・パキスタンのように，「プライベート・カンパニー」が90％以上（2009～2012年）の株式を所有している企業もある。

　2つ目は，ラーカーニー家にかんすることである。ラーカーニー家からの株主が増えていること。そして2007年頃を境にラーカーニー家の傘下企業の株式所有割合が減少傾向にあることである。株主としての同家一族員の増加は，センチュリー・インシュアランスとセンチュリー・ペーパー＆ボードが2009年から，そしてクローバー・パキスタン，コルゲート・パルモリーブ・パキスタンが2010年から始まっている。また，ラーカーニー家の傘下企業の株式所有割合の減少傾向は，以下のとおりとなっている。[25]

〈ラーカーニー家の株式所有割合の減少傾向について〉
- センチュリー・インシュアランス：2007年から減少（38.141％〔2006年〕→0.009％〔2007年〕）
- センチュリー・ペーパー＆ボード：2008年から減少（1.445％〔2007年〕→0.004％〔2008年〕）
- クローバー・パキスタン：2007年から減少（18.548％〔2006年〕→2.881％〔2007年〕）
- コルゲート・パルモリーブ・パキスタン：2007年から減少（17.496％〔2006年〕→1.102％〔2007年〕）

　上記が示すように減少幅は大きく，特にセンチュリー・インシュアランスは，約38％から0.009％となっており大幅な減少となっている。また，一族員の株式所有割合の減少傾向とは逆に，「プライベート・カンパニー」を含む傘下企業の株式所有割合が2007年あるいは2008年頃から増加傾向にある。それらを示

第7章 ラークサン財閥

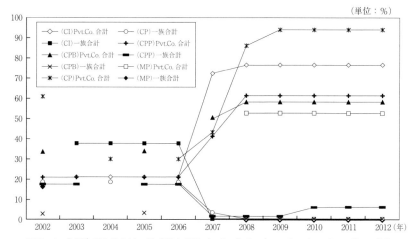

図7-4 主要傘下企業5社の株式所有状況（一族，「プライベート・カンパニー」）の変化
(注) 主要傘下企業5社はセンチュリー・インシュアランス (CI)，センチュリー・ペーパー＆ボード (CPB)，クローバー・パキスタン (CP)，コルゲート・パルモリーブ・パキスタン (CPP)，メリット・パッケージング (MP) である。
(出典) 表7-4～6の各表の出典ならびに本章の注(24)の出典と同じ。

したのが図7-4である。図7-4は，センチュリー・インシュアランス，センチュリー・ペーパー＆ボード，クローバー・パキスタン，コルゲート・パルモリーブ・パキスタン，メリット・パッケージングの5社の株主となっている「プライベート・カンパニー」とラーカーニー家（株式を所有している一族員の合計）のそれぞれの株式所有割合を示したものである。「プライベート・カンパニー」に限定したのは表7-4～6からも明らかなように，傘下企業で株式を所有しているのはほとんどが「プライベート・カンパニー」だからである。図7-4から先に述べたように，2007年頃から「プライベート・カンパニー」の所有割合が増加し，逆にラーカーニー家のそれが減少傾向にあることがはっきりと確認できる。

　ラーカーニー家の株式所有割合の減少ならびに「プライベート・カンパニー」を含む傘下企業の株式所有割合の増加傾向の理由について，現時点で明らかにすることは難しい。しかし，一般的に次のいくつかの点を考えることができる。内的要因としては，①一族の株式所有割合の減少傾向は，各傘下企業の増資などによって一族による株式所有が困難になってきたこと，②一族員の

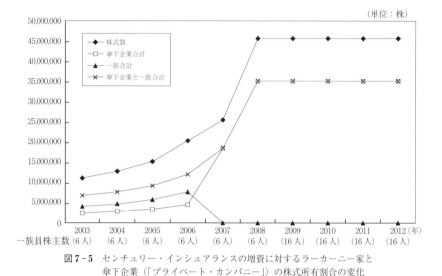

図7-5 センチュリー・インシュアランスの増資に対するラーカーニー家と傘下企業(「プライベート・カンパニー」)の株式所有割合の変化

(注) 傘下企業合計と一族合計の各内訳は表7-4を参照。
(出典) 表7-4と同じ。

増加に対する対策,③株式の組織的な所有などがあげられる。また,外的要因として所得税法の変更などが考えられる。

最初に,内的要因①について検討する。一般的に会社が事業規模を拡大させるためには資金(増資など)が必要となる。それまで会社の多くの株式を財閥一族が所有していたが,一族の資金準備能力にも限界があり,事業規模拡大にともなう増資に一族だけで資金を拠出することができず外部へ資金を求める必要に迫られる。財閥一族以外に資金を求めた場合,外部からの株主の増加,それにともない財閥一族の少数株主化をまねくおそれがある。それに加え,少数株主としての財閥一族ならびに彼らの株式所有割合の減少は,経営に対し発言力を低下させ,一族の傘下企業への支配力も低下させることにつながる可能性がある。では,今回のラークサン財閥の場合はどうだろうか。確かに上記の考えに従えば,ラーカーニー家の株式所有割合の減少傾向は資金供給源としての一族のキャパシティの限界ともみることができる。

しかし,既述のようにラーカーニー家が支配している「プライベート・カンパニー」の所有割合は増加している。図7-5は,図7-4からセンチュリー・

インシュアランスを抜き出したものである。図7-5から一族合計の減少傾向と傘下企業合計の増加傾向が同じ時期にみられることがわかる。それはセンチュリー・インシュアランスだけではなく，クローバー・パキスタンやコルゲート・パルモリーブ・パキスタンなどにもみられる。このことからラーカーニー家は，増資などに必要な資金を一族以外に求めたとは考えられず，一族の減少分を主に「プライベート・カンパニー」（他の傘下企業も含む）が引き受けたと考えることができる。よって，ラーカーニー家の資金能力によるものではないといえるであろう。図7-5から1点だけ気になることがある。それは図7-5にあるラーカーニー家からの株主数である。2008年まで6名であった同家からの株主が，2009年から16名に増えていることである。その点については，次の内的要因②と③で検討したい。

次に内的要因②について検討する。ラークサンは何度も述べているように，これまで4人兄弟が中心となり経営を行ってきた。当然彼らにも家族（息子・娘）が存在する。時間が経つにつれ彼らの家族が成長し，今後同財閥の運営ならびに傘下企業の経営にかかわる一族員が増加することが考えられる。それはすでに表7-4〜6ならびに図7-5からも確認でき，2009年，2010年頃からその傾向がみられる。これから財閥の運営ならびに各傘下企業の経営にかかわる一族員へ，4人兄弟が所有する株式を問題なく継承するための方策と考えることもできるであろう。

最後に，内的要因③について考察する。上記②とも関連するが，株式の個人所有は株式の分散をまねく恐れがある。財閥の強みは，一族が一体となり財閥の運営ならびに財閥傘下企業の経営を行うことである。各個人が多くの株式を所有している場合，次のような問題が起こった場合に財閥が分裂あるいは財閥自体が存在しなくなるおそれがある。すなわち一族員個人の不祥事や一族員間でのもめごと，また企業経営に興味がない一族員あるいは企業経営に不向きな一族員が，傘下企業の株式を一族員以外へ売却することなどである。もちろん相続により株式が分散することも十分に考えられる。よって，個人が所有する株式が一族外へ流出する事態をまねかないために「プライベート・カンパニー」を含む財閥傘下企業が組織的に株式を所有することも考えられるであろう[26]。

次に，外的要因について検討する。外的要因については所得税や相続税，贈与税にかんする法ならびに条例などの改正が考えられる。所得税については，2005年の所得税条例（Income Tax Ordinance）から，それまで「給与所得者」のみであった区分に新たに「非給与所得者」が加わった。[27] ここでは詳細な分析は省くが，高額所得者の場合，「非給与所得者」のほうが「給与所得者」よりも納税額が高い傾向にある。一族員の株式所有数の減少は，それに対応したものとも考えることもできる。また，相続税や贈与税については，それらについての規定はパキスタンには特にない（イスラーム法を除く）。よって相続税や贈与税に影響を受けたとは考えにくい。

　また，上記以外の要因として考えられるのは，「富の集中」という社会からの批判をかわすために行っているともみることができる。なぜそのようにいえるかというと，それはこれまでのパキスタンの歴史にみることができる。マフブーブル・ハクは，分離独立以降のパキスタンで，いくつかの財閥に富が集中していることを指摘した。[28] 彼の指摘はパキスタン社会で大きな反響を呼び，多くの国民が財閥の存在と影響力の大きさを知るきっかけとなった。また，1970年代の Z. A. ブットー政権が誕生するきっかけとなった選挙では，所得分配の不平等の拡大，経済力集中などが国民の関心を呼んだ。Z. A. ブットー政権は，大企業の国有化などを積極的に行い，社会主義型経済政策を推し進めていった。また，2000年代に入り，上場会社が毎年発行している「年次報告書」に株主名と持株数が掲載されるようになった。そこには多くの財閥一族員の名前と彼らの持株数が掲載されている。株主と持株数が公になることにより起こる可能性のある財閥一族に対するパキスタン国民からの批判をかわすために，今回のような措置をとっているとも思われる。これはある意味，財閥一族としてのリスク管理といえるであろう。

　以上，ラーカーニー家と傘下企業の関係を，特に株式所有状況ならびに役員就任状況を中心に検討してきた。結論は先に述べたとおり，ラークサン財閥傘下企業はラーカーニー家が中心となり事業を展開しているということである。また，ラーカーニー家一族員の役員就任状況については，大きな変化をみることはなかった。しかし，同家一族員の株式所有形態に変化を確認することができた。

4 ラーカーニー家とラークサン財閥

本章では、ラークサン財閥を取り上げ、ラーカーニー家と財閥傘下企業の関係、特に株式所有状況とラーカーニー家の役員就任状況について検討してきた。

ラークサン財閥傘下企業の特徴は、いくつかの主要傘下企業（例えばコルゲート・パルモリーブ・パキスタン、クローバー・パキスタン、マクドナルドなど）が外資と関係を持ち設立されていることである。分離独立以来、パキスタンのビジネス界は、紡績・繊維産業が中心であり、現在でもそれに変わりはない。しかし、パキスタン経済のけん引役である財閥のビジネス形態は、紡績関連の企業を傘下におきつつも、ラークサンのように消費財関係やサービス業に事業の中心をシフトさせてきている。このようなパキスタン財閥の活動の変化、またパキスタンで嗜好品を含む多くの消費財が製造・販売・消費され、またサービス業が盛んになっていることは同国の社会・経済構造の変化（所得構造（ある程度の可処分所得を有する層の誕生）の変化、労働者の就業構造[29]（農業従事から工場労働者）の変化など）をあらわしていると思う。

本章では、ラーカーニー家と傘下企業の関係を株式所有と一族員の役員就任状況を中心に検討した。一族員の傘下企業への役員就任状況をみると、傘下企業の主要な役員ポストにラーカーニー家一族員が就いていることを確認し、またそれは2000年代をつうじて大きく変わることはなかった。次に、ラーカーニー家一族員の株式所有については、大きく2つの変化を確認することができた。1つは、主な傘下企業で財閥傘下企業（特に「プライベート・カンパニー」）が株式を所有している割合が増加傾向にあることである。2つ目は、一族員からの株主が増えていること、そして一族員の傘下企業の株式所有割合が減少傾向にあることである。

ラークサン財閥だけではないが、パキスタンに存在する財閥を所有と経営の支配という観点からみたならば、次のようなことがいえる。パキスタンは、1947年に分離独立を果たした国家であり歴史の浅い国である。そのようななかにあってパキスタン経済を支えてきた多くの財閥が、チャンドラー的にいえば創業者企業、あるいは家族企業である。近年、「ファミリービジネス」や「所

有と経営」にかんし，多くの議論がなされている。特に途上国に存在する財閥は，その多くが創業者あるいは一族が中心となり企業経営が行われている。それはパキスタンでも例外ではない。パキスタンは，同族性（一族の絆など）や帰属意識（コミュニティとのつながりなど）を重んじる社会である。財閥も例外ではなく，一族としての結束意識が強く排他的である[30]。また，パキスタンには政情的，経済的，そして社会的にも不安定要素が存在する。そのなかにあって企業家は誰を頼り，誰を信じ行動するのだろうか。パキスタンの場合，その答えは明白に家族・一族であり，また各自が所属するコミュニティの成員である。もちろん，本章で取り上げたラークサン財閥も例外ではない。

注

(1) 山中一郎「産業資本家層——歴代政権との対応を中心として」山中一郎編『パキスタンにおける政治と権力——統治エリートについての考察』（アジア経済研究所，1992年）326頁。

(2) Sayeed, Asad, Special Report The New Breed, *The Herald*, June, 1990, p. 68.

(3) 末廣昭は，後発国の工業化過程において重要な役割を果たすのは「国営・公企業，国内民間大企業（財閥），多国籍企業の三者である」と述べ，そのような構造を「支配的資本の鼎構造」と呼んだ（末廣昭『キャッチアップ型工業化論——アジア経済の軌跡と展望』（名古屋大学出版会，2000年））。

(4) 川満直樹「パキスタン財閥の発展と構造——ハビーブ財閥とダーウード財閥を中心として」『経営史学』第38巻第1号（2003年）21頁。

(5) シアルコットについて書かれた邦語文献は，佐藤拓『パキスタン・ビジネス最前線——駐在員が見た実力と将来』（ジェトロ，2000年）34-47頁，平島成望「ワールドカップを支える街——シアールコート」広瀬崇子・山根聡・小田尚也編著『パキスタンを知るための60章』（明石書店，2003年），同「ユニークな輸出産業都市スィヤールコート」第18回シンポジウム パーキスターン統一テーマ「今，パキスタンの輸出が動いている——日本は何ができるか」（日本パキスタン協会，2004年11月6日），また平島報告の内容については池田照幸「今，パキスタンの輸出が動いている——日本は何ができるのか（第18回シンポジウム・パーキスターン報告）」『パーキスターン』第196号（日本パキスタン協会，2004年），黒崎卓「スィヤールコート製サッカーボールとパキスタン経済」『パーキスターン』第252号（日本パキスタン協会，2014年）などがあるのでそれらを参照のこと。また，2009年（平成21年）には関西へシアルコットから6つの企業が来日し商談会（2009年6月25日，26日，主催：パキスタン領事館大阪，共催：大阪商工会議所，〔財〕大阪国際経済振

興センター）を開催している。
(6) Lakson Group of Companies, *Group Profile* (*Updated to June, 2002*), p. 4.
(7) Century Insurance Co. Ltd., *Annual Report 2011*, p. 53.
(8) Century Paper & Board Mills Ltd., *Annual Report 2011*, p. 52.
(9) Century Paper & Board Mills Ltd., *Annual Report 2002*, p. 61.
(10) Clover Pakistan Ltd., *Annual Report 2012*, p. 21.
(11) Lakson Group of Companies, *Group Profile* (*Updated to June, 2002*), p. 5.
(12) Colgate-Palmolive (Pakistan) Ltd., *Annual Report 2011*, p. 26.
(13) Tritex Cotton Mills Ltd., *Annual Report 2002*, p. 14.
(14) Lakson Group of Companies, *Group Profile* (*Updated to June, 2002*), p. 7.
(15) ラークサンは，マクドナルドのレストランをパキスタン国内の主要都市で27店舗経営（カラーチー：11店舗，ラーホール：10店舗，イスラマバード・ラワルピンディ・ハイデラバード・ファイサラーバード・シアルコット・カラシャーカク：各都市に1店舗）している（2013年5月現在，McDONALD's PAKISTAN（http://www.mcdonalds.com.pk/page/mcdonalds-pakistan-history, 2013年5月28日閲覧）より）。
(16) 著者が米マクドナルドへ送った質問状に対する回答（2004年8月31日受取）より。
(17) 著者が米マクドナルドへ送った質問状に対する回答（2004年8月31日受取）より。
(18) Lakson Tobacco Co. Ltd., *Annual Report 2002*, p. 14.
(19) フィリップモリス関連は2つあり，それぞれの株式所有割合は次のとおりである。Philip Morris Participations B. V.：21.8％（2006年）→77.6％（2007年），FTR Holding S. A.：21.8％（2006年）→19.9％（2007年）（出典：Lakson Tobacco Co. Ltd., *Annual Report 2006*, p. 74, *Annual Report 2007*, p. 57 より）。
(20) Philip Morris International Inc. の「ニュースリリース」（2007年1月19日発表）より。
(21) カッコつきで「プライベート・カンパニー」と書く場合には，シーザー，シーザー・サービシーズ，シーザー・フーズ，シーザー・コモディティーズ，プレミア・ファッションをさす。また「プライベート・カンパニー」については第8章を参照のこと。
(22) Papanek, G. F., Pakistan's Industrial Entrepreneurs : Education, Occupational Background, and Finance, Papanek, G. F. and W. P. Falcon, eds., *The Pakistan Experience*, Harvard University Press, 1971, p. 240.
(23) Lakson Group of Companies, *Group Profile* (*Updated to June, 2002*), p. 8.
(24) 出典は次のとおりである。センチュリー・インシュアランス，クローバー・パキスタン，コルゲート・パルモリーブ・パキスタンは表7-4～6のそれぞれの表より。また，センチュリー・ペーパー＆ボードは Century Paper & Board Mills Ltd., *Annual Report 2002*, p. 53, *Annual Report 2005*, p. 75, *Annual Report 2007*, p. 78,

Annual Report 2008, p. 76, *Annual Report 2009*, p. 78, *Annual Report 2010*, p. 78, *Annual Report 2011*, p. 84, *Annual Report 2012*, p. 92 より。メリット・パッケージングは Merit Packaging Ltd., *Annual Report 2002*, p. 33, *Annual Report 2008*, p. 18, *Annual Report 2009*, p. 17, *Annual Report 2010*, p. 16, *Annual Report 2011*, p. 18, *Annual Report 2012*, p. 20 より。トリテックス・コットンは Tritex Cotton Mills Ltd., *Annual Report 2002*, p. 30, *Annual Report 2004*（著者所有の PDF）より。

(25) 出典は本章の注(24)と同じ。

(26) 内的要因②と③の考え方については，第8章の図8-2の概念図を参考のこと。

(27) 「給与所得者」はパキスタン国内で発生した賃金・政府や地方行政が支払う賃金に対して。「非給与所得者」は給与所得以外でえた所得に対して。久野康成監修『バングラデシュ・パキスタン・スリランカの投資・会社法・会計税務・労務』（文化社，2012年）などを参照のこと。

(28) Mahbub-ul Haq, *The Poverty Curtain*, Columbia University Press, 1976, p. 6.

(29) この問題にかんしては，次のような有益な議論がある。竹内常善「パキスタンにおける産業と雇用——南アジアにおける資本・賃労働関係考察の周辺条件」『大原社会問題研究所雑誌』第463号（法政大学大原社会問題研究所，1997年），深町宏樹「パキスタンの労働事情——社会的特質から見た場合」『大原社会問題研究所雑誌』第467号（法政大学大原社会問題研究所，1997年），黒崎卓「パキスタンの労働力と経済発展——竹内・深町論文へのコメント」『大原社会問題研究所雑誌』第472号（法政大学大原社会問題研究所，1998年）。

(30) 山中前掲論文「産業資本家層」339頁。

第8章
ファミリービジネスにおける一族員・傘下企業・株式所有

1 パキスタン財閥の発展と形成

　パキスタンは，1947年8月に英領インドから分離独立し誕生した。分離独立当初，パキスタン経済を担ったのは，主にインドから移住してきたムハージルのムスリム商人たちであった。彼ら商人のなかから，その後のパキスタン経済に多大な影響を与える財閥がいくつか誕生した。もちろん財閥はその時期だけに誕生したのではない。序章でも述べたように，パキスタンでの財閥の形成ならびに発展時期は大きく3つにわけることができる。繰り返しになるが，再度確認しておこう。

　第1財閥形成・発展期（以下，第1形成期）は1940～50年代である。この時期は，ハビーブやダーウードなどのムハージル系の財閥が活躍した時期であり，当時活躍した財閥の多くが紡績業，輸送業，金融業などの社会的・経済的インフラを整えるための企業の設立を積極的に行った。人材不足の新生パキスタンにあって，同時期に活動した財閥は「建国企業」という特別の栄誉を与えられ，現在に至っている。

　第2財閥形成・発展期（以下，第2形成期）は1960年代である。同時期は，紡績業はもちろんのこと総合産業といわれる自動車産業へ進出する財閥が現れてきた時期である。具体的には，ビボージーやアトラスなどの財閥が台頭してきた時期である。それに加え，同時期はアユーブ・ハーンのもとパキスタン経済がもっとも安定し，成長した時期でもある。

　第3財閥形成・発展期（以下，第3形成期）は1980年代以降である。同時期は，それ以前の産業をベースに主に消費財関係，サービス業をメインとする財閥が

表 8-1 各財閥の主な傘下企業について

	財閥の主な傘下企業	「プライベート・カンパニー」・その他
ダーウード・ハビーブ・グループ	ハビーブ・インシュアランス ハビーブ・シュガー バンク AL ハビーブ バローチスターン・パーティクルボード	ハビーブ＆サンズ ハビーブ・マーカンタイル フサイニー・コットン・ハウス ハスニー・フォージョリー ハスニー・テキスタイル
ムハンマダアリー・ハビーブ・グループ	ハビーブ・インシュアランス ハビーブ・メトロポリタン・バンク インダス・モーター ダイネア・パキスタン タール シャビル・タイル＆セラミックス	トラスティーズ・タール・リタイアメント・ベネフィット・ファンド トラスティーズ・タール・インプロイーズ・プロビデント・ファンド
ダーウード財閥	セントラル・インシュアランス ダーウード・ロウレンスプール ダーウード・ハーキュリーズ・ケミカル エングロ・ケミカル・パキスタン スイ・ノーザン・ガス・パイプラインズ	ダーウード・コーポレーション ダーウード・インダストリーズ ダーウード パテック ペブルス サッチ・インターナショナル
アトラス財閥	アトラス・バッテリー アトラス・ホンダ ホンダ・アトラス・カーズ・パキスタン アトラス・エンジニアリング アトラス・インシュアランス アトラス・バンク	シラーズィー・インベストメント シラーズィー・キャピタル バトール・ベネフィット・トラスト アトラス財団 イフティハール・シラーズィー・ファミリー・トラスト
ビボージー財閥	ガンダーラ・インダストリーズ ガンダーラ・ニッサン ジェネラル・タイヤ＆ラバー・オブ・パキスタン ユニバーサル・インシュアランス ジャナナ・デ・マラチョ・テキスタイル バンヌー・ウォレン バーブリー・コットン	ビボージー・サービシーズ ビボージー・インベストメント ワクフ・エ・クッリー・ハーン・トラスト
ラークサン財閥	センチュリー・インシュアランス センチュリー・ペーパー＆ボード クローバー・パキスタン コルゲート・パルモリーブ・パキスタン メリット・パッケージング トリテックス・コットン ラークサン・タバコ	シーザー シーザー・サービシーズ シーザー・コモディティーズ プレミア・ファッション

（注）ダーウード・ハビーブ・グループ傘下には，ハビーブサンズ・バンク，ハビーブ・アフリカン・バンクやハビーブ・オーバーシーズ・バンクなどがあるが，資料をえることができなかった。また，ハビーブ・インシュアランスは，ダーウード・ハビーブ・グループとムハンマダリー・ハビーブ・グループの両方から役員を受け入れ，そして両グループの傘下企業が株主となっている。そのため両グループの所属とした。

登場する。ラークサン財閥などがその代表であろう。Z. A. ブットー政権崩壊後，パキスタンは「民活路線」を強調し，外資導入を積極的に推し進めてきた。その結果，外資と技術提携あるいはパキスタン国内で合弁企業を設立する財閥が多く現れるようになる。

簡単ではあるが，パキスタン財閥の形成・発展過程を3つの時期に区切ってみた。著者は，これまでその3つの時期に形成・発展してきた財閥を個別に取り上げ，それら財閥の形成過程，財閥一族と財閥傘下企業との関係，特に一族の傘下企業の株式所有状況と傘下企業への役員就任状況などについて，また財閥一族の家族構成などを明らかにしてきた。これまで取り上げた財閥は，ハビーブ財閥（ダーウード・ハビーブ・グループ，ムハンマドアリー・ハビーブ・グループ）[1]，アーダムジー財閥，ダーウード財閥，アトラス財閥，ビボージー財閥，ラークサン財閥の6つの財閥である。それらの財閥を取り上げてきた主な理由は，パキスタン社会ならびに財閥の特徴を考慮し，①財閥が形成・発展してきた時期（第1形成期～第3形成期），②財閥一族が所属するコミュニティ（メーモン，ホージャなど），③財閥一族の出身地あるいは主な本拠地（カラーチー，ラーホールなど）などの点から先にあげた6つの財閥を取り上げた。本書の第2章から第7章では，パキスタンの財閥を個別に取り上げ，各財閥の生成や特徴ならびに財閥傘下企業と財閥一族の関係などについて考察してきた。

本章では，著者が個別にケーススタディを行ったアーダムジー財閥を除く5つの財閥を取り上げ[2]，そして表8-1に示した各財閥傘下企業を中心に，それら企業の「年次報告書（Annual Report）」や各財閥および傘下企業が発表した資料などをもとに，特に2000年以降の財閥一族の傘下企業への役員就任状況と財閥一族と傘下企業などの傘下企業に対する株式所有状況などに焦点をあて考察し，パキスタンの財閥傘下企業と一族の関係を明らかにしたい[3]。

2　財閥傘下企業への財閥一族員の役員就任状況

財閥一族からの役員

本節では，5つの財閥の傘下企業と財閥一族がどのようにかかわっているのか，特に財閥一族員の財閥傘下企業への役員就任状況を中心に検討する。いう

までもないが，各財閥ともすべての傘下企業へ少なくとも 1 名以上の一族員が役員に就任している。〈財閥傘下企業の役員へ就任している主な財閥一族員（2000年代）〉は，2000年代をとおして各財閥傘下企業 1 社以上の役員に就任したことのある一族員を掲載したものである。この後の議論では，下記の財閥一族員が中心となる。

〈財閥傘下企業の役員へ就任している主な財閥一族員（2000年代）（★は女性）〉
ダーウード・ハビーブ・グループ
　アスガル D. ハビーブ，アリー・ラザー D. ハビーブ，アッバース D. ハビーブ，ムルタザー H. ハビーブ，イムラーン A. ハビーブ，クマイル R. ハビーブ，ハスナイン A. ハビーブ，ハビーブ・ムハンマド D. ハビーブ，アフメド H. ハビーブ，ザイン H. ハビーブ

ムハンマドアリー・ハビーブ・グループ
　ラフィーク M. ハビーブ，アリー S. ハビーブ，ムハンマドアリー R. ハビーブ，ムハンマド H. ハビーブ，ラザー S. ハビーブ

ダーウード財閥
　M. フサイン・ダーウード，A. サマド・ダーウード，シャハザーダ・ダーウード

アトラス財閥
　ユースフ H. シラーズィー，イフティハール H. シラーズィー，アーミル H. シラーズィー，サーキブ H. シラーズィー，アリー H. シラーズィー

ビボージー財閥
　ラザー・クリー・ハーン・ハタック，アリー・クリー・ハーン・ハタック，アフマド・クリー・ハーン・ハタック，ゼーブ・ゴーハル・アユーブ・ハーン★，シャハナーズ・サッジャード・アフメド★，シャーヒーン・クリー・ハーン・ハタック★，ウマル・アユーブ・ハーン，ムハンマド・ク

第8章 ファミリービジネスにおける一族員・傘下企業・株式所有

リー・ハーン・ハタック

ラークサン財閥
　スルターンアリー・ラーカーニー，イクバールアリー・ラーカーニー，ズルフィカールアリー・ラーカーニー，アミーン・ムハンマド・ラーカーニー

財閥一族員の役員就任状況

はじめに，各財閥傘下企業1社当たりの「財閥一族からの役員比率（以下，役員比率）」を検討する。役員比率とは，一族から傘下企業の役員に就任している人数の役員総数に占める割合のことを示し，表8-2がそれを示したものである。

表8-2から各財閥の特徴点を以下に述べたい。ダーウード・ハビーブ・グループは，表に掲載した期間，平均して一族から傘下企業へ多くの役員を出している。同グループは，傘下企業の経営にかかわっている一族員数が，他の財閥に比べ多いことも特徴としてあげることができる。次に，ムハンマドアリー・ハビーブ・グループは，2000年代前半の役員比率は20％台を推移していたが，2006年以降は役員比率が上昇し，一族員の関与が若干ではあるが高まってきていることがわかる。

ダーウード財閥の場合，役員比率が年を追うごとに減少している（42.8％〔2000年〕→34.3％〔2004年〕→28.8％〔2005年〕→18.5％〔2010年〕）ことが特徴としてあげられる。その要因は，先に示した〈財閥傘下企業の役員へ就任している主な財閥一族員（2000年代）〉からも明らかなように経営にかかわっている一族員数の少なさにあると思われる。

次に，アトラス財閥の役員比率は，2000年代をとおして年により若干の変動はあるが，大きな変化はみられない。アトラスの場合，創始者のユースフ H. シラーズィーが現在でも健在であり，彼をサポートする形で彼の4名の息子たちが役員に就任している。

ビボージー財閥は，資料の制約上，2000年から2005年までは主に自動車関連企業のみが対象となっており，2006年以降には自動車関連企業と紡績関連企業

表 8 - 2　各財閥傘下企業 1 社当たりの役員の平均人数と財閥一族員の役員就任状況

(単位：役員平均人数；人，一族役員比率；％)

		2000年	2001年	2002年	2003年	2004年	2005年	2006年	2007年	2008年	2009年	2010年	2011年
ダーウード・ハビーブ・グループ	役員平均人数	10	10	10	10	9	8.6	8.5	8.5	8.4	8.4	8.6	8.2
	一族役員比率	60	60	60	60	44.4	46.1	50	50	50	50	46.5	48.7
ムハンマドアリー・ハビーブ・グループ	役員平均人数	7	7	7	7.7	7.6	8	7.6	7.5	7.8	7.8	8.1	7.6
	一族役員比率	28.5	28.5	28.5	19.3	26	25	39.4	40	38.2	43.5	32.6	34.7
ダーウード財閥	役員平均人数	7	7	7	8	8	9	9	9	8.8	12	10.8	10.8
	一族役員比率	42.8	42.8	42.8	33.3	34.3	28.8	28.8	28.8	20.4	16.6	18.5	18.5
アトラス財閥	役員平均人数	8.2	7.6	7.4	7.6	7.4	7.2	7.1	7.1	7.3	7.3	7.6	7.2
	一族役員比率	24.3	36.8	37.8	34.7	29.7	30.5	30.2	30.2	29.5	27.2	26.3	27.7
ビボージー財閥	役員平均人数	10	10.3	10	10	9	8	9.6	9.3	9	9.2	9	8.3
	一族役員比率	38	32.2	20	30	33.3	37.5	43.7	50	52.3	50.7	55.5	60
ラークサン財閥	役員平均人数	7.8	7.6	7.6	7.2	7	7.2	7.2	7.8	7.8	7.3	7.4	7.4
	一族役員比率	35.8	36.9	36.9	41.6	42.8	41.6	41.6	31.9	31.9	34	40.5	40.5

(注) 役員平均人数：傘下企業 1 社当たりの役員の平均人数を示す。一族役員比率：傘下企業の役員に占める財閥一族員の割合を示す。資料の有無により，各年により取り上げた傘下企業数が異なる。そのため一族からの役員の割合は，資料がえられた傘下企業数をもとに算出した。
(出典) 各財閥傘下企業 *Annual Report* より作成。

が対象となっている。表 8 - 2 のビボージー財閥の役員比率は，対象企業数の違いを表すものとなっている。同財閥一族からの役員就任は，第 6 章で確認したように，自動車関連企業にはハタック家の男性が中心となり，また紡績関連企業には同家の女性も役員に就任している。例えば，ビボージー財閥の創始者ハビーブッラー・ハーン・ハタックの娘であるゼーブ，シャハナーズ，シャーヒーンらが紡績関連企業の役員に就いている。2006年以降の役員比率は，彼女たちが役員に就いている結果，上昇しているといえる。

最後に，ラークサン財閥の役員比率は30％後半から40％台となっている。同財閥は〈財閥傘下企業の役員へ就任している主な財閥一族員（2000年代）〉からも明らかなように，主に 4 名の一族員が中心となり傘下企業の経営にあたっている。彼らはラーカーニー家の 4 人兄弟であり，ほとんどの傘下企業の役員に彼ら 4 名が何らかの形で関与している。最近では，4 人兄弟以外にも彼らの子どもたちも何らかの形で傘下企業の経営にかかわり始めている。

次に，財閥一族から傘下企業のチェアマンと CEO への就任状況を確認する。表 8 - 3 は，財閥傘下企業のチェアマンと CEO への財閥一族からの就任状況

第8章 ファミリービジネスにおける一族員・傘下企業・株式所有

表8-3 各財閥傘下企業のチェアマンと CEO への財閥一族からの就任状況
(単位:対象企業数;社,チェアマンと CEO への就任数;人)

		2000年	2001年	2002年	2003年	2004年	2005年	2006年	2007年	2008年	2009年	2010年	2011年
ダーウード・ハビーブ・グループ	対象企業数	1	1	1	1	3	3	4	4	5	5	5	5
	チェアマン	1	1	1	1	3	3	4	4	5	5	5	5
	CEO	1	1	1	1	2	2	3	3	3	3	3	3
ムハンマドアリー・ハビーブ・グループ	対象企業数	2	1	1	4	3	3	5	6	6	5	6	6
	チェアマン	2	1	1	2	2	2	4	5	4	4	4	4
	CEO	0	0	0	0	0	0	1	1	1	1	1	1
ダーウード財閥	対象企業数	2	2	2	3	4	5	5	5	5	5	5	5
	チェアマン	2	2	2	2	2	3	3	3	3	2	2	2
	CEO	2	2	2	2	3	2	2	2	2	2	1	1
アトラス財閥	対象企業数	5	5	5	6	5	5	6	6	6	6	5	5
	チェアマン	4	5	5	6	5	5	6	6	6	6	5	5
	CEO	1	1	1	1	1	1	1	1	1	1	2	2
ビボージー財閥	対象企業数	5	3	1	1	1	2	5	6	7	7	6	6
	チェアマン	4	2	1	1	1	2	4	5	7	7	6	6
	CEO	3	2	1	1	1	2	4	6	6	5	5	5
ラークサン財閥	対象企業数	5	6	6	5	6	5	5	5	6	6	5	5
	チェアマン	4	6	6	5	6	5	5	5	5	5	5	5
	CEO	3	5	5	3	4	2	2	4	3	2	2	2

(注) チェアマン:財閥一族からのチェアマンへの就任人数を示し,CEO:財閥一族からの CEO への就任人数を示す。資料の有無により,各年により取り上げた傘下企業数が異なる。
(出典) 各財閥傘下企業 Annual Report より作成。

を表したものである。ほとんどの財閥傘下企業のチェアマンに一族員が就任していることが同表からわかる。その傾向は2000年代をつうじ変化することはない。

次に,財閥一族から傘下企業の CEO への就任状況をみたい。ダーウード・ハビーブ・グループの場合,約半数程度の傘下企業の CEO に一族員が就任していることがわかる。また,ムハンマドアリー・ハビーブ・グループの場合,2006年以降,傘下企業の CEO への就任は1人のみとなっている。しかもその1人は,同グループのメンバーではなく,ダーウード・ハビーブ・グループ(ハビーブ家)に属するアリー・ラザー D. である。アリー・ラザー D. が CEO に就任しているのは,ムハンマドアリー・ハビーブ・グループとダーウード・ハビーブ・グループがともに経営にかかわっているハビーブ・インシュアラン

スである。同社の2011年時点での一族員の役員就任状況をみると，チェアマンにムハンマドアリー・ハビーブ・グループのラフィーク M. が就き，役員にはムハンマドアリー・ハビーブ・グループから1名，ダーウード・ハビーブ・グループから CEO を含め2名，両グループ以外のハビーブ家から2名が役員に就任している。よって，ムハンマドアリー・ハビーブ・グループから CEO に就任している者はいないということになる。

ダーウード財閥の場合は，表8-2で役員比率の減少傾向を指摘したが，CEO への就任人数をみると横ばい，実際には若干の減少傾向にある。同財閥傘下企業の経営にかかわってきたのは，創始者のアフマド・ダーウードが亡くなる2004年までは，アフマドと M. フサイン（アフマドの息子）そしてシャハザーダ（M. フサインの息子）の3名であった。その後，M. フサインとシャハザーダに A. サマド（M. フサインの息子）が加わり3名となった。

このように，ダーウード家から傘下企業の役員に就任あるいは経営に関与してきたのは3名だけであり，他財閥の一族員数と比較しても多いとはいえない。傘下企業の増加，そしてダーウード家から経営に関与する者の少なさが CEO 就任などを含む役員比率などの減少を導いているといえる。今後，ダーウード家がこれまでと同じように同家内に経営者（役員）としての人材を求めるのか，あるいは一族外から人材（専門経営者）を求めるのか，今後の動向に注目したい。

アトラス財閥の場合は，ほとんどの傘下企業のチェアマンにシラーズィー家の者が就任していることが表8-3からわかる。しかし，CEO への就任については，表8-3に掲載した期間をつうじて他財閥と比較してもそれほど多くはない。それが示すように，CEO には一族以外の者が就くケースが多くみられ，例えばホンダ・アトラス・カーズ・パキスタンには日本人（ホンダ）が CEO に就くなど，その事業に精通した者を CEO へ登用していると思われる。

ビボージー財閥の場合は，2000年代半ば以降，CEO へのハタック家からの就任人数が増加傾向にあることが表8-3からわかる。先に述べたように，同家からの傘下企業への役員は，紡績関連企業には男性だけではなく女性も就き，自動車関連企業には男性のみ就任している。また，CEO については同家の女性が就いているケースも確認できる。例えば，ユニバーサル・インシュアラン

スのCEOに2007年からゼーブが就き、バンヌー・ウォレンのCEOにはシャハナーズが2010年から就いている。一族の男性は、ガンダーラ・インダストリーズ（アフマド：1995～2011年）やガンダーラ・ニッサン（アリー：1999～2003年、アフマド：2004年以降）などのCEOに就いている。今回取り上げた5つの財閥のなかで、一族の女性がCEOを含む役員へ就任しているのはビボージー財閥だけである。

ラークサン財閥の場合、CEOへの就任状況をみると2000年代半ば以降、減少傾向にある。同財閥の場合、先に述べたようにラーカーニー家の4人兄弟が中心となり役員に就任している。また、CEOへの就任についても彼ら兄弟が中心となっている。

以上、財閥一族からのチェアマンそしてCEOなどへの役員就任状況についてみてきた。パキスタンの財閥は、以上みてきたように財閥傘下企業の役員に一族員が名を連ね、多くの傘下企業のチェアマンに一族員が就任している状況を確認することができた。また、一族からのCEOの就任については、アトラスのように一族以外の者を積極的に登用する財閥もあり、またビボージーのように一族の女性が就任している財閥もあった。

以上のことから、傘下企業と財閥一族は役員への就任をとおし関係を持ち、財閥の方向性、財閥傘下企業の意思決定などはほとんどの場合、一族が中心となり行っているといえるであろう。

財閥一族の人材育成

財閥一族員が多くの傘下企業の役員に就任し、一族が傘下企業の経営に影響を与えていることを先に確認した。財閥運営ならびに傘下企業の経営には、それなりの知識とノウハウが必要となる。では、彼ら一族員はどのような教育を受け、財閥の運営あるいは傘下企業の経営にあたっているのだろうか。ここでは、財閥一族内における人材育成（後継者の育成）について検討する。

本書の第7章でも触れたが、最初にG.F.パパネックが行ったパキスタンのムスリム産業企業家の学歴についての調査（1958年）を紹介しよう。[4]

①まったく教育を受けていない者　6.5％

②初・中等レベルの教育しか受けていない者　46.5%
③大学入学許可レベルの教育を受けた者　19%
④大学レベル以上の教育を受けた者　27.5%

　G. F. パパネックが行った調査時（不明が0.5%）に、大学レベル以上の教育を受けた者が27.5%いるが、上記①と②を合わせると半数以上が初・中等レベルあるいはそれ以下の教育しか受けていないことがわかる。それは、財閥一族を含む多くの商人や企業家が慣習的に各個人を取り巻く一族およびコミュニティ内で丁稚的な修業をつうじ、ビジネスに必要となるノウハウを習得してきたことを意味する。それと現在の財閥一族のビジネス教育ならびに後継者の人材育成方法は何が違うのだろうか。

　結論から述べると、現在ではパキスタン以外の国の高等教育機関で教育を受けるケースが多くみられ、財閥一族員の高学歴化が進んでいるということである。1960年代よりパキスタンの産業も高度化しそして複雑化してきた。それはパキスタン企業の成長と発展にもよるが、それ以外にも外国企業がパキスタンへ進出してきたことも関係している。先に述べた一族内あるいはコミュニティ内だけでの教育（丁稚的な修行など）では、産業の高度化に対応することは難しく、特に技術的な知識とそれを使いこなす能力が必要となってきた。財閥傘下企業の経営上、外国企業と関係を持つためにもフォーマルな教育、より高度な教育を受ける必要性がパキスタンのビジネス界でも高まってきた。そのような状況を受け、財閥一族員の2世や3世は多くの知識と技術をえるため、そして高度な教育を受けるためにアメリカやイギリスなどの高等教育機関で学ぶようになった。

　表8-4は、現在確認している各財閥主要一族員の主な学歴を一覧にしたものである。表8-4を学歴別にみた場合、大学院相当の教育機関で教育を受けた者が8名近く、また大学レベルの教育機関で学んだ者が13名いる。彼らの多くが大学院や大学で主に経営学や経済学などを学び、なかには機械工学を学んだ者もいる。また、同表からほとんどの一族員がパキスタン以外の国の高等教育機関で学んでいることがわかる。留学先を国別にみた場合、特にアメリカが多く15名もの財閥一族員がアメリカで学んでいる。アメリカでもハーバード大

第8章 ファミリービジネスにおける一族員・傘下企業・株式所有

表8-4 各財閥の主要一族員の主な学歴

財閥	一族員	学歴
ダーウード・ハビーブ・グループ	アフメド H. ハビーブ ザイン H. ハビーブ ムスリム R. ハビーブ	ボストン・カレッジ（アメリカ） ベントリー・カレッジ（アメリカ） スイスの高等教育機関で学ぶ★
ムハンマドアリー・ハビーブ・グループ	ラフィーク M. ハビーブ アリー S. ハビーブ ムハンマドアリー R. ハビーブ	ハーバード・ビジネス・スクール 経営者養成プログラム（アメリカ） ミネソタ大学（アメリカ） ハーバード大学 経営開発プログラム（アメリカ） シンガポール国立大学 PGDip（シンガポール） クラーク大学（アメリカ）
ダーウード財閥	M. フサイン・ダーウード シャハザーダ・ダーウード A. サマド・ダーウード	ノースウェスタン大学ケロッグ経営大学院 MBA（アメリカ） シェフィールド大学（イギリス） フィラデルフィア大学 MSc（アメリカ） バッキンガム大学（イギリス） ユニバーシティ・カレッジ・ロンドン（イギリス）
アトラス財閥	ユースフ H. シラーズィー イフティハール H. シラーズィー アーミル H. シラーズィー サーキブ H. シラーズィー バトゥーズ・シラーズィー アリー H. シラーズィー	パンジャーブ大学（パキスタン） ハーバード大学 経営者養成プログラム（アメリカ） ハーバード大学 OPM（アメリカ） ノートルダム大学（アメリカ） ハーバード大学 OPM（アメリカ） クレアモントマッケーナ・カレッジ（アメリカ） ハーバード大学 MBA（アメリカ） ペンシルバニア大学ウォートン・スクール（アメリカ） インスティテュート・ヴィラ・ピエールフー（スイス） セントジョセフズ・カレッジ（パキスタン） ブリストル大学（イギリス） イェール大学（アメリカ）
ビボージー財閥	ムハンマド・アスラム・ハーン・ハタック ハビーブッラー・ハーン・ハタック ムハンマド・ユースフ・ハーン・ハタック ラザー・クッリー・ハーン・ハタック アリー・クッリー・ハーン・ハタック	オックスフォード大学ブレーズノーズ・カレッジ（イギリス） インペリアル・ディフェンス・カレッジ（イギリス） オックスフォード大学（イギリス） オックスフォード大学ブレーズノーズ・カレッジ（イギリス） ロイヤル・ミリタリー・アカデミー・サンドハースト（イギリス）
	スルターンアリー・ラーカーニー イクバールアリー・	カラーチー大学（パキスタン） カリフォルニア大学バークレー校 BBA（アメリカ）

| ラークサン財閥 | ラーカーニー
ズルフィカール アリー・ラーカーニー | ペンシルバニア大学ウォートン・スクール MBA（アメリカ）
スタンフォード大学 BS, MS（アメリカ） |
| | アミーン・ムハンマド・ラーカーニー | ペンシルバニア大学ウォートン・スクール MBA（アメリカ）
スタンフォード大学 BS（アメリカ） |

(注) ★は資料には BSc in Industrial Technology, Switzerland とある。
(出所) ダーウード・ハビーブ・グループ：Habibsons Bank Ltd., Board of Directors（http://www.habibsons.co.uk/directors.html, 2009年7月13日閲覧）。ムハンマドアリー・ハビーブ・グループ：Thal Ltd. (http://www.thallimited.com/cg/bod.html, 2013年5月4日閲覧）より。ダーウード財閥：Engro Chemical Pakistan Ltd., *Annual Report 2008*, p. 18, Dawood Hercules Chemicals Ltd., *Annual Report 2008*, pp. 14-15 より。アトラス財閥：Shirazi Investment〔Pvt.〕Ltd. 本社での聞き取り調査（1999年12月23日）および「社内資料」、またShirazi Investment〔Pvt.〕Ltd.（http://www.shiraziinvestments.com.pk/aboutus/directors.php, 2013年5月4日閲覧）も参考にした。ビボージー財閥：Bibojee Group of Companies, Founder Profile（http://www.bibojee.com/index_founder_detail.htm, 2010年5月14日閲覧), Pakistan Post Office, 2003 STAMPS, Mohammad Yousef Khan Khattak（http://www.pakpost.gov.pk/philately/stamps2003/mohammad_yousaf_khan_khattak.html, 2012年3月26日閲覧), Ghandhara Nissan Ltd., Management Profiles（http://www.ghandharanissan.com.pk/dp.htm, 2016年1月2日閲覧）より。ラークサン財閥：Lakson Group of Companies, *Group Profile*, June 2002, p. 8 より。

学で学んだ者が6名（うち3名はプログラム受講）も存在し、なかには同大学でMBAをえた者もいる。次に多いのがイギリスの9名であり、それら以外の国ではスイスやシンガポールとなっている。

24名分のデータしかないため断定的なことはいえないが、G.F. パパネックの調査結果と比べると財閥一族の人材育成、特に後継者の育成方法は以前とはまったく違う方法（パキスタン以外の国の高等教育機関で教育を受ける）をとってきているということがわかり、パキスタン財閥の一族員の人材育成についての一端を知ることができる。

パキスタンでのビジネスは、人脈、特に一族、コミュニティ、そして権力を持つ者とのつながりが重視されてきた。このようななかで、外国で学んだ彼らに対する財閥内外の期待は大きい。これまでの人脈を重視する従来型の経営からどのように脱皮するのか、今後の彼らの動向に注目したい。

3 財閥一族と傘下企業等による財閥傘下企業の株式所有状況

各財閥の株式所有関係率,株式持合率,平均持株率

本節では,今回取り上げた5つの財閥の株式所有などについて検討し,その特徴を明らかにする。特に,各財閥における株式所有関係,株式持合の状況,平均持株率について検討する。

最初に,本項で表8-5(各財閥の株式所有関係率),表8-6(各財閥の株式持合率),表8-7から表8-9の各表を確認する。

はじめに,各財閥の株式所有関係から検討したい。表8-5は,各財閥の傘下企業(上場会社のみ)が同一財閥内の傘下企業の株式を所有している場合,どのくらいの傘下企業と所有関係にあるのか(株式所有関係率)を示したものである。資料的な制約があるため,各年の数値にばらつきがみられるが表8-5から次のことが確認できる。同表から株式所有関係率がもっとも高いのは,ダーウード・ハビーブ・グループであり,株式所有関係率の平均は約41.6%(2005~2011年の平均)となっている。次はダーウード財閥の約36.8%(2004~2011年の平均),ムハンマドアリー・ハビーブ・グループの約23.9%(2006~2011年の平均),ビボージー財閥の約20.2%(2008~2011年の平均),アトラス財閥の約19%(2003~2011年の平均),ラークサン財閥の約15%(2004~2011年の平均)の順となっている。

ダーウード・ハビーブ・グループの株式所有関係率がもっとも高くなっているが,今回対象とした傘下企業は4社と少なかったことも影響していると思われる。それらを考慮した場合,ダーウード・ハビーブ・グループの株式所有関係率は若干減少すると思う。また,ラークサン財閥の場合,「プライベート・カンパニー」が中心となり傘下企業の株式を所有している。そしてセンチュリー・インシュアランスを除くほとんどの傘下企業は,他の傘下企業の株式を所有していない。また,アトラス財閥についても同様に「プライベート・カンパニー」が中心となり傘下企業の株式を所有している。よって,ラークサンおよびアトラスともに株式関係所有率が低くなっている。

次に,表8-6は傘下企業が財閥内の他の傘下企業(1社)に,株式を平均

表8-5 各財閥の株式所有関係率

(単位:%)

	2003年	2004年	2005年	2006年	2007年	2008年	2009年	2010年	2011年
ダーウード・ハビーブ・グループ			33.3	41.6	50	41.6	41.6	41.6	41.6
ムハンマドアリー・ハビーブ・グループ					19	21.4	26.6	30	23.3	23.3
ダーウード財閥		30	40	40	40	40	40	35	30
アトラス財閥	30	20	20	16.6	16.6	16.6	16.6	20	15
ビボージー財閥						14.2	19	23.8	23.8
ラークサン財閥		15	15	15	15	15	15	15	15

(注)上場会社のみを対象とした。空欄はデータをえることができなかった年である。また「年次報告書」が入手できなかった年でも,前後の年の「年次報告書」に記載されている株主と株式所有数が同様の場合,前後の年の株主と株式所有数と同じものとして扱った。

表8-6 各財閥の株式持合率(傘下企業,「プライベート・カンパニー」を含む)

(単位:%)

	2002年	2003年	2004年	2005年	2006年	2007年	2008年	2009年	2010年	2011年
ダーウード・ハビーブ・グループ			2.31	2.58	2.96	2.71	2.73	2.39	2.74	2.74
ムハンマドアリー・ハビーブ・グループ	3.11	2.26	2.14	2.45	1.48	1.78	1.93	1.88	1.93	1.9
ダーウード財閥		6.07	8.18	7.98	8.07	7.87	8.29	9.31	9.13	8.72
アトラス財閥	12.42	12.13	15.12	12.59	11.77	10.54	13.84	14.14	16.75	19.06
ビボージー財閥			19.16	16.21	16.21	25.41	22.8	20.51	20.56	20.12
ラークサン財閥	7.52	4.68	8.44	5.6	5.21	11.22	14.12	14.44	14.44	14.44

(注)空欄はデータをえることができなかった年である。ビボージー財閥は2004~2008年は紡績関連企業を除いた企業。ラークサン財閥は2003年と2006年はえられたデータが少ない。

表8-7 平均持株率(傘下企業のみ,「プライベート・カンパニー」を除く)

(単位:%)

	2002年	2003年	2004年	2005年	2006年	2007年	2008年	2009年	2010年	2011年
ダーウード・ハビーブ・グループ				2.06	3.46	3.64	3.06	3.19	3.19	3.19	3.19
ムハンマドアリー・ハビーブ・グループ	3.1	2.26	2.14	2.44	2.4	2.39	2.43	2.4	2.4	2.27
ダーウード財閥		8.77	11.7	10.29	11.26	11.25	10.97	10.88	11.72	9.89
アトラス財閥	2.71	2.66	2	2	1.66	1.66	1.66	1.66	2	1.72
ビボージー財閥			7.09	5.32	5.32	7.57	9.04	7.75	10.41	9.78
ラークサン財閥	2.58	0.03	3.02	1.26	0.36	0.36	5.26	5.26	5.26	5.26

(注)空欄はデータをえることができなかった年である。ビボージー財閥とラークサン財閥について表8-6の注と同じ。

第8章 ファミリービジネスにおける一族員・傘下企業・株式所有

表8-8 平均持株率(「プライベート・カンパニー」のみ、傘下企業を除く)

(単位:%)

	2002年	2003年	2004年	2005年	2006年	2007年	2008年	2009年	2010年	2011年
ダーウード・ハビーブ・グループ			2.57	1.99	1.69	1.69	1.69	0.31	1.71	1.71
ムハンマドアリー・ハビーブ・グループ	—	—	—	—	—	—	—	—	—	—
ダーウード財閥		1.34	6.66	6.66	6.36	6.17	6.94	8.52	8.06	8.52
アトラス財閥	29.41	20.24	22.61	17.29	15.2	14.23	19.77	18.22	19.76	23.06
ビボージー財閥			31.23	23.05	30.73	43.25	36.55	35.07	31.83	31.6
ラークサン財閥	8.99	5.25	9.46	6.68	6.01	12.53	16.15	16.96	16.96	16.96

(注)空欄はデータをえることができなかった年である。ムハンマドアリー・ハビーブ・グループは傘下に「プライベート・カンパニー」が存在しない(あるいは確認することができなかった)。ビボージー財閥とラークサン財閥について表8-6の注と同じ。

表8-9 平均持株率(財閥一族員のみ)

(単位:%)

		2002年	2003年	2004年	2005年	2006年	2007年	2008年	2009年	2010年	2011年
ダーウード・ハビーブ・グループ	一族員全員			6.9	5.06	4.6	4.83	5.4	5.4	5.41	5.18
	一族員1人当り			1.25	0.94	0.7	0.74	0.7	0.7	0.7	0.67
ムハンマドアリー・ハビーブ・グループ	一族員全員	0.33	0.87	0.33	2.23	2.08	2.2	2.2	2.05	2.21	3.35
	一族員1人当り	0.11	0.35	0.13	0.74	0.43	0.38	0.38	0.41	0.38	0.57
ダーウード財閥	一族員全員			4.48	16.53	13.22	13.33	13.37	6.64	4.12	3.44	3.5
	一族員1人当り			1.79	6.01	4.4	4.44	4.17	2.76	1.71	1.43	1.45
アトラス財閥	一族員全員		13.8	17.73	13.43	13.18	12.53	11.97	2.47	2.47	0.58	0.98
	一族員1人当り		4.6	6.82	6.1	5.99	5.78	5.52	1.14	1.23	0.29	0.49
ビボージー財閥	一族員全員				0.07	0.25	0.25	2.11	1.9	2.8	2.38	2.3
	一族員1人当り				0.02	0.1	0.1	0.48	0.43	0.54	0.46	0.44
ラークサン財閥	一族員全員		9.62	27.81	19.05	19.34	24.72	1.32	0.26	0.27	1.28	1.29
	一族員1人当り		1.71	4.63	3.31	3.22	4.12	0.22	0.04	0.02	0.08	0.08

(注)空欄はデータをえることができなかった年である。ビボージー財閥とラークサン財閥について表8-6の注と同じ。

でどの程度所有されているのかを示したものである(株式持合率)。ダーウード・ハビーブ・グループの2004年から2011年の株式持合率の平均は2.64%、ムハンマドアリー・ハビーブ・グループは2.08%(2002~2011年の平均)、ダーウード財閥は8.18%(2003~2011年の平均)、アトラス財閥は13.83%(2002~2011年の平均)、ビボージー財閥は20.12%(2004~2011年の平均)、ラークサン財

閥は10.01％（2002〜2011年）となっている。それらからもわかるように，各財閥の株式持合率は２％台から20％前後と，財閥によりかなり異なっている。

表８-７〜９は，財閥傘下企業１社に対し傘下企業，「プライベート・カンパニー」，財閥一族がそれぞれどの程度株式を所有しているのかを示したものである（平均持株率）。各表の特徴的な点は以下のとおりである。

表８-７は，傘下企業のみの平均持株率を示したものである。各財閥の平均持株率を確認することができた年の平均をみると，もっとも高いダーウード財閥の10.74％（2003〜2011年の平均）からもっとも低いアトラス財閥の1.97％（2002〜2011年の平均）まであり，財閥によって平均持株率は異なる。次に表８-８は，「プライベート・カンパニー」のみのそれを示したものである。「プライベート・カンパニー」は各財閥により，その存在（「プライベート・カンパニー」の有無）や株式所有の状況が異なっているが，特徴を次の３つにまとめることができる。１つは「プライベート・カンパニー」による株式所有を行っていない財閥がある。同表からも明らかなように，ムハンマドアリー・ハビーブ・グループがそれにあたる。それには第２章「ハビーブ財閥」でみたオフショア・カンパニーとの関係があると思われる[6]。２つ目は，「プライベート・カンパニー」をつうじて多くの株式所有を行っている財閥がある。ビボージー財閥やアトラス財閥，そしてラークサン財閥などはそれにあたるであろう。３つ目は，ビボージー財閥などに比べるとそれほど多くはないが，「プライベート・カンパニー」をつうじ株式所有を行っている財閥がある。ダーウード・ハビーブ・グループとダーウード財閥がそれにあたるであろう。

最後に表８-９は，財閥一族員の平均持株率を示したものである。表８-７と表８-８と同じく，財閥により所有状況は異なる。後で触れるが，表８-９から１つの傾向をみることができる。それは2007年あるいは2008年頃から財閥一族員の株式所有率が減少傾向にあることである。減少傾向を示しているのは，ダーウード財閥，アトラス財閥，ラークサン財閥などである。また，表８-８と表８-９から１つの傾向を確認することができる。いくつかの財閥で「プライベート・カンパニー」による株式所有が高い傾向，あるいは財閥によっては増加傾向にあり，逆にいくつかの財閥一族の株式所有が減少傾向にあることである。図８-１はその傾向を示しており，このような変化は第７章「ラークサ

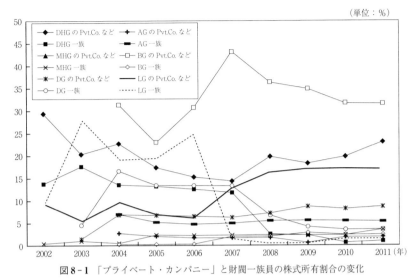

図8-1 「プライベート・カンパニー」と財閥一族員の株式所有割合の変化

（注）DHG：ダーウード・ハビーブ・グループ，MHG：ムハンマドアリー・ハビーブ・グループ，DG：ダーウード財閥，AG：アトラス財閥，BG：ビボージー財閥，LG：ラークサン財閥をさす。MHGは「プライベート・カンパニー」による株式所有を行っていないため折れ線がない。

ン財閥」でも述べたように，いくつかの要因（内的要因，外的要因）を考えることができる。

内的要因については，①各傘下企業の増資などによって一族による株式所有が困難になってきたこと，②一族員の増加に対する対策，③株式の組織的な所有などがあげられる。そして，外的要因については所得税法などの変更などが考えられる(7)。すでに第7章で述べているためここでは深くは触れないが，内的要因の②と③（内的要因の②と③については，次節「4　パキスタン財閥のファミリービジネスの継承」内の「『プライベート・カンパニー』を介したファミリービジネス」の項も参照のこと）ならびに外的要因が株式所有形態の変化の要因と考えられる。いずれにしても，このような「プライベート・カンパニー」と財閥一族員の株式所有割合の変化は，一族員の財閥傘下企業へのかかわり方が変化してきたとみることができるだろう。

各財閥の株式所有状況

次に，表8-6（株式持合率）と表8-7〜9（平均持株率）を合わせて財閥ご

との株式所有状況を検討したい。ダーウード・ハビーブ・グループの株式持合率は，先に示した表8-6の2004年から2011年までの平均からわかるように2％台で推移している。それはムハンマドアリー・ハビーブ・グループを除く他の財閥に比べ低い数値となっている。同グループ傘下企業で，グループ内の他傘下企業の株式を所有しているのは2社あるいは3社であり，そしていくつかの「プライベート・カンパニー」が株式を所有しているが，それらの個々の株式所有割合をみてもそれほど多くはない。また，表8-7と表8-8をみていただきたい。ダーウード・ハビーブ・グループの傘下企業のみの平均持株率（表8-7）は3％前後となっている。また「プライベート・カンパニー」のみ（表8-8）のそれは2004年に2.57％，それ以降は1％台（2009年は0.31％となっている）で推移している。興味深いのは一族のみの平均持株率（表8-9）である。他の財閥一族の持株割合が減少傾向にあるなか，ダーウード・ハビーブ一族は「一族全員」の平均持株率は横ばい状態が続いている。しかし，「一族員1人当り」のそれをみると2005年以降は1％にも満たない。それは他財閥に比べ，多くの一族員が傘下企業の株主となっていることを示している。

　ムハンマドアリー・ハビーブ・グループの株式持合率（表8-6）は，先のダーウード・ハビーブ・グループと同様に他財閥に比べて数値が低くなっている。同グループの場合，外資系企業との合弁企業がいくつかあり，合弁パートナーが表8-6で示した同グループの株式持合率よりも多くの株式を所有していることが確認できる。例えば以下のとおりである。[8]

〈ムハンマドアリー・ハビーブ・グループ傘下企業の合弁パートナーの株式所有割合〉
- ダイネア・パキスタン：ダイネア ASA（33.19％：2003年，2009年）
- ハビーブ・メトロポリタン・バンク：ハビーブ・バンク AG チューリッヒ（51％：2006〜2010年，50.9％：2011年）
- インダス・モーター：トヨタ自動車（12.5％：2002〜2007年，25％：2008〜2011年），豊田通商（12.5％：2002〜2011年）

　また，表8-7にあるようにムハンマドアリー・ハビーブ・グループの平均持株率（傘下企業のみ）は2002年の3.1％，それ以降は2％台となっている。同

グループの特徴的な点は表8-8が示すとおり，他財閥が「プライベート・カンパニー」を利用し株式所有を行っているのに対し，ムハンマドアリー・ハビーブ・グループの場合，「プライベート・カンパニー」による株式所有を行っていないこと，あるいはその存在を確認することができなかったことである。この点は，他財閥と比べ特徴的な点だといえる。また，2002年から2011年の約10年間の一族員1人当たりの平均持株率も1％に満たないことが表8-9からわかる。ムハンマドアリー・ハビーブ・グループは「プライベート・カンパニー」による株式所有がなく，また一族員による平均持株率も他の財閥に比べてそれほど多くないことが表8-6と表8-7～9からわかる。

次に，ダーウード財閥についてである。表8-7～9を用い，傘下企業1社当たりどの程度傘下企業の株式を所有しているのかを確認する。表8-7から傘下企業による平均持株率は2003年から2011年までの平均で10.74％となり，他の財閥に比べて高い所有率を示している。また表8-8と表8-9から「プライベート・カンパニー」の平均持株率の増加傾向，一族員のそれの減少傾向を確認することができる。またダーウード財閥の特徴点は，傘下企業の株主に事業を行っている傘下企業よりも「プライベート・カンパニー」が名を連ねているケースが多いことである。

アトラス財閥についてである。表8-6からアトラス財閥の株式持合率が2002年から2007年にかけ横ばい，若干の減少傾向にあり，その後2008年から2011年には増加が確認できる。2008年以降の増加傾向について先に結論を述べると，表8-8が示すように「プライベート・カンパニー」の平均持株率の増加が株式持合率の増加につながっていると考えることができる。アトラス財閥の傘下企業による平均持株率は表8-7が示すとおりである。また「プライベート・カンパニー」による傘下企業の平均持株率（表8-8）は，2002年から2011年の平均で2番目に高い割合となっている。特に，シラーズィー・インベストメントはほとんどの傘下企業の株式を所有している。シラーズィー・インベストメントの傘下企業の株式所有状況は表8-10のとおりである。また，同財閥の主要傘下企業は外資系企業との合弁により設立された企業である。特に日系企業との合弁が多く，アトラス・バッテリー，アトラス・ホンダ，ホンダ・アトラス・カーズ・パキスタンなどである。それら企業の合弁パートナー

表 8-10　シラーズィー・インベストメントの傘下企業の株式所有状況　(単位：%)

	2002年	2003年	2004年	2005年	2006年	2007年	2008年	2009年	2010年	2011年
アトラス・バッテリー	21.4	33.2	39.3	39.3	29.9	29.9	29.9	29.9	29.9	29.9
アトラス・ホンダ	19.9	4.91	15.4	15.6	15.9	15.9	24.4	24.4	24.4	24.4
ホンダ・アトラス・カーズ・パキスタン		0.19	0.18	0.19	0.19	0.19	0.19	0.19	1.63	7.42
アトラス・エンジニアリング	33.2	58.1	58.1	61.6	49.8	49.8	49.8	61.6	61.6	76.3
アトラス・インシュアランス	43.1	43.2	43.2	34	34	34	34	34	34	34
アトラス・バンク					47.3	35.9	38.8	38.8		

(注) 空欄はデータをえることができなかった年である。
(出典) 掲載した傘下企業の各年 *Annual Report* より作成。

の株式所有状況は以下のとおりである。[9]

〈アトラス財閥傘下企業の合弁パートナーの株式所有割合〉
• アトラス・バッテリー：GS ユアサ（14.99％：2002〜2011年）
• アトラス・ホンダ：ホンダ（20％：2002年，35％：2003〜2011年）
• ホンダ・アトラス・カーズ・パキスタン：ホンダ（51％：2003〜2011年）

　シラーズィー・インベストメントを含む「プライベート・カンパニー」や合弁パートナー以外の傘下企業で傘下企業の株主となっているは，シラーズィー・インシュアランスである。また一族員（「一族員全員」「一族員1人当り」）の平均持株率はダーウード財閥同様に減少傾向にあり，特に2008年以降は急激に減少していることが表8-9からわかる。
　ビボージー財閥についてである。株式持合率（表8-6）がもっとも高かったのが同財閥である。2004年から2011年の間の平均が20.12％であった。よって他財閥に比べ，傘下企業が「プライベート・カンパニー」を含む傘下企業に多くの株式を所有されていることがわかる。それを示すのが表8-7〜9である。最初に表8-7の平均持株率を確認する。ビボージー財閥のそれの2004年から2011年までの平均は7.78％となっている。それは他財閥に比べてもダーウード財閥に次ぐ高い数値となっている。また「プライベート・カンパニー」のそれは32.91％（2004〜2011年の平均）であり，表8-8のなかでもっとも高い数値となっている。「プライベート・カンパニー」のなかでも株式所有で重要な役割

第8章 ファミリービジネスにおける一族員・傘下企業・株式所有

表8-11 ビボージー・サービシーズの傘下企業の株式所有状況

(単位：%)

	2004年	2005年	2006年	2007年	2008年	2009年	2010年	2011年
ガンダーラ・インダストリーズ	29.8	29.8	29.8	39.2	39.2	39.2	39.2	39.2
ガンダーラ・ニッサン	63.8	62.3	62.3	62.3	62.3	62.3	62.3	62.3
ジェネラル・タイヤ&ラバー					27.8	27.8	27.8	27.8
ユニバーサル・インシュアランス				71.4	72.2	72.2	77.7	80.5
ジャナナ・デ・マラチョ					17.8	17.8	13.1	11.7
バンヌー・ウォレン						26.2	26.2	26.2
バーブリー・コットン							38.4	35

(注) 空欄はデータをえることができなかった年である。
(出典) 掲載した傘下企業の各年 *Annual Report* より作成。

を果たしているのは、ビボージー・サービシーズである。同社は同財閥の中心的な企業であり、多くの傘下企業の株式を所有している。表8-11は、ビボージー・サービシーズによるビボージー財閥主要傘下企業の株式所有状況を示したものである。ガンダーラ・ニッサンの約62%、ユニバーサル・インシュアランスの約70〜80%など高い所有割合を示し、所有面でのビボージー・サービシーズの影響力の大きさがわかる。

最後にラークサン財閥についてである。同財閥の特徴は、傘下企業間による株式所有ではなく、ほとんどの場合「プライベート・カンパニー」が中心となり株式所有を行っていることである。先にいくつかの財閥でみたように、近年ラークサン財閥でも「プライベート・カンパニー」の平均持株率が増加傾向にあることが表8-8からわかる。特に2007年頃からその傾向がみられ、以下のように傘下企業を個別にみた場合でも「プライベート・カンパニー」の株式所有割合の増加が確認できる。

〈ラークサン──「プライベート・カンパニー」の傘下企業の株式所有割合の増加傾向〉
- センチュリー・インシュアランス：21.15%（2005年）→72.23%（2007年）→76.63%（2011年）
- センチュリー・ペーパー&ボード：34.32%（2002年）→34.75%（2005年）→40.67%（2011年）
- クローバー・パキスタン：30.19%（2004年）→30.2%（2006年）→43.02%（2007年）→86.16%（2008年）→93.85%（2011年）

- コルゲート・パルモリーブ・パキスタン：20.95％（2005年）→41.18％（2007年）→61.51％（2011年）

　また，一族員による株式所有でラークサン財閥は大きく２つの特徴がある。１つは一族員の平均持株率が減少傾向にあること（表8-9）。いくつかの財閥でみられたように，同財閥でも減少傾向がみられ，特に2007年頃からその傾向が確認できる。２つ目は株主となっている一族員数である。2008年以前は６名（ラーカーニー兄弟および妻）の一族員が株主となっていた。しかし，2009年頃からその６名に加え，新たに彼らの妻ならびに子どもたちなどを中心に約10人前後の一族員が株主に加わっている。この点は他の財閥にはみられない傾向である。

〈ラークサン――一族からの株主の増加〉
- センチュリー・インシュアランス：６名（2008年）→16名（2009年）
- センチュリー・ペーパー＆ボード：６名（2008年）→17名（2009年）
- クローバー・パキスタン：６名（2009年）→16名（2010年）
- コルゲート・パルモリーブ・パキスタン：６名（2009年）→16名（2010年）

4　パキスタン財閥のファミリービジネスの継承

パキスタンでの会社設立

　本書で何度か述べてきたように，「プライベート・カンパニー」は各財閥内で所有面において何らかの役割を果たしていると思われる。ここではその「プライベート・カンパニー」の財閥内における意義について検討したい。

　最初に，パキスタンの会社法（The Companies Ordinance, 1984）から同国で設立される会社について確認しておきたい。表8-12は，パキスタンの会社法による会社設立の区分を示したものである。同表のように，パキスタンで設立される会社は「１人会社」，「非公開会社」，「公開会社」の大きく３つにわけることができる。また，公開会社は「非上場会社」と「上場会社」の２つにわけることができる。大きく３つに区分された会社により，株主数ならびに取締役会

第8章　ファミリービジネスにおける一族員・傘下企業・株式所有

表8-12　パキスタンでの会社設立について

		株主数	取締役会	会計監査人	会社秘書役
1人会社		1名	1名	必置	必置（非常勤）
非公開会社		2～50名	2名以上	必置	任意
公開会社	非上場会社	3名以上	3名以上	必置	任意
	上場会社	3名以上	7名以上	必置	必置（常勤）

（出典）Securities and Exchange Commission of Pakistan, *The Companies Ordinance 1984* より。公開会社および非公開会社：2条28項，2条30項。取締役の最小人数：174条1項，174条2項。会社秘書役：204条A。また久野康成監修『バングラデシュ・パキスタン・スリランカの投資・会社法・会計税務・労務』（文化社，2012年）も参照した。

のメンバー数などが異なっている。会計監査人については，すべての会社に必置となっている。また会社秘書役（Company Secretaries）なるものが存在し，1人会社と公開会社の上場会社について必置（1人会社：非常勤，上場会社：常勤）となっている。会社秘書役とは，インドなどにはみられる機関であり，会社から第3者に交付する書類に対し信頼性を付与すること，また会社のコンプライアンスの強化を目的に設置されているものである。

　さて，本題の「プライベート・カンパニー」についてである。ここで取り上げる「プライベート・カンパニー」とは，表8-12の「非公開会社（Private Company）」に属する。非公開会社は，株主数に制限があり2名から50名，また取締役会は2名以上の者で構成されることになっている。他の会社の区分と大きく異なるのは，株主数に上限があり株主が50名以下でなければならないことだけである。それ以外については，他とほとんど変わりはない。

　非公開会社と公開会社とでは，事業活動の開示について以下の点が異なっている。会社法によりすべての会社は，年間の活動について「年次報告書」を作成し，株主総会に提出することが義務づけられている（会社法233条）。それに加え，同じく会社法により上場会社の場合には，証券取引委員会と証券取引所と会社登記局に「年次報告書」の写しを提出しなければならない（会社法233条）。また，非公開会社以外の会社については，会社登記局に「年次報告書」の写しを提出しなければならないことになっている（会社法242条）。いっぽう，

非公開会社が「年次報告書」の提出を義務づけられているのは株主総会に対してのみである。よって，非公開会社の年間の活動内容を知ることができるのは，株主のみとなっている。この点を理解することは重要なことである。なぜなら，今回検討してきたいくつかの財閥が「プライベート・カンパニー」を設立し，財閥傘下企業の株式所有面で「プライベート・カンパニー」を利用していると思われるからである。繰り返しになるが，「プライベート・カンパニー」が「年次報告書」を提出しなければならないのは株主総会に対してのみである。もし株主全員が財閥一族員あるいはそれら一族員とかかわりの深い人物であったならば，「プライベート・カンパニー」の活動は公になることはない。

「プライベート・カンパニー」を介したファミリービジネス

　以上，みてきた「プライベート・カンパニー」の会社としての性格を理解した上で，第7章で検討した要因なども含め，以下で「プライベート・カンパニー」の財閥内における意義を検討したい。

　日本に存在した財閥は，規模が拡大し多角化した傘下企業を統括するために持株会社（本社も含む）を用いた。財閥により異なるが，持株会社は1社だけではなく複数設立されていたことも知られている。ここで議論する「プライベート・カンパニー」にも傘下企業の規模拡大や多角化した傘下企業を統括する機能もあると思う。しかし，ここではそれらについての議論は行わず，それらについては別稿にて検討したい。以下では，「プライベート・カンパニー」が傘下企業を統括するという観点からではなく，財閥一族と「プライベート・カンパニー」そして財閥傘下企業との関係を中心に検討する。

　「プライベート・カンパニー」の存在ならびに増加理由を明らかにすることは難しい。しかし，「プライベート・カンパニー」の存在ならびに増加理由を大きく2つ考えることができる。第1がリスク管理であり，第2が一族内部（ファミリービジネス存続のため）の要因である。

　第1のリスク管理について検討する。「プライベート・カンパニー」の増加ならびに同社の利用は，財閥一族が少数の株式所有（実際に一族の株式所有割合は減少傾向にある）で財閥傘下企業を安定的にコントロールすることにつながる。財閥傘下企業に対する財閥一族の株式所有割合の減少は，一族の傘下企業に対

第8章　ファミリービジネスにおける一族員・傘下企業・株式所有

する影響力の低下あるいは企業乗っ取りなどの危険性を生じさせる。しかし，一族が影響力を持つ「プライベート・カンパニー」を一族と傘下企業の間に介在させ，「プライベート・カンパニー」が傘下企業の株式を安定的にある程度所有することにより，傘下企業に対する一族の影響力の低下や乗っ取りなどを回避することが可能となる。それによって，財閥一族は傘下企業の株式を自ら多く所有することなく，傘下企業を支配することができる。

　第7章でも述べたように，傘下企業からえられる利益を財閥一族が直接えるのではなく，その利益を「プライベート・カンパニー」を迂回させることにより「富の集中」という社会からの批判をかわす狙いもあると思われる。2002年頃から各社が発行する「年次報告書」に株主名が掲載されるようになった。当然，一族員が傘下企業の株式を所有している場合，そこに名前と持株数が掲載されることになる。株主を公表することにより起こる可能性のある財閥一族員に対する批判を，「プライベート・カンパニー」をクッションにすることによりかわしているようにも思える。[11]これもある意味リスク管理といえるであろう。

　第2の一族内部（ファミリービジネスの継承）の要因について検討する。これは事業（所有と経営）を次世代へ問題なく継承するための措置ととらえることもできる。例えば，次の2点を考えることができる。1つは，増加する財閥一族員を財閥の運営にコミットさせる機会を提供することである。一般的に世代を経るごとに一族の構成員は増えることになる。その場合，増加した一族員をどのような形で財閥の運営や傘下企業の経営に関与させるのか，といったことが問題となる可能性がある。2つ目は，先ほども述べたが組織的な株式所有である。財閥傘下企業の株式を一族員個々人が所有するのではなく，一族が組織的に所有するためである。

　このような一族内部（ファミリービジネスの継承）の要因について，図8-2と〈図8-2の補足〉のように考えることはできないだろうか。

〈図8-2の補足〉

創始者：父
創始者の子：2代目（長男A，次男B，三男C，…）
　※当然，娘の存在も考えられるが議論をわかりやすくするために男子のみ

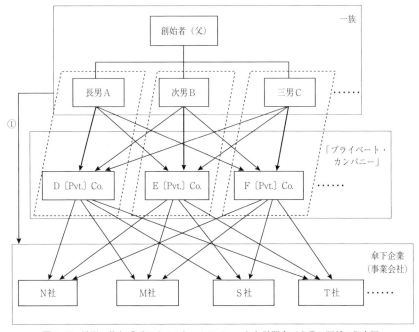

図8-2 財閥一族と「プライベート・カンパニー」と財閥傘下企業の関係の概念図
(注) 同概念図は著者が作成した。矢印先は、株式の所有先を示す。長男A, 次男B, 三男Cからの太い矢印の先は、それら各家族が中心となり経営に関与する「プライベート・カンパニー」をさす。①の矢印は一族員の各傘下企業の株式所有を示している。点線で囲った家族と「プライベート・カンパニー」はサブグループをさす。

に限定する。
※長男A, 次男B, 三男Cの子たちは3代目
　①長男A→長男Aの子たち（Aの長男, Aの次男, Aの三男, …）
　②次男B→次男Bの子たち（Bの長男, Bの次男, Bの三男, …）
　③三男C→三男Cの子たち（Cの長男, Cの次男, Cの三男, …）
「プライベート・カンパニー」:「プライベート・カンパニー」が傘下企業の株式を所有
　　D〔Pvt.〕Co.の役員構成ならびに株式所有は①長男A家族が中心＝ADグループ
　　E〔Pvt.〕Co.の役員構成ならびに株式所有は②次男B家族が中心＝BEグループ

F〔Pvt.〕Co. の役員構成ならびに株式所有は③三男C家族が中心＝CF
　　グループ
　　　　　　↓
　傘下企業（事業会社）について
　　D〔Pvt.〕Co., E〔Pvt.〕Co., F〔Pvt.〕Co. が中心となり，それぞれ複数
　　の傘下企業（事業会社）の株式を所有する
　　傘下企業（事業会社）N社，M社，S社，T社へ必要に応じて一族から役
　　員を派遣する

　図8-2は，財閥一族の財閥経営へのコミットと株式所有を中心にみた財閥
一族と「プライベート・カンパニー」と財閥傘下企業の関係の概念図である。
創始者の息子たち各々（長男A，次男B，三男C，彼らの息子たちの家族も含む）が，
特定の「プライベート・カンパニー」（D〔Pvt.〕Co., E〔Pvt.〕Co., F〔Pvt.〕Co.）
の運営（所有と経営）を担当し，息子たちはそれぞれの「プライベート・カン
パニー」をつうじ財閥傘下企業の株式所有などを行い，また必要に応じて傘下
企業（事業会社）へ役員を派遣し，直接的ならびに間接的に傘下企業と関係を
持つ。これは財閥一族の増加を「プライベート・カンパニー」が役員あるい
は社員として吸収するという形になる。この形態を，角度を変えてみると，財
閥一族内の家族（長男A，次男B，三男C）が関与する「プライベート・カンパ
ニー」を中心とした複数のサブグループ[12]があるようにみえる。当然のことであ
るが時間が経つにつれ，一族員の数は増加する。一族が所有と経営を担う財閥
では，一族員の増加に対し，財閥内部（傘下企業）で一族員の増加を吸収する
ための装置が必要になる場合もある。図8-2の概念図で示した形態は，一族
員に財閥運営にコミットする機会を提供し，一族員の増加に対応できるものと
なっている。また，「プライベート・カンパニー」などをとおして組織的に株
式を所有することが可能となり，一族員の増加による株式の分散化を防ぐこと
も可能となる。このようなパキスタン財閥にみられる傾向を，ここでは「『プ
ライベート・カンパニー』を介したファミリービジネス」と呼びたい。
　また，図8-2の概念図では，財閥一族は傘下企業の株式所有に特化する可
能性があるため，各傘下企業への専門経営者の登用を促進させるようにもみえ

る。しかし，現在パキスタンに存在する財閥は，本章「2　財閥傘下企業への財閥一族員の役員就任状況について」で確認したように，財閥一族員が傘下企業の重要な役職に就いている場合が多い。専門経営者がどの程度の意思決定にかかわるかによるが，少なくとも現在のパキスタンでは，傘下企業の意思決定を行うのは一族外の専門経営者ではなく，一族出身の経営者である。

　伊藤正二は，インドのいくつかの大財閥を取り上げ，経営代理制度廃止（1970年）後の財閥傘下の投資会社の財閥内における存在意義を検討した。[13]伊藤は，財閥内にある投資会社の投資活動などを分析し，それらがどちらかといえば持株会社的な活動をしていることを指摘した。また，持株会社的な投資会社が財閥傘下に複数存在し，それらが財閥傘下の事業会社と財閥一族との間に介在し，株式所有面においても重要な位置（財閥一族員を含む個人株主の地位低下，逆に株主としての会社の地位向上など）にあることを示した。

　上記の伊藤の分析は，財閥傘下の投資会社の活動などを主に分析したものである。本章で検討した「『プライベート・カンパニー』を介したファミリービジネス」は，株式所有関係を中心にみたファミリービジネスの継承ならびに財閥一族員の財閥経営にコミットするための組織としての「プライベート・カンパニー」という観点から検討したものである。インド財閥の持株会社的な投資会社の存在と，パキスタン財閥にみられる「プライベート・カンパニー」の存在，そしてそれら両社の株式所有状況にパキスタン財閥とインド財閥に「似たような状態」を確認することができた。「似たような状態」と，カッコつきで表現したのはインドの場合，投資会社（持株会社的な）間で環状的に株式を持ち合っていることが確認されており，[14]本書で取り上げた「プライベート・カンパニー」（パキスタン）では，インドのような関係を現時点で確認することができないためである。

　パキスタンとインドはもとをたどれば1つの国であった。パキスタンにおいてもインドの大財閥と「似たような状態」が確認できたことは興味深い。

5　財閥一族と財閥傘下企業の関係

　以上，パキスタン財閥の傘下企業と一族の関係を，一族員の財閥傘下企業へ

第8章 ファミリービジネスにおける一族員・傘下企業・株式所有

の役員就任状況と一族員と傘下企業などの株式所有状況を中心に検討してきた。

「2 財閥傘下企業への財閥一族員の役員就任状況について」でみたように，ほとんどの財閥が特定の一族により支配されている。財閥一族員が傘下企業の役員に就任し，そして傘下企業の取締役会の半数前後を彼ら一族員が占めていることが明らかになった。また，彼ら一族員のほとんどがパキスタン以外の地，アメリカやイギリスなどで高等教育を受けてきた者たちであり，財閥一族内での教育方法が変化してきたことも明らかになった。

パキスタンに存在する財閥は，基本的に結束力が強く，排他的であるといわれている。現在，パキスタンにも外国の企業が進出してきている。そのような状況にあって，財閥がどのような経営を行うのか。これまでのスタイルを続けるのか，あるいはそれ以外の方法で財閥経営を行っていくのか。どちらにしてもこれから財閥を率いていくのは，外国で高等教育を受けてきた2世や3世の一族員たちである。今後，彼らがどのような財閥経営を行っていくのか注目したい。

「3 財閥一族と傘下企業等による財閥傘下企業の株式所有状況について」では，一族と傘下企業の関係を，株式所有状況などを中心に検討した。そこで，一族員の傘下企業の株式所有割合が減少傾向にあり，逆に「プライベート・カンパニー」の株式所有割合が増加傾向にあることが明らかになった。また，財閥内における「プライベート・カンパニー」の役割を，一族の財閥経営へのコミットと傘下企業の株式の組織的な所有という観点から検討した。このような形態をここでは「『プライベート・カンパニー』を介したファミリービジネス」と呼んだ。

現在，パキスタンの財閥内では緩やかではあるが変化がみられる。それは上記したが，財閥一族員の教育に対する変化，また株式所有形態などの変化などである。そのような緩やかな変化が，今後パキスタン財閥をどのような方向へと導くのか楽しみである。

注
(1) ハビーブ財閥はサブグループが存在する。同財閥のサブグループは，傘下企業の規模などで同等であるため，本章ではハビーブ財閥を1つの財閥として取り上げる

のではなく，サブグループを1つのグループとして取り上げる。その際の呼称をサブグループということも考慮しハビーブ財閥ではなく，ダーウード・ハビーブ・グループとムハンマドアリー・ハビーブ・グループとする。また，両グループを1つとして示す場合にはハビーブ財閥とする。

(2) 現在，アーダムジー財閥はほとんどの傘下企業が非上場会社である。よって分析の資料となる「年次報告書」などの資料を入手することができなかった。そのため同財閥を今回は除いた。

(3) 隣国インドの財閥の形態について，三上敦史が行った分類と伊藤正二が行った分類がある。両者ともインド社会の特徴あるいは財閥の特徴をとらえ分類を試みている。三上はインド財閥を「インド的な家族形態」を中心に①合同家族型（ワルチャンド財閥，スィンガニア財閥，バジャージ財閥），②分裂型（ゴエンカ財閥，ビルラ財閥），③その他（小家族型，外集団型）（マヒンドラ財閥（小家族型），タタ財閥（外集団型））にわけた（三上敦史「インド財閥の所有と経営——その類型的把握」『インド財閥経営史研究』（同文舘出版，1993年））。また，伊藤はインド財閥を「株式支配」を中心に①アマルガメーション財閥（ピラミッド型≒日本型），②ターター（タタ）財閥（準ピラミッド型），③ビルラー（ビルラ）財閥（錯綜型）にわけた（伊藤正二「インド」伊藤正二編著『発展途上国の財閥』（アジア経済研究所，1983年））。

(4) Papanek, G. F., Pakistan's Industrial Entrepreneurs: Education, Occupational Background, and Finance, Papanek, G. F. and W. P. Falcon, eds., *The Pakistan Experience*, Harvard University Press, 1971, p. 240.

(5) 株式所有関係率は，傘下企業各社が株式を所有している同一財閥傘下企業数の合計を同一財閥傘下企業内で成立可能な株式所有関係数で除し100倍したものである（公正取引委員会事務局編『日本の六大企業集団——その組織と行動』（東洋経済新報社，1992年）を参照）。

(6) ムハンマドアリー・ハビーブ・グループのいくつかの傘下企業の「年次報告書」の株式の状況をみると，外国人投資家というカテゴリーが確認できる。外国人投資家というカテゴリーは，今回取り上げた他の財閥傘下企業の「年次報告書」には全くないというわけではないが，ほとんどみることがない。

(7) パキスタンには，相続税や贈与税についての規定（イスラーム法は除く）は特にない。そのため相続税や贈与税に影響を受けたとは考えにくい。

(8) 出典については各社 *Annual Report* を参照のこと。

(9) 出典については各社 *Annual Report* を参照のこと。

(10) 久野康成監修『バングラデシュ・パキスタン・スリランカの投資・会社法・会計税務・労務』（文化社，2012年）364頁。

(11) 税法などの変更により，節税対策の一環としてこのような形態になった可能性も考えられる。先に第7章でも述べたように，2005年の所得税条例（Income Tax

Ordinance）から，それまで「給与所得者」のみであった区分に新たに「非給与所得者」が加わった。高額所得者の場合，「非給与所得者」のほうが「給与所得者」よりも納税額が高い傾向にある。一族員の株式所有数の減少は，それに対応したものとも考えることもできる。
(12)　末廣昭は，タイのソーポンパニット家が支配するバンコク銀行グループの所有と経営について分析し，同グループが1970年代から「家族内事業分業方式」をとっていたことを指摘している。詳しくは，以下の文献を参照していただきたいが，所有面について本章で取り上げている「プライベート・カンパニー」との関係で一族が100％出資する国内外の家族投資会社の存在ならびに6人の息子と1人の娘すべてに対して，それぞれ投資会社を設立したなど，また経営面ではソーポンパニット家の兄弟たちがバンコク銀行グループの企業の経営をそれぞれが担当している，などが興味深い。詳しくは，末廣昭「バンコク銀行グループ（Ⅱ）――タイの金融コングロマリット」『アジア経済』第33巻第2号（アジア経済研究所，1992年），ならびに同『キャッチアップ型工業化論――アジア経済の軌跡と展望』（名古屋大学出版会，2000年）210-212頁を参照のこと。
　　　また，谷浦孝雄は，韓国財閥の財閥家族による財閥傘下企業の株式所有形態を3つにわけた。第1は大株主に財閥家族がほとんど登場せず，文化財団などの非営利団体や傘下企業が株主となっている。第2は大株主に傘下企業と財閥家族がなっている。第3に大株主が財閥家族のみがなっている。このように3つに分類し，企業集団の大型化，構造の複層化が進むにつれて第3から第2へ，そして第1へ移行するのではないかと述べている（谷浦孝雄「韓国」伊藤正二編著『発展途上国の財閥』（アジア経済研究所，1983年）24-26頁）。
　　　本章で述べているサブグループや図8-2で示した概念図は，「プライベート・カンパニー」を中心に組織がわかれている。チャンドラーの「多事業部制組織」の議論とも大きく関連すると思われる。しかし，本書でも述べているようにパキスタンで活動する財閥の多くが傘下企業の主要な役員ポストに一族員がほとんどの場合就任している。いわゆる権限の下位委譲についてはほとんど進行していないのが現状である。
(13)　伊藤正二「インドのある大企業の株主構成――財閥支配のメカニズムの一検討」『アジア経済』第15巻第10号（アジア経済研究所，1974年），同「インドにおける大財閥系投資会社の持株会社的本質について」『アジア経済』第24巻第2号（アジア政経学会，1977年）などを参照のこと。
(14)　伊藤前掲書「インド」や Hazari, R. K., *The Structure of The Corporate Private Sector: A study of concentration, ownership and control*, Asia Publishing House, 1966 などを参照のこと。

終　章
パキスタン財閥におけるビジネスの継承

　これまで，パキスタン財閥の生成と発展ならびに財閥傘下企業と財閥一族の関係などについて，ケーススタディをつうじて論じてきた。「終章」では，各章のまとめを行い，パキスタン財閥の特徴を要約的に述べ，そしてパキスタンの財閥一族のファミリービジネスの継承について，さらにパキスタン財閥研究の今後の課題などについて述べる。

1　各章の整理

　第1章「パキスタン経済と財閥」では，パキスタンの経済発展過程を始動期（分離独立から1950年代），発展期（1960年代），停滞期（1970年代），再出発と模索期（1980年代以降）の4つに区分し，パキスタン経済の発展の軌跡を財閥との関係で論じた。始動期では，ムスリム商人・企業家が分離独立当初のパキスタンで果たした役割を論じた。また発展期では，主にアユーブ・ハーンの軍事政権期に自動車産業に進出し同時期に台頭してきた財閥の活動を中心に論じた。停滞期では，Z. A. ブットー政権が実施した社会主義型経済政策がパキスタン財閥にどのような影響を与えたのかなどについて述べた。再出発と模索期では，1970年代の社会主義型経済から一転し，自由化路線に舵を切ったパキスタンでの財閥の活動を中心に論じた。パキスタンに存在する財閥は，分離独立以来パキスタン経済のけん引役となってきた。パキスタン経済の歴史を確認することは，パキスタンに存在する財閥の形成史・発展史を確認することでもある。

　次に，第2章ではハビーブ財閥について論じた。現在，同財閥は製造業（インダス・モーター，他）と金融業（バンク AL ハビーブ，他）を中心に事業を展開している。

ハビーブは，英領インド期の1941年にインド亜大陸で初となるイスラーム系のハビーブ・バンクを設立し，パキスタン建国当初からパキスタンの金融界に大きく貢献した財閥である。また，1993年にはトヨタおよび豊田通商との合弁でインダス・モーターを設立し，自動車製造へ進出している。

　ハビーブ財閥の祖となる人物は，ハビーブ・イスマーイールである。彼はイスマーイール・アリーの子として1878年に生まれ，ハビーブと名付けられた。父イスマーイールはボンベイ（現ムンバイ）に工場を持ち，当時の産業界においてパイオニア的存在であった。

　ハビーブは，1912年にヨーロッパ視察を行い，その後即座にジュネーブとウィーンにヨーロッパ貿易の拠点となる事務所を開設した。1921年に設立したハビーブ＆サンズは，ハビーブ家の貿易業務を一手に引き受け，日本や中国ともビジネス関係を築き貿易を行った。同社が主に扱った輸入品は，洋品類，生糸，ガラス製品，刃物類であり，輸出品としては綿が主であった。その後，ハビーブ＆サンズは次第に綿花の取引に事業の中心を移していった。ハビーブ家は分離独立後，本拠地をボンベイからカラーチーへ移し，新国家パキスタン建設のため多方面で産業をおこし，各分野において主導的な役割を演じることになる。

　第3章では，英領インド時代に活躍した数少ないムスリム系企業家の1人であるサー・アーダムジー・ハージー・ダーウードが興したアーダムジー財閥について論じた。サー・アーダムジーは，パキスタン建国当初より，パキスタンで保険会社を設立し，また他の一族とともに航空会社（オリエント・エアウェイズ）を設立し，ハビーブ財閥などと同じく初期のパキスタン経済をけん引した。

　アーダムジー財閥の活動の出発点は，サー・アーダムジーの父ハージー・ダーウードが中心となり1896年に日用品などを扱う貿易会社を設立したことに始まる。その頃，サー・アーダムジーは，知人のもとで働きはじめ，そこで商売にかんする多くのことを学んだといわれている。その後，1914年にサー・アーダムジーが中心となり，カルカッタにアーダムジー・ハージー・ダーウード＆Co.を設立した。同社では，それまで扱っていたガンニー袋や日用品以外にも手を広げ，ジュート製品なども扱った。その後，サー・アーダムジーはアーダムジー・マッチやアーダムジー・ジュートなども設立した。サー・アー

ダムジーは，彼自身のビジネス以外にも他企業の役員などにも積極的に就任した。彼は，20世紀初頭のカルカッタやラングーンなどに存在するメーモン・コミュニティのリーダー的存在であり，また彼の広範囲にわたる積極的な企業者活動は，彼を南アジア東部地域を代表する地域的なリーダーにさせた。

印パ分離独立に際し，サー・アーダムジーはパキスタンへ移住し，敬虔なムスリムであったサー・アーダムジーならびに彼の息子たちを中心とするアーダムジー家は，単なる私利私欲のためではなく，ムスリム国家パキスタンの発展のために尽力した。

第4章では，ダーウード財閥を取り上げた。ダーウード財閥は，1950年代より活動する財閥である。当初，貿易業や紡績業を中心に事業を展開していたが，その後，化学や肥料，またガスパイプラインなどの分野へ積極的に多角化を図ってきた。

ダーウード財閥の創始者は，アフマド・ダーウードである。アフマドは，1905年にバントゥワに3人兄弟の長男として生まれた。1917年，12歳になったアフマドは，彼のおじであるアブドゥッガニー・ハージー・ヌール・ムハンマドのもとで働きはじめる。アフマドは，おじのもとで2年間働き，その間に商売にかんするノウハウを学んだ。1920年にアフマドの父が亡くなる。父の死を機に，アフマドはボンベイ（現ムンバイ）へ移り，おじから独立し商売を始めることを決意する。彼はおじのアドバイスのもと，ボンベイで綿などを扱う店を構えた。

1947年の印パ分離独立は，ボンベイで商売を行っていたアフマドをパキスタンへと移住させた。アフマドがパキスタンへの移住後，最初に行ったことはダーウード・コーポレーションの設立であった。その後1951年にダーウード・コットンを，そして1959年にはダーウード・ペトロリウムを設立した。また，ダーウードは企業経営だけではなく，1961年に設立したダーウード財団をつうじ積極的に慈善活動も行っている。パキスタンで学校，病院，モスクなどの設立ならびにそれらに対し寄付を行っている。

第5章では，アトラス財閥を取り上げた。そして，アトラス財閥の特徴を明らかにするために，アトラスの中心的な事業である自動車製造業などを中心に論じた。

アトラス財閥は，ユースフ H. シラーズィーが1962年にシラーズィー・インベストメントを設立したことに始まる。その後，同財閥は日本のホンダとの関係を軸に成長発展してきた。現在でもホンダとの関係は変わらず，製造業を中心に発展を遂げている。

　アトラス財閥の特徴的な点は，アトラスが単独で企業の設立を行っているケースは稀であり，ほとんどの傘下企業が外資系企業との合弁により設立されていることである。例えば，アトラス・ホンダとホンダ・アトラス・カーズ・パキスタンはホンダとアトラスの合弁企業であり，またアトラス・バッテリーは日本電池株式会社（現在 GS ユアサ）と関係を持っている。シラーズィー・インベストメントは，アトラス財閥の窓口となり，アトラスが他の企業（特に外資系企業）と合弁あるいは技術提携などを行う際に重要な役割を果たしている。

　第6章では，軍人から企業家へ転身したことで知られるハビーブッラー・ハーン・ハタックが興したビボージー財閥を取り上げた。ビボージー財閥は，ガンダーラ・インダストリーズやガンダーラ・ニッサンを中核に自動車，タイヤ，建設，保険，紡績などのビジネスを展開している。

　ビボージー財閥を率いるハタック家は，パキスタンで著名な政治家や軍人を輩出している一家である。同家の特徴を明らかにするために，ハタック家の主要人物の略歴，特にアスラム，ハビーブッラー，ユースフの3人兄弟を中心に，彼らがどのような立場にあり，またどのような活動をしていたのか，などについて述べた。

　ハタック家の特徴として次の点を指摘することができる。第1にアスラム，ハビーブッラー，ユースフの3人兄弟が高等教育（インド亜大陸以外の地（特にイギリスで））を受けていること。第2にパキスタン建国に際し活動家として，また軍人として積極的にかかわりを持った人物を輩出していること。第3に国会議員（大臣経験者も含む）などの政治家を輩出していること。第4に大統領経験者2名の一族と親戚関係にあること，などが同家の特徴としてあげることができる。

　第7章では，ラークサン財閥を取り上げ論じた。ラークサン財閥は，1980年代以降に発展してきた財閥である。ラークサン財閥を率いるラーカーニー家は，シーア派のイスマイリーに属し，ムハージル系の他の財閥と共通する背景を有

しているといわれている。同財閥は，ハサンアリー・カーラーバーイーが1969年に設立したラークサン・タバコを持って始まりとする。現在，ラークサン財閥傘下企業の経営に深くコミットしているのが，ハサンアリーの息子たちであるスルターンアリー，イクバールアリー，ズルフィカールアリー，アミーン・ムハンマドの4人兄弟である。

同財閥の特徴は，第1に主要な傘下企業がアメリカを中心とする外資系企業との合弁あるいは技術提携を積極的に行っている点である。例えばラークサン・タバコ（現在ラークサン財閥傘下企業ではない）とプレミア・タバコ（現在ラークサン財閥傘下企業ではない）は米フィリップモリス，コルゲート・パルモリーブ・パキスタンはコルゲート・パルモリーブ，シーザー・フーズはマクドナルド，クローバー・パキスタンはクラフト・フーズ，という具合に積極的に外資と関係を持っている。第2に，主要傘下企業が食品や嗜好的な商品の製造および販売をメインとしていることである。コルゲート・パルモリーブ・パキスタンやマクドナルドなどがそれにあたるであろう。第3に，この点はパキスタンに存在するいくつかの財閥に共通するが，持株会社的な役割をする会社がプライベート・カンパニー（非公開会社）という形態をとり，財閥傘下にいくつか存在するということである。この点については第8章で論じた。

第8章「ファミリービジネスにおける一族員・傘下企業・株式所有」では，財閥一族と財閥傘下企業との関係，特に所有と経営によるファミリー・コントロールの態様について検討した。とりわけ，パキスタン財閥に特徴的な点だと思われる「プライベート・カンパニー」に注目し，「プライベート・カンパニー」の傘下企業の株式所有状況や株式所有数（割合）の変遷などについて考察した。

財閥傘下の「プライベート・カンパニー」やそれと関連するパキスタン財閥のファミリービジネスについては，次節「2　パキスタン財閥のファミリービジネス」でも述べるので，そちらを参照していただきたい。

2　パキスタン財閥のファミリービジネス

パキスタンに存在する財閥の性格は，基本的に同族（一族）経営であり，財

閥傘下企業の所有と経営にかんして財閥一族が関与する。彼らの結束力は強く，それに加え排他的である。

　各章で取り上げた財閥のケーススタディならびに第8章でも検討したように，本書で取り上げたほとんどの財閥が特定の一族によりコントロールされている。財閥傘下企業の経営面では，財閥一族員が傘下企業の重要な役員ポストに就任している。そして傘下企業の取締役会の半数前後を彼ら一族員が占め，傘下企業の意思決定にかんし影響力を持っている。

　現在，パキスタン財閥の財閥一族員は，大学あるいは大学院で学んだあと，傘下企業の役員に就任あるいは他企業で働いたのちに財閥傘下企業の役員に就任している。一族員は，そのどちらかによって傘下企業の役員に就任する場合がほとんどである。すべての一族員が経営者として有能とはいえないと思うが，男性一族員のほとんどが何らかの形で傘下企業の役員に就任している。本書で取り上げた各財閥のケーススタディから，現在のところ一族内での傘下企業の役員ポストの継承は，特に問題なく行われているといえる。

　また，一族員による傘下企業の株式所有については，複数人の一族員が傘下企業の株主となっていることを第2章から第7章の各章ならびに第8章で確認した。また，いくつかの財閥では，傘下企業の株式を「プライベート・カンパニー」をつうじて所有していることも確認した。それに加え，一族員の傘下企業の株式所有割合が減少傾向にあり，逆に「プライベート・カンパニー」などの株式所有割合が増加傾向にあることも明らかにした。それらの傾向は2006年前後から確認することができる。このような「プライベート・カンパニー」をつうじた株式所有形態を，本書では「『プライベート・カンパニー』を介したファミリービジネス」と呼んだ。

　「『プライベート・カンパニー』を介したファミリービジネス」では，第8章の図8-2にあるように創始者の息子たち各々が，特定の「プライベート・カンパニー」の運営を担当している。それは財閥一族員の増加を「プライベート・カンパニー」が役員あるいは社員として吸収するという形になる。また，財閥一族の各一族員は個人としてではなく一族として（個ではなく組織として），それぞれの「プライベート・カンパニー」をつうじ財閥傘下企業の株式所有（個人所有から組織的な所有へ）などを行い，間接的に傘下企業と関係を持つこと

終　章　パキスタン財閥におけるビジネスの継承

になる。

　一族が所有と経営を担う財閥では，一族員の増加に対し，財閥内で一族員の増加を吸収するための装置が必要になる場合もある。「プライベート・カンパニー」は，そのような役割を果たしていると思われる。しかし，現時点において「プライベート・カンパニー」の役割などについてすべて説明がなされたわけではない。今後さらに調査をつづけ「プライベート・カンパニー」の実態を解明したい。

　パキスタン財閥の所有と経営については，これまで検討してきたように財閥一族が影響力を持っている。その影響力を保持し，財閥としてのビジネスを不和なく次世代へ継承するための1つの方法として「プライベート・カンパニー」などを利用していると思われる。

3　パキスタン財閥の特徴

　パキスタン財閥の特徴をいくつかの点を中心にまとめると以下のとおりである。

　第1に，財閥がパキスタンの経済発展に果たした役割についてである。財閥がパキスタンの工業化に果たした役割は大きい。1940年代のハビーブ・バンク，ムスリム・コマーシャル・バンク，オリエント・エアウェイズなどのパキスタン建国に必要となる企業の設立に始まり，パキスタンの主要産業である紡績産業にも多大な資本を投下した。その後も各財閥は，新産業分野に進出し，事業の多角化を図ってきた。財閥傘下企業は，ほとんどの産業分野に進出しており，その活動範囲もひろい。例えばハビーブ財閥の場合，ムハンマドアリー・ハビーブ・グループはトヨタ自動車との合弁でインダス・モーターを設立し，1990年代以降にパキスタンで総合産業といわれる自動車製造に乗り出している。また，ダーウード・ハビーブ・グループは，金融業を中心にいくつかの銀行をパキスタン国内だけではなくパキスタン以外の地でも展開している。ダーウード財閥は，1950年代に紡績業からスタートしたが，現在ではケミカル系の産業に力点をおきビジネスを展開している。そしてラークサン財閥は，外資系企業との合弁で消費財産業を中心にビジネスを展開し，現在ではITやマスメディ

ア関係のビジネスにも進出している。

　確かに財閥の性格は，本書で何度か述べたように，自己中心的な側面がないとはいえない。また財閥一族への富の集中などもパキスタン国民の不満の的であり大きな問題である。さらに財閥一族と官僚や政治家との癒着によって，いわゆる政商的な活動を展開したことも否めない。しかし，分離独立後の半分が「軍政の悪循環」(1)にあった特殊な状況下で，パキスタン経済を支えてきたのは財閥であった。そのようなことを踏まえると，パキスタンの経済発展は財閥を抜きに考えることはできない。パキスタンのような後発国では，国家の経済をけん引するのは財閥のような集団である場合が多い。財閥は限られた資源を効率的に利用し，その国の国民経済の発展に影響を与え，そして貢献してきた。パキスタンの財閥もそのような役割を果たしてきたといえる。今後，フォロアーを含めて革新的な企業家をいかに多く輩出するかが，パキスタンの経済発展の速度を決定する要因となるであろう。また，民政が安定化しつつある今日，コミュニティの枠を超えた真に国益志向的な企業家や財閥の出現が待たれる。

　第2に，財閥のパキスタン社会への貢献についてである。すべてのムスリムに課された5つの義務（5行）の1つである喜捨の戒律(2)のもとに，各財閥とも財団などを設立し，パキスタン国内に学校や病院を設立し，また女子教育の支援などにも積極的にかかわっている。例えば，ハビーブ財閥（ダーウード・ハビーブ・グループ）の場合，ハビーブ・スクール・トラストをつうじ，パキスタンの教育の発展，またパキスタンの若者に世界最高水準の教育を提供することなどを目的に学校を開校している。またダーウード財閥は，ダーウード家が1961年に設立したダーウード財団をとおし学校や病院などの設立に資金を提供し，さらに学生に奨学金などを与えている。ビボージー財閥は，1971年にワクフ・エ・クッリー・ハーン・トラスト（WAQF-E-KULI KHAN TRUST）を設立し貧しい学生に対し援助などを行っている。そしてアーダムジー財閥創始者のサー・アーダムジー・ハージー・ダーウードは，英領インド時代よりムスリムにかかわる医療・教育・社会問題などへ積極的にかかわり社会活動でもリーダー的な役割を果たしてきた。そのような彼の活動がイギリスに認められ爵位が与えられた。

　第3に，財閥一族員への教育についてである。本書で財閥一族やコミュニ

終　章　パキスタン財閥におけるビジネスの継承

ティ内の関係の強さを述べた。パキスタンの財閥は個々のアイデンティティをもとにした地縁，血縁などへの帰属意識，それに加え権限を持つ者との個人的なつながりなどが強い。現在のパキスタンにおいてそのような人的関係を崩すことは容易なことではない。しかし，現在，パキスタンのビジネス界，特に財閥一族では，世代交代の時期にさしかかってきており，財閥一族内でも2世や3世の時代に入ってきた。第8章で述べたように，2世や3世はアメリカやイギリスなどの高等教育機関で教育を受けた者がほとんどであり，国際感覚を身につけた者たちである。今後，彼らが財閥ならびに一族内において新しい統率者として，これまで行われてきたビジネス慣習を払拭し変革をもたらすことも期待されている。

　第4に，財閥傘下企業への企業統治についてである。パキスタン財閥のコーポレートガバナンスはどのようになっているのか。いくつかの財閥の傘下企業の「年次報告書」にはコーポレートガバナンスにかんする文言などがあり，またそれに関連するような委員会なども設置されている場合もある。しかし，パキスタン財閥の多くの場合，財閥一族が財閥傘下企業の所有と経営の両面に影響力を持っている。よって，この点については，いまだ未成熟な部分が多いといえる。今後，グローバル化の進展によって外資との関係が今以上に深まることになれば，パキスタン内外の株主からの圧力などによって，ガバナンスの改善が求められることになるであろう。

　第5に，財閥とイスラームについてである。すでに本書で何度か触れてきたように，パキスタンはムスリムが中心となり誕生した国家である。よって，イスラームを国家あるいはパキスタン社会と切り離すことはできない。今回，本書で取り上げたすべての財閥がムスリムである。各財閥の傘下企業に，イスラームの教えに反するようなビジネス（例えば酒類，賭博，豚肉などを扱うこと）を行う企業は皆無である。また，一部ではリバー（利子を取っての経済活動の禁止あるいは利子を取ることに対する制限）やムダーラバ（損益分配契約の1つ）といったイスラーム的ビジネス慣行についても遂行されている。

4 ムスリム商人が財閥化した要因についての試論

　最後に，いくつかの商人一族がパキスタンでなぜ財閥となりえたのか，その点について，試論的に述べておきたい。本書では，第1章においてパキスタンの初期経済ならびにその後のパキスタン経済を担った者たち（商人）の出自的背景やビジネス・コミュニティの特徴などについて明らかにした。しかし，パキスタンにおいてなぜ彼らが財閥化したのか，本書ではその点について分析を試みていない。パキスタンでの財閥化についての詳細な検討は今後の課題とするが，現時点で考えられる財閥化の要因として以下の数点を指摘しておきたい。

　第1に，地域的な要因である。パキスタンとなった地域（インド亜大陸の西側と東側）は，第1章でも述べたように工業が中心の地域ではなく農業が中心の地域であり，そこには農業に従事する者が多く存在した。もちろん，同地域にもいくつかの工場は存在したが，それらはインドとは比べものにならないほど少数であり，同地域は工業的に空白地域であった。このような工業的な空白地域にムハージルのいくつかの商人一族が移り住み，彼らは農民では行うことのできない紡績産業をはじめ国家としてのパキスタンに必要となるいくつかの工業的な産業を一から作り上げていった。競争相手がほとんど存在しなかったこのようなパキスタンの状況が，商人一族の活動に自由を与え，さらに彼らの活動範囲を広げたといえる。

　第2は，上記とも関連するが，商人一族がパキスタンの地で自由に活動することができたことである。ムハージルの商人一族たちは，パキスタンとなった地域内では「よそ者」であったため土着の文化や慣習などに拘束されることなく，自由に活動することができた（あるいは自力で活動しなければならなかった）。いくらムスリムが多く存在する地域（東西パキスタン）とはいえ，カースト的なものがまったく影響していなかったとはいえない。しかし，その点について第1章でも述べたように，いくつかのムスリム・ビジネス・コミュニティに属する商人たちは，もともと自由に活動を行っていたため，同地域に暮らす人々の慣習などに影響を受けることも少なく，パキスタン地域へ移住後も彼らは活動スタイル（自由な活動）を変えることなく活動することができた。

第3に，M.A. ジンナーや新国家パキスタンが彼らを必要としたことである。これまで述べた点とも関連するが，工業的空白地域であったパキスタンに産業や事業を興すため，M.A. ジンナーはハビーブやアーダムジーなどのいくつかの一族にそれらを要請した。それはいくつかの一族に，パキスタンの産業基盤の構築を委ねることを意味した。それが工業的空白地域であった同地域に，いくつかの一族の事業基盤を築くことにつながったと思われる。

　第4に，一族の持つヒューマンネットワーク（人脈）である。山中一郎も指摘しているように，パキスタンでのビジネスには政府との関係，要人との関係，さらにコミュニティ内での関係，いわゆるヒューマンネットワーク（人脈）を構築することが重要となる。例えば，ハビーブやアーダムジーは M.A. ジンナーからの要請によりパキスタンへ移住したし，またビボージーにとってアユーブ・ハーンとの関係は大きな意味を持った。このような関係を持ち，良好な関係を築いていけるかどうかが重要なポイントになる。このことも財閥化の1つの要因と考えることができる。

　以上，いくつかの商人一族がパキスタンで財閥化した要因，社会的な要請，地域的な必然性，そしてヒューマンネットワークの構築などについて述べた。しかし，先に述べたように，今回は財閥化について詳細に検討したわけではなく，いくつかの要因を提示したにすぎない。パキスタンでいくつかの商人一族が財閥化した要因については，今後の課題とし解明していきたい。

5　パキスタン財閥の今後

　以上，パキスタン財閥の特徴などについて述べてきたが，課題が残っていることも忘れてはいけない。今後の課題としては，今回取り上げた財閥は6つの財閥だけであり，パキスタンにはそれ以外にも財閥が存在する。よって，今回取り上げた財閥だけでは，パキスタン財閥のすべてを語ることはできない。また，パキスタン財閥についての基礎的な資料，例えば一族の家系図や一族の人脈関係などは，インド財閥の研究やアジア諸国の財閥にかんする研究に比べても満足のいくものではない。基礎的な資料（史料）あるいはデータを「点」に例えるならば，点を探しあるいは作成し，そして点と点を結び，その点を丁寧

に1つの線（多面的な視点から歴史的な流れとしてとらえる）にする作業がパキスタン財閥を研究するためには必要になる。その結ばれた「線」のなかから普遍的なものを発見する作業も重要になるであろう。しかし，パキスタンの場合，点と点を結ぶ作業以前に，「点」そのものから作る必要がある。それらの基礎的な資料ならびにデータなどの整備も含め今後さらに財閥のケーススタディを積み重ねていく必要がある。

　また，パキスタン財閥の特徴を明らかにするためには，各財閥のケーススタディだけではもちろん十分ではない。財閥は，1国の経済に多大な影響を与える可能性が十分にある。本書で取り上げた財閥は，パキスタン経済の発展ならびに工業化の基盤となる企業を設立し，パキスタン経済の原動力となり同国の経済に多大な影響を与えてきたことは間違いない。しかし，今回は，財閥がパキスタン経済に与えた影響について十分な検討を加えることができなかった。今後，パキスタン経済と財閥について検討する必要がある。

　それに加え，パキスタン財閥傘下企業を支える経営者などの人的側面に目を向ける必要がある。本書でもみたように，現在パキスタン財閥傘下企業の重要な役員ポストには多くの場合，財閥一族員が就任している。しかし，いくつかの財閥ではすでにCEOに一族以外の専門経営者を登用している財閥も出てきている。パキスタン財閥の経営面の特徴を明らかにするためには，財閥一族からの役員就任者だけではなく，一族外の役員にも目を向け，彼らの出自，経歴（学歴，職歴など）あるいは財閥一族との関係などを丁寧に調べていく作業も大切である。それによって，はじめてパキスタン財閥の経営面の特徴が明らかになるであろう。

　パキスタン財閥の研究はまだ始まったばかりである。上記の点などを念頭に，今後さらに研究を進め，イスラーム諸国で活動する財閥の一例としてのパキスタン財閥の特徴を明らかにしたい。

注
(1) 浜口恒夫「パキスタンにおける国家建設の軌跡」『経済』第213号（新日本出版社，2013年）などを参照。
(2) 喜捨以外には信仰告白，礼拝，断食，巡礼である。

(3) 一族内の関係も重要である。英領インドからの分離独立という歴史的な出来事のなか，インドやその他の国や地域からパキスタンへ移住することは，商人たちにとってもそれ相応の覚悟が必要であったであろう。そのようななかにあって，彼ら商人がパキスタンへ移住し，同地でビジネスを行う上で，誰を頼り，誰を信用し，そして誰と行動をともにするのか。基本的に，それは家族や一族だと思われる。そのような意味において，中川敬一郎が後発国における家族的経営の優位性について指摘したように，家族的企業が持つ高度な信頼感や，経営に対する意思決定の機動性ならびに資金調達上の優位性などが（中川敬一郎「経済発展と家族的経営」『比較経営史序説』（東京大学出版会，1993年）），分離独立前後のパキスタンでの彼らのビジネス活動やビジネスの範囲を広げることにも優位に働いたと思われる。

(4) 山中一郎「産業資本家層——歴代政権との対応を中心として」山中一郎編『パキスタンにおける政治と権力——統治エリートについての考察』（アジア経済研究所，1992年）339頁。

参考文献

A. D. チャンドラー Jr. 著，鳥羽欽一郎・小林袈裟治訳『経営者の時代（上）アメリカ産業における近代企業の成立』（東洋経済新報社，1979年）。

A. D. チャンドラー Jr. 著，鳥羽欽一郎・小林袈裟治訳『経営者の時代（下）アメリカ産業における近代企業の成立』（東洋経済新報社，1979年）。

A. D. チャンドラー Jr. 著，安部悦生・川辺信雄他訳『スケールアンドスコープ――経営力発展の国際比較』（有斐閣，1993年）。

B. L. C. ジョンソン著，山中一郎・松本絹代・佐藤宏・押川文子共訳『南アジアの国土と経済 第3巻パキスタン』（二宮書店，1989年）。

FOURIN 編『アジア自動車産業 2004/2005』（2004年）。

FOURIN 編『アジア自動車産業 2006』（2006年）。

FOURIN 編『アジア自動車産業 2008』（2008年）。

FOURIN 編『アジア自動車産業 2011』（2011年）。

M. N. ピアスン著，生田滋訳『ポルトガルとインド』（岩波現代選書，1984年）。

Mullick, Hussein『パキスタンにおけるイスラム化経済の出現――その起源，最近の諸手段，成功の見込，回教世界に及ぼす影響』（社団法人日本経済調査協議会，1982年）。

J. マルソー著，瀬岡誠・瀬岡和子訳『ファミリービジネス？――国際的ビジネス・エリートの創出』（文眞堂，2003年）。

O. E. ウィリアムソン著，岡本康雄・高宮誠共訳『現代企業の組織革新と企業行動』（丸善，1975年）。

O. E. ウィリアムソン著，浅沼萬里・岩崎晃訳『市場と企業組織』（日本評論社，1980年）。

R. C. バルガバ著，島田卓監訳『スズキのインド戦略』（中経出版，2007年）。

S. スブラフマニヤム著，三田昌彦・太田信宏訳『接続された歴史――インドとヨーロッパ』（名古屋大学出版会，2009年）。

アーイシャ・ジャラール著，井上あえか訳『パキスタン独立』（勁草書房，1999年）。

藍澤光晴「マダガスカルにおけるイスラム教十二イマームシーア派コージャの過去と現在」『龍谷大学経済学論集』第47巻第4号（2008年3月）。

藍澤光晴「マダガスカルにおける十二イマームシーア派コージャ（Khoja Shia Ithana-Asheri）の移住と経済活動」『移民研究年報』第16号（日本移民学会，2010年）。

藍澤光晴「マダガスカルの十二イマーム・シーア派――コージャ Khoja による布教活動の展開にふれつつ」『イスラム世界』第74号（日本イスラム協会，2010年）。

浅野宜之「パキスタン」鮎京正訓編『アジア法ガイドブック』（名古屋大学出版会，2009年）。

朝日新聞経済部『アジアの100社』（朝日新聞社，1990年）。

安倍誠『韓国財閥の成長と変容――四大グループの組織改革と資源配分構造』（岩波書店，2011年）。

新井信之（解説・訳）「パキスタン・イスラム共和国」萩野芳夫・畑博行・畑中和夫編『アジア憲法集（第2版）』（明石書店，2007年）。

石上悦朗・佐藤隆広編著『現代インド・南アジア経済論』（ミネルヴァ書房，2011年）。

伊藤正二「インドのある大企業の株主構成――財閥支配のメカニズムの一検討」『アジア経済』第15巻第10号（アジア経済研究所，1974年）。

伊藤正二「インドにおける大財閥系投資会社の持株会社的本質について」『アジア経済』第24巻第2号（アジア政経学会，1977年）。

伊藤正二「インドにおける大財閥の同族的性格の再検討」『経済と経済学』第40号（東京都立大学経済学会，1978年）。

伊藤正二「インド」米川伸一編『世界の財閥経営――先進国・途上国の大ファミリー・ビジネス』（日経新書，1981年）。

伊藤正二編『発展途上国の財閥』（アジア経済研究所，1983年）。

伊東洋「パキスタンの自動車産業発展のための提言」『パーキスターン』第221号（日本パキスタン協会，2009年）。

石塚賢司「パキスタン――中間層が消費市場を活性化」『ジェトロセンサー』2015年3月号。

宇田川勝『財閥経営と企業家活動』（森山書店，2013年）。

汪志平『日本巨大企業の行動様式――1980年代の所有と経営』（北海道大学図書刊行会，1995年）。

大石高志「インド西部出身のムスリム商人層と環インド洋経済圏」『南アジア――構造・変動・ネットワーク』第1巻第2号（1998年）。

大石高志「日印合弁・提携マッチ工場の成立と展開 1910‐20年代――ベンガル湾地域の市場とムスリム商人ネットワーク」『東洋文化』第82号（東京大学東洋文化研究所，2002年）。

岡崎哲二『持株会社の歴史――財閥と企業統治』（ちくま新書，1999年）。

参 考 文 献

小田尚也「労働者送金と途上国経済——パキスタンの事例を中心に」大野早苗・黒坂佳央編著『過剰流動性とアジア経済』（日本評論社，2013年）。

小野澤麻衣「パキスタン——食品分野に見る市場の潜在力」『ジェトロセンサー』2014年3月号。

開発援助研究所『パキスタンにおける民営化政策の現状と課題（OECF Research Paper No. 19)』（1997年）。

籠谷直人『アジア国際通商秩序と近代日本』（名古屋大学出版会，2000年）。

加藤長雄『インドの財閥——ビルラ財閥を中心として』（アジア経済研究所，1962年）。

加藤長雄編『パキスタンの工業開発』（アジア経済研究所，1965年）。

川満直樹「パキスタン財閥の形成と発展——ハビブ財閥を中心として」『国際学論集』第9巻第2号（大阪学院大学，1998年）。

川満直樹「パキスタン財閥の形成と発展——ガンダーラ財閥とアトラス財閥を中心として」『阪南論集 社会科学編』第38巻第1号（阪南大学，2002年）。

川満直樹「パキスタン財閥の発展と構造——ハビーブ財閥とダーウード財閥を中心として」『経営史学』第38巻第1号（経営史学会，2003年）。

川満直樹「パキスタン新市場で活躍する財閥——ラークサン財閥の形成と発展を中心として」『市場史研究』第25号（市場史研究会，2005年）。

川満直樹「ハビーブ財閥の形成と発展に関する一考察——ダーウッド・ハビーブ・グループの所有と経営の問題を中心として」『社会科学』第85号（同志社大学人文科学研究所，2009年）。

川満直樹「アーダムジー財閥の形成と発展過程に関する一考察」『同志社商学』第61巻第6号（同志社大学商学会，2010年）。

川満直樹「ムハージル系財閥の所有と経営に関する考察——ダーウッド財閥を中心として」『同志社商学』第63巻第5号（同志社大学商学会，2012年）。

川満直樹「パキスタン，パンジャービー系財閥の所有と経営に関する一考察——アトラス財閥を中心として」『同志社商学』第63巻第6号（同志社大学商学会，2012年）。

川満直樹「パキスタン財閥の所有と経営に関する一考察——ビボジー財閥のケースを中心に」『経済学論叢』第64巻第4号（同志社大学経済学会，2013年）。

川満直樹「パキスタン財閥の所有と経営に関する一考察——ラークサン財閥のケースを中心として」『同志社商学』第66巻第1号（同志社大学商学会，2014年）。

川満直樹「パキスタン財閥傘下企業と財閥一族についての考察——一族，傘下企業による株式所有を中心に」『同志社商学』第66巻第6号（同志社大学商学会，2015年）。

橘川武郎『日本の企業集団——財閥との連続と断絶』（有斐閣，1996年）。

橘川武郎「第1次世界大戦前後の日本におけるコンツェルン形成運動の歴史的意義」『青山経営論集』第22巻第1号（1987年）。

工藤正子『越境の人類学——在日パキスタン人ムスリム移民の妻たち』（東京大学出版会，2008年）。

黒崎卓『開発のミクロ経済学——理論と応用』（岩波書店，2001年）。

黒崎卓・子島進・山根聡編『現代パキスタン分析——民族・国民・国家』（岩波書店，2004年）。

黒崎卓「パキスタンにおける『民活』政策の特徴とその進展」木村陸男編著『アジア諸国における民活政策の展開』（アジア経済研究所，1992年）。

黒崎卓「パキスタンの労働力と経済発展——竹内・深町論文へのコメント」『大原社会問題研究所雑誌』第472号（法政大学大原社会問題研究所，1998年）。

黒崎卓「スィヤールコート製サッカーボールとパキスタン経済」『パーキスターン』第252号（日本パキスタン協会，2014年）。

小池賢治・星野妙子編『発展途上国のビジネスグループ』（アジア経済研究所，1993年）。

公正取引委員会事務局編『日本の六大企業集団——その組織と行動』（東洋経済新報社，1992年）。

古賀正則・内藤雅雄・浜口恒夫編著『移民から市民へ——世界のインド系コミュニティ』（東京大学出版会，2000年）。

小島眞『タタ財閥』（東洋経済新報社，2008年）。

財団法人アジアクラブ編『インドの財閥と有力企業グループ——現代のインド産業界を支える実力企業集団』（財団法人国際経済交流財団，1997年）。

佐藤拓『パキスタン・ビジネス最前線』（日本貿易振興会，2000年）。

佐藤創編『パキスタン政治の混迷と司法』（アジア経済研究所，2010年）。

佐藤隆広『経済開発論——インドの構造調整計画とグローバリゼーション』（世界思想社，2002年）。

澤田貴之『アジアのビジネスグループ——新興国企業の経営戦略とプロフェッショナル』（創成社，2011年）。

篠田隆「インド・グジャラートの宗教・カースト構成——1931年国勢調査の分析」『大東文化大学紀要 社会科学』第32号（1994年）。

篠田隆「インド・グジャラートのカーストと職業構成——1931年国勢調査の分析」『大東文化大学紀要 社会科学』第33号（1995年）。

下谷政弘『新興コンツェルンと財閥——理論と歴史』（日本経済評論社，2008年）。

白石薫「パキスタン 増える人口，伸びる所得 手つかずの市場」『ジェトロセンサー』

2012年12月号。

末廣昭・南原真『タイの財閥――ファミリービジネスと経営改革』(同文舘出版, 1991年)。

末廣昭『キャッチアップ型工業化論――アジア経済の軌跡と展望』(名古屋大学出版会, 2000年)。

末廣昭『ファミリービジネス論――後発工業化の担い手』(名古屋大学出版会, 2006年)。

須貝信一『インド財閥のすべて――躍進するインド経済の原動力』(平凡社, 2011年)。

須永恵美子『現代パキスタンの形成と変容――イスラーム復興とウルドゥー語文化』(ナカニシヤ出版, 2014年)。

杉原薫『アジア間貿易の形成と構造』(ミネルヴァ書房, 1996年)。

瀬岡誠『企業者史学序説』(実業出版, 1980年)。

瀬岡誠「企業者活動供給理論の展開 (一)」『大阪大学経済学』第22巻第3号 (1972年)。

瀬岡誠「企業者活動供給理論の展開 (二)」『大阪大学経済学』第22巻第4号 (1973年)。

瀬岡誠「企業者活動供給理論の展開 (三)」『大阪大学経済学』第23巻第1号 (1973年)。

総務省統計局『世界の統計 2015』(日本統計協会, 2015年)。

竹内常善「パキスタンにおける産業と雇用――南アジアにおける資本・賃労働関係考察の周辺条件」『大原社会問題研究所雑誌』第463号 (法政大学大原社会問題研究所, 1997年)。

土橋久男編著『海外職業訓練ハンドブック パキスタン』(海外職業訓練協会, 1990年)。

田桂一『インド商業史研究――ヨーロッパ資本進出との関連を踏まえて』(晃洋書房, 1996年)。

中川敬一郎『比較経営史序説』(東京大学出版会, 1993年)。

中川敬一郎編著『企業経営の歴史的研究』(岩波書店, 1990年)。

中野勝一『パキスタンのムシャッラフ (軍事) 政権の諸政策 (民族紛争の背景に関する地政学的研究 Vol.14)』(大阪大学世界言語研究センター, 2010年)。

中野勝一『パキスタン政治史――民主国家への苦難の道』(明石書店, 2014年)。

中村青志「財閥」日本歴史学会編『日本史研究の新視点』(吉川弘文館, 1986年)。

日本パキスタン協会編『パキスタン入門 文献案内』(日本パキスタン協会, 1994年)。

日本貿易振興会『パキスタンの主要民間企業体』(日本貿易振興会, 1983年)。

日本貿易振興会『南西アジア諸国における外資政策と進出企業動向――インド・パキスタン・バングラデシュ・スリランカ』(1990年)。

子島進『イスラームと開発――カラーコラムにおけるイスマーイール派の変容』(ナカニシヤ出版, 2002年)。

服部民夫・大道康則『韓国の企業 人と経営――有力20財閥・200社の戦略』(日本経済新聞社, 1985年).

浜口恒夫「パキスタンにおける都市化と民族問題――カラーチーのムハージルを中心として」『大阪外国語大学論集』第6号 (1991年).

浜口恒夫「日本におけるパキスタン研究」大阪外国語大学特定地域プロジェクト研究編『世界地域学への招待』(嵯峨野書院, 1998年).

浜口恒夫「パキスタンにおける国家建設の軌跡」『経済』第213号 (新日本出版社, 2013年).

久野康成監修『バングラデシュ・パキスタン・スリランカの投資・会社法・会計税務・労務』(文化社, 2012年).

バスカー・チャタージー著, 野田英二郎訳『インドでの日本式経営――マルチとスズキの成功』(サイマル出版会, 1993年).

パブロフ著, 池田博行訳『インド・ブルジョアジーの形成』(アジア経済研究所, 1965年).

平島成望・黒崎卓『発展途上国中小企業研究報告書パキスタン』(アジア経済研究所, 1988年).

広瀬崇子・山根聡・小田尚也編著『パキスタンを知るための60章』(明石書店, 2003年).

深町宏樹「パキスタンの海外労働移動」『大原社会問題研究所雑誌』第389号 (法政大学大原社会問題研究所, 1991年).

深町宏樹「パキスタンの労働事情」『大原社会問題研究所雑誌』第467号 (法政大学大原社会問題研究所, 1997年).

深町宏樹・牧野百恵「2003年のパキスタン パキスタン自身の『テロとの戦い』の幕開け」『アジア動向年報2004』(アジア経済研究所, 2004年).

ファハルン・ニーサ・コーカー著, 伊藤弘子訳「パキスタン家族法 (1)」『戸籍時報』第635号 (2008年).

ファハルン・ニーサ・コーカー著, 伊藤弘子訳「パキスタン家族法 (2)」『戸籍時報』第636号 (2009年).

ファハルン・ニーサ・コーカー著, 伊藤弘子訳「パキスタン家族法 (3・完)」『戸籍時報』第637号 (2009年).

法政大学産業情報センター・橋本寿朗・武田晴人編著『日本経済の発展と企業集団』(東京大学出版会, 1992年).

星川長七「インド会社法と経営代理制度の変遷」『比較法学』第5巻第1・2合併号 (早稲田大学比較法研究所, 1969年).

星野妙子編『ファミリービジネスの経営と革新』(アジア経済研究所, 2004年)。
星野妙子・末廣昭編著『ファミリービジネスのトップマネジメント——アジアとラテンアメリカにおける企業経営』(岩波書店, 2006年)。
三上敦史『インド財閥経営史研究』(同文舘出版, 1993年)。
三上敦史「インド財閥の所有と経営——その類型的把握」『経営史学』第22巻第3号(1987年)。
三上敦史「関西系繊維商社の形成とインド綿業市場の成立」作道洋太郎編『近代大阪の企業者活動』(思文閣出版, 1997年)。
水島司「植民地国家における経済構造の形成と展開」『南アジア研究』第22号(日本南アジア学会, 2010年)。
水谷章『苦悩するパキスタン』(花伝社, 2011年)。
村山和之『旅の指さし会話帳75 パキスタン』(情報センター出版局, 2007年)。
ムハンマド・アンワル著, 佐久間孝正訳『イギリスの中のパキスタン』(明石書店, 2002年)。
メフブーブ・ウル・ハッサン「イスラーム銀行およびパキスタン金融業界の概要」濱田美紀・福田安志編『世界に広がるイスラーム金融——中東からアジア, ヨーロッパへ』(アジア経済研究所, 2010年)。
森川英正『財閥の経営史的研究』(東洋経済新報社, 1980年)。
森川英正『トップ・マネジメントの経営史——経営者企業と家族企業』(有斐閣, 1996年)。
両角吉晃「イスラームにおける利息の禁止について (1)-(4)」『法学協会雑誌』第114巻7-10号(1997年)。
安岡重明・同志社大学人文科学研究所編『財閥の比較史的研究』(ミネルヴァ書房, 1985年)。
安岡重明『財閥経営の歴史的研究』(岩波書店, 1998年)。
山根聡『4億の少数派——南アジアのイスラーム』(山川出版社, 2011年)。
山上達人『パキスタンの企業』(アジア経済研究所, 1970年)。
山上達人「発展途上国の企業分析について——パキスタンのジュート産業と財閥支配」『経営研究』第101・102・103合併号(大阪市立大学経営学会, 1969年)。
山崎広明「戦時下の産業構造と独占組織」東京大学社会科学研究所編『ファシズム期の国家と社会2 戦時日本経済』(東京大学出版会, 1979年)。
山中一郎編著『現代パキスタンの研究 1947〜1971』(アジア経済研究所, 1973年)。
山中一郎編著『パキスタンにおける政治と権力——統治エリートについての考察』(ア

ジア経済研究所，1992年)。

山中一郎「パキスタンの工業開発とPIDC」『アジア経済』第4巻第10号（アジア経済研究所，1963年)。

山中一郎「パキスタンの産業政策声明」『アジア経済』第7巻第5号（アジア経済研究所，1966年)。

山中一郎「パキスタンの工業化政策に関する一考察——PIDCを中心として」『アジア経済』第9巻第3号（アジア経済研究所，1968年)。

山中一郎「パキスタンにおける資本の集中と支配」『アジア経済』第17巻第6号（アジア経済研究所，1976年)。

山中一郎「工業化と国家投資——パキスタン産業開発公社（PIDC）の機能をめぐって」『アジア研究』第24巻第2号（アジア経済研究所，1977年)。

山中一郎「ブットー政権下の産業国有化政策について」『アジア経済』第20巻第6号（アジア経済研究所，1979年)。

山中一郎「70年代パキスタン経済と工業部門——ブットー政権期の工業生産構造を中心として」『アジア経済』第22巻第4号（アジア経済研究所，1981年)。

山中一郎「現代イスラーム経済論——無利子金融制度とザカート・ウシェルの徴収について」『アジア経済』第23巻第6号（アジア経済研究所，1982年)。

山中一郎「パキスタンにおける海外移住労働——その規模と特質」『アジア経済』第25巻第3号（アジア経済研究所，1984年)。

山中一郎「イスラーム金融制度の理念と実態——パキスタンのケース」『アジア経済』第92巻第11号（アジア経済研究所，1988年)。

山中一郎「産業資本家層——歴代政権との対応を中心として」山中一郎編『パキスタンにおける政治と権力』（アジア経済研究所，1992年)。

山中一郎「パキスタンにおけるビジネスグループ——その生成と発展に関する一考察」小池賢治・星野妙子編著『発展途上国のビジネスグループ』（アジア経済研究所，1993年)。

藪下信幸「近世西インドグジャラート地方における現地商人の商業活動——イギリス東インド会社との取引関係を中心として」『商経学叢』第52巻第3号（近畿大学，2006年)。

湯浅道男「現代イスラム家族法に関する一考察——1961年パキスタン・ムスリム家族法令をめぐって」『法学研究』第19巻第2号（愛知学院大学法学会，1975年)。

湯浅道男「(翻訳)1965年西パキスタン家庭裁判所規則」『法学研究』第19巻第3号（愛知学院大学法学会，1971年)。

参考文献

湯沢威・森川英正「第15回大会統一論題 大正期における中規模財閥の成長と限界 討議報告」『経営史学』第15巻第1号（1980年）。
米川伸一編『世界の財閥経営』（日本経済新聞社，1981年）。
米川伸一「インド紡績株式会社における経営代理制度の定着過程」『一橋論叢』第85巻第1号（1981年）。
脇村孝平・籠谷直人編『帝国とアジア・ネットワーク——長期の19世紀』（世界思想社，2009年）。
脇村孝平「長期の19世紀——インド系企業家の系譜」『南アジア研究』第19号（日本南アジア学会，2007年）。
脇村孝平「『長期の19世紀』アジア——インド経済史を中心に」脇村孝平・籠谷直人編『帝国とアジア・ネットワーク——長期の19世紀』（世界思想社，2009年）。
脇村孝平「『開放体系』としてのインド亜大陸——インド系商人・企業家の系譜」『南アジア研究』第22号（日本南アジア学会，2010年）。
海外経済協力基金 開発援助研究所「パキスタンにおける民営化政策の現状と課題（OECF Research Papers No. 19）」（1997年10月）。
アイアールシー『スズキグループの実態 2011年度版——日本事業とグローバル戦略』（2010年）。

Altaf, Zafar, *Pakistani Entrepreneurs*, Croom Helm, 1983.
Altaf, Zafar, *Entrepreneurship in the Third World : Risk and Uncertainty in Industry in Pakistan*, Croom Helm, 1988.
Amjad, Rashid, *Industrial Concentration and Economic Power in Pakistan*, University of the Punjab, 1974.
Amjad, Rashid, *Private Industrial Investment in Pakistan 1960-1970*, Cambridge University Press, 1982.
Amjad, Rashid and Shahid Javed Burki, eds., *Pakistan : Moving the economy forward*, Lahore School of Economics, 2013.
Ayub Khan, Mohammad, *Friends not Masters : A Political Autobiography*, Oxford University Press, 1967.
Belokrenitsky, Vyacheslav, *Capitalism of Pakistan : A History of Socio-economic Development*, Patriot Publishers, 1991.
Bhatia, B. M., *Pakistan's Economic Development 1947-1990*, Vanguard Books (Pvt.)

Ltd., 1990.

Bhutto, Zulfikar Ali, *Political Situation in Pakistan*, Pakistan People's Party, 1968.

Bhutto Challenges 'The Cows' Arrests of Industrialists Open Economic Battle, *The Washington Post*, 3rd January, 1972, p. A1.

Biographical Encyclopedia of Pakistan 1955-56, Biographical Research Institute Pakistan, 1955.

Biographical Encyclopedia of Pakistan 1960-61, Biographical Research Institute Pakistan, 1961.

Biographical Encyclopedia of Pakistan 1996-97, Biographical Encyclopedia of Pakistan, 1997.

Blank, Jonah, *Mullahs on the Mainframe : Islam and Modernity among the Daudi Bohras*, The University of Chicago Press, 2001.

Burki, Shahid Javed, *Historical Dictionary of Pakistan*, The Scarecrow Press Inc., 1999.

Cragg, Claudia, *The Maharajahs : The Commercial Princes of India, Pakistan & Bangladesh*, Random House, 1996.

Damodaran, Harish, *Banias and Beyond : The Dynamics of Caste and Big Business in Modern India*, CASI Working Paper series No. 08-04, Center for the Advanced Study of India, University of Pennsylvania, 2008.

Das Gupta, Ashin, *Indian Merchants and The Decline of Surat : c.1700-1750*, Manohar Publishers & Distributors, 1994.

Enthoven, R. E., *The Tribes and Castes of Bombay vol. 1, vol. 2, vol. 3*, Asian Educational Services, 1990.

Forster, Gillian, *The Influence of Islamic Values on Management Practice*, Palgrave Macmillan, 2014.

Ghani, Waqar I., Omair Haroon, Junaid Ashraf, Business Groups' Financial Performance : Evidence from Pakistan, *Global Journal of Business Research*, Vol. 5, 2011.

Government of Pakistan, *Economic Survey 1983-84*.

Government of Pakistan, *Economic Survey 1989-90*.

Government of Pakistan, *Economic Survey 1994-95*.

Government of Pakistan, *Pakistan Economic Survey 1963-64*.

Government of Pakistan, *Pakistan Economic Survey 1964-65*.

Government of Pakistan, *Pakistan Economic Survey 1965-66*.

Government of Pakistan, *Pakistan Economic Survey 1966-67*.

参考文献

Government of Pakistan, *Pakistan Economic Survey 1968-69*.
Government of Pakistan, *Pakistan Economic Survey 1969-70*.
Government of Pakistan, *Pakistan Economic Survey 1970-71*.
Government of Pakistan, *Pakistan Economic Survey 1971-72*.
Government of Pakistan, *Pakistan Economic Survey 1972-73*.
Government of Pakistan, *Pakistan Economic Survey 1973-74*.
Government of Pakistan, *Economic Survey 1983-84*.
Government of Pakistan, *Economic Survey 1989-90*.
Government of Pakistan, *Economic Survey 1994-95*.
Government of Pakistan, *Economic of Pakistan 1948-69*.
Government of Pakistan, *Planning Commission Seventh Five Year Plan 1988-93 & Perspective Plan, 1988-2003*, 1988.
Government of Pakistan, Dept. of Advertising, *Pakistan Industrial Development Corporation*, 1956.
Government of Pakistan, Planning Commission, *Seventh Five Year Plan 1988-93*.
Government of Pakistan, *Pakistan Statistical Yearbook 1968*.
Government of Pakistan, *Pakistan Privatisation Commission Annual Report 2003*.
Government of Pakistan, Privatization Division, *Year Book 2008-2009*.
Habib Bank AG Zurich 25 Silver Jubilee 1967-1992, Advertisement Supplement, *Dawn* September 16, 1992.
Hasan, Parvez, *Pakistan's Economy at the Crossroads : Past Policies and Present Imperatives*, Oxford University Press, 1998.
Hazari, R. K., *The Structure of The Corporate Private Sector : A study of concentration, ownership and control*, Asia Publishing House, 1966.
Hollister, John Norman, *The Shi's of India*, Luzac Co. Ltd., 1953.
Hussain, Syed Shabbir, *Ayub, Bhutto and Zia : How they fell victims to their own plans*, Sang-e-Meel Publications, 2001.
Jaffrelot, Christophe, ed., *Pakistan : nationalism without a nation?*, Manohar & Publishers & Distribution, 2002.
Jamil Ahmad, Khwaja, *Hundred Great Muslims*, Ferozsons (Pvt.) Ltd., 1984.
Javat, Teenaz, The last of the Mohicans, *Dawn Economic & Business Review*, Sept 23-29, 1995. (Interview to Mr. Gul Mohamed Adamjee).
Javat, Teenaz, Our country must maintain its economic sovereignty, *Dawn Economic*

& *Business Review*, Oct 7-13, 1995. (Interview to Mr. Yusuf H. Shirazi).

Khan, Gohar Ayub, *Glimpses into the Corridors of Power*, Oxford University Press, 2007.

Khan, Jahan Dad, *Pakistan Leadership Challenges*, Oxford University Press, 1999.

Khan, Shahrukh Rafi, ed., *Fifty years of Pakistan's Economy : Traditional Topics and Contemporary Concerns*, Oxford University Press, 1999.

Khattak, Muhammad Aslam Khan, ed. with a foreword by Spain, J. W., *A Pathan Odyssey*, Oxford University Press, 2005.

Khattak, Shahin Kuli Khan, *Islam and the Victorians : Nineteenth Century Perceptions of Muslim Practices and Beliefs*, I. B. Tauris & Company, 2008.

Kochanek, Stanley A., *Interest Groups and Development : Business and Politics in Pakistan*, Oxford University Press, 1983.

LaPorte, Robert, *Power and Privilege : Influence and decision-Making in Pakistan*, University of California Press, 1975.

Mahbub-ul Haq, *The Poverty Curtain*, Columbia University Press, 1976.

Mahbub-ul Haq, *A National Agenda : Critical Choices for Pakistan's Future*, 1993.

Malik, Sohail Jehangir, Safiya Aftab and Nargis Sultana, *Pakistan's Economic Performance 1947 to 1993 : A Descriptive Analysis*, Sure Publishers, 1994.

Musharraf, Pervez, *In the Line of Fire : A memoir*, Free Press, 2006.

Mushtaq, Ahmad, *Government and Politics in Pakistan*, Royal Book Co., 1988.

Muslim Communities of Gujarat, Books LLC, Wiki Series, 2011.

Naqi, S. M., *Entrepreneurs*, Naqi Hyder & Associates, 2005.

Naqvi, Zafar Javed, *Directory of Pakistani Economists and Demographers*, Pakistan Institute of Development Economics, 1988.

Noman, Omar, *Economic and Social Progress in Asia : Why Pakistan did not become a Tiger*, Oxford University Press, 1997.

Papanek, G. F., *Pakistan's Development : Social Goals and Private Incentives*, Harvard University Press, 1967.

Papanek, G. F., ed., *Theory and Practice*, Harvard University Press, 1968.

Papanek, G. F., Pakistan's Industrial Entrepreneurs : Education, Occupational Background, and Finance, Papanek, G. F. and W. P. Falcon, eds., *The Pakistan Experience*, Harvard University Press, 1971.

Papanek, Hanna, Pakistan's Big Businessmen : Muslim Separatism, Entrepreneurship, and Partial Modernization, *Economic Development and Cultural Change*, Vol. 21, No. 1, 1972.

Park, R. E., Human Migration and the Marginal Man, *American Journal of Sociology*, Vol. 33, No. 6, 1928.

Pavlov, V. I., *The Indian capitalist class: a historical study*, Radha Publications, 1999.

PIA, *Basic Facts 1996*.

Piramal, Gita, Entrepreneurs: The Stamp of Approval, in Financial Times Survey: Pakistan, *Financial Times*, July 3rd, 1989.

Profile of PIA.

Qureshi, Anwar Iqbal, *Economic History of Pakistan*, Islamic Book Service, 1978.

Qureshi, M. L., et al., *Report of the Panel of the Economists on the Second Five Year Plan, 1960-65*, Manager of Publications, 1960.

Qureshi, Yasmin, *The Merchant Knight Adamjee Haji Dawood*, Adamjee Foundation, 2004.

Rahmat Ali, Choudhary, *Now or Never, Are We to Live or Perish for Ever?* The Pakistan National Movement, 28th January 1933.

Rizvi, Yaseen, *Who is who in Nawaz Sharif Government*, Shirkat Printing Press, 1999.

Sayeed, Asad, Special Report The New Breed, *The Herald*, June 1990.

Shahid-ur-Rehman, *Who owns Pakistan?: Fluctuating fortunes of business Mughals*, Aelia Communications, 1998.

Shirazi, Yusuf H., *Safeguarding Sovereignty: A Collection of Articles and Interviews*, Ferozsons (Pvt.) Ltd., 2013.

Stewart, Peter and Jenny Sturgis, *PAKISTAN: Meeting The Challenge*, MCB Published by Euromoney Books, 1995.

Stonequist, Everett V., *The Marginal Man: A Study in Personality and Culture Conflict*, Russell & Russell, 1961.

Talha, Naureen, *Economic Factors in the Making of Pakistan 1921-1947*, Oxford University Press, 2000.

Toru, Parvez Khan and Fazal-ur-Rahim Marwat, eds., *Celebrities of NWFP: Volume -I & II*, Pakistan Study Centre, University of Peshawar, 2005.

Vakil, Chandulal Nagindas, *Economic Consequences of Divided India*, Bombay, 1950.

White, Lawrence J., *Industrial Concentration and Economic Power in Pakistan*, Princeton University Press, 1974.

Women Year Book of Pakistan 8th Edition 1994-95, Ladies Forum Publications.
Women Year Book of Pakistan 9th Edition 1998-99, Ladies Forum Publications.
Women Year Book of Pakistan 10th Edition 1999-2000, Ladies Forum Publications.

あとがき

　本書は，パキスタンで活躍する財閥の特徴を明らかにするために，主に財閥傘下企業と財閥一族の関係などを中心に検討したものである。本書をつうじて，パキスタンという国ならびにパキスタンで活動する財閥の一端を知っていただければ幸いである。

　本書は，2015年2月に大阪学院大学大学院国際学研究科へ提出した博士論文「パキスタン財閥の生成と発展」に加筆修正を加え，その後発表した論文を含めまとめたものである。本書の大部分は著者の既発表論文をもとにしている。本書との関連で，既発表論文を成稿した順にあげておく。

「パキスタン財閥の形成と発展――ハビブ財閥を中心として」『国際学論集』第9巻第2号（大阪学院大学，1998年）。

「パキスタン財閥の形成と発展――ガンダーラ財閥とアトラス財閥を中心として」『阪南論集 社会科学編』第38巻第1号（阪南大学，2002年）。

「パキスタン財閥の発展と構造――ハビーブ財閥とダーウード財閥を中心として」『経営史学』第38巻第1号（経営史学会，2003年）。

「ハビーブ財閥の形成と発展に関する一考察――ダーウッド・ハビーブ・グループの所有と経営の問題を中心として」『社会科学』第85号（同志社大学人文科学研究所，2009年）。

「アーダムジー財閥の形成と発展過程に関する一考察」『同志社商学』第61巻第6号（同志社大学商学会，2010年）。

「ムハージル系財閥の所有と経営に関する考察――ダーウッド財閥を中心として」『同志社商学』第63巻第5号（同志社大学商学会，2012年）。

「パキスタン，パンジャービー系財閥の所有と経営に関する一考察――アトラス財閥を中心として」『同志社商学』第63巻第6号（同志社大学商学会，2012年）。

「パキスタン財閥の所有と経営に関する一考察——ビボジー財閥のケースを中心に」『経済学論叢』第64巻第4号（同志社大学経済学会，2013年）。

「パキスタン財閥の所有と経営に関する一考察——ラークサン財閥のケースを中心として」『同志社商学』第66巻第1号（同志社大学商学会，2014年）。

「パキスタン財閥傘下企業と財閥一族についての考察——一族，傘下企業による株式所有を中心に」『同志社商学』第66巻第6号（同志社大学商学会，2015年）。

「分離独立当初のパキスタン経済を担ったムスリム商人たち」『同志社商学』第67巻第4号（同志社大学商学会，2016年）。

　私は，自分のことを幸運の持ち主だと思っている。なぜなら，素晴らしい先生方，そして先輩，同輩，後輩，また同僚や学生など，実に多くの素晴らしい方々と出会うことができたからである。そのほとんどの出会いが，私の思いや能力をはるかに超え，「目にみえない力」により導かれたものだと私は思っている。多くの素晴らしい方々との出会いは，何事にもかえることのできない私の財産であり宝物である。

　本書は，私がこれまで出会ってきた多くの素晴らしい方々からのご指導とお支えにより刊行することができた。

　三上敦史先生には，1995年4月に大阪学院大学大学院国際学研究科の三上ゼミに，私が参加させていただいて以来，現在に至るまで公私にわたりご指導をしていただいている。大学院の三上ゼミでは，主に経営史，経済史，そして南アジア（特にインド・パキスタン）の経済や企業経営などについて学んだ。「パキスタン財閥研究」というテーマも，三上先生とのお話のなかからえられたものである。当時，宗教と企業経営に関心があった私に対し「インドの隣国パキスタンは，イスラームの国です。そのパキスタンの経済発展を担っているのは22家族（財閥）です。イスラームの国で彼ら22家族（財閥）はどのようなビジネスを展開しているのか。調べたら面白そうですね」と，お話をしてくださった。そのお話が，私のパキスタン財閥研究の出発点である。三上先生には，博士論文の執筆ならびに本書の刊行に際してもご指導ならびに多くのご教示をいただいた。

あとがき

　大阪学院大学大学院では，瀬岡誠先生，水原正亨先生，片山邦雄先生，島岡宏先生，阪田安雄先生，三輪信哉先生の諸先生方にご指導をしていただいた。瀬岡先生には，「企業者史学」についてご教示をいただいた。瀬岡先生から発せられるマージナル・マンや準拠集団など，初めて聞く用語に戸惑い，そしてその言葉の意味を知り感動したことを今でも覚えている。また，1週間に数回，瀬岡先生のウォーキング（散歩）のお供をさせていただいた。ウォーキングの途中で，瀬岡先生からいただくお言葉，研究について，研究者について，生き方について等々は，今でも私のなかに残っている。水原先生には，日ごろから気さくにお声をかけていただいた。授業では，日本経済史を中心にそれ以外にもアメリカの事情などについてもご教示いただいた。三上先生，瀬岡先生，水原先生に経営史学会，社会経済史学会，日本南アジア学会，企業家研究フォーラム，市場史研究会などの学会をご紹介していただいた。それら学会で何度か拙い報告をさせていただき，学会所属の先生方から多くのご教示をいただいたことも述べておきたい。

　1997年4月に，三上先生と瀬岡先生のお供をし，同志社大学人文科学研究所第5研究会（人文研研究会）に出席させていただいた。当時，人文研研究会は同志社大学の石川健次郎先生が組織者となり「商品と生活」をテーマに研究が行われていた。同研究会には，組織者の石川先生をはじめ安岡重明先生，藤田貞一郎先生，岩下正弘先生，玉村和彦先生，末永國紀先生，水原正亨先生，三上敦史先生，瀬岡誠先生，上川芳実先生，植村正治先生，高久嶺之介先生，森田雅憲先生，上村雅洋先生，吉田裕之先生，廣田誠先生，柿本尚志先生，鶴田雅昭先生，植田知子先生，木山実先生らが所属していた。その後，人文研研究会に岩見憲一，天野了一，水原紹，大内秀二郎，小西浩太，鍛冶博之の諸氏も参加するようになった。人文研研究会での商品を中心とした研究（商品史研究）は，現在でも継続している。

　私が参加させていただいた当時の人文研研究会は，月に1回のペースで開催され，商品が私たちのライフスタイル（価値観も含む）や社会に与える影響などについて活発な研究が行われていた。私は，人文研研究会での先生方の迫力あるやり取りに圧倒されながらも，初めて接するアカデミックな雰囲気に大いに興奮していたことを今でも覚えている。

293

諸先生方ならびに諸先輩諸氏，諸同輩諸氏には，研究会はもちろんのこと，研究会終了後の懇親会，また調査出張時に多くのご教示を賜った。特に，人文研研究会を組織されてきた石川先生には，同研究会で報告の機会を与えてくださり，そればかりではなく『社会科学』（同志社大学人文科学研究所）や研究書（『ランドマーク商品の研究——商品史からのメッセージ』（同文舘出版）など）などへの投稿も積極的にすすめていただいた。人文研研究会は，研究に対する視野を広げ，今日の私の研究活動に多大な影響を与えた研究会であることに間違いない。

山中一郎先生，濱口恒夫先生，深町宏樹先生，中野勝一先生，松村耕光先生，山根聡先生，黒崎卓先生，村山和之先生，小田尚也先生，子島進先生，萬宮健策先生，小松久恵先生，中島閑嗣氏そして韓国の朴宗洙先生からは，私の拙い論文に対し多くのコメントをいただいた。パキスタンやインドをご専門とされている先生方のコメントは鋭く，毎度のことであるが勉強になることばかりであった。

特に，パキスタンの企業家研究およびビジネスグループ（財閥）研究のパイオニアである山中一郎先生には，私の拙論に対しパキスタン財閥研究という視点から有益なコメントを実に多く頂戴した。また，山根聡先生は本書に登場するパキスタンの地名，人名，企業名などの表記についてご教示をいただいた。膨大な量の表記の確認を快くお引き受けくださり，この場をお借りし心から御礼を申し上げたい。もちろん，本書中の表記の誤りの責任はすべて著者にある。また，中島閑嗣さんとは沖縄出身の共通の友人を介し1995年2月に知り合った。当時，インド留学前で忙しいなか，一緒に私の大阪での住まいを探していただいた。彼がインドへ行ってからも亡くなるまで電話，手紙また電子メールなどで連絡を取り合っていた。今でも「直樹君，今インドでは……」というフレーズが耳に残っている。

公益財団法人日本パキスタン協会の今泉潜会長，岩田弘専務理事，池田照幸様（前専務理事），土橋久男様（元専務理事）そして高安幸子様には，折に触れ最新のパキスタン情報を提供してくださり，またそれだけではなく同協会会員の方々ならびに企業の方々をご紹介していただいた。土橋様には，1999年12月のパキスタンでの現地調査「印パ地下核実験後の両国の経済，社会事情調査（外

あとがき

務省委託調査)」に私を同行させてくださり，アトラス財閥会長 Mr. Yusuf H. Shirazi にお会いする機会を作っていただいた。

パキスタンでの現地調査ならびに手紙や電子メールなどでの質問に対し，丁寧にお答えくださった Mr. Yusuf H. Shirazi（アトラス財閥），Mr. Tayyeb Afzai（ハビーブ財閥），Mr. Mahmood-ur-Rehman（ビボージー財閥），Mr. Muhammad Kuli Khan Khattak（ラークサン財閥），Mr. Ilyas Ahmed（カラーチー商工会議所），Mr. Asif Jabbar（アーダムジー財閥）をはじめとしたパキスタンの多くの方々にも御礼を申し上げたい。また，永尾博文様，佐藤幸男様（スズキ株式会社），寺西一郎様，八木俊光様，南川翔治様，荻野雄介様（トヨタ自動車），江島勝様（いすゞ自動車），橘史郎様，西崎真明様（UD トラックス），土井光夫様（元トーメン・元伊藤忠商事），小崎長矩様，北村禎敏様（元ニチメン，奥田泰裕様（元ニチメン，同志社大学レスリング部 OB）の紹介），塚崎義弘様（元豊田通商，清水厚志様（豊田通商）の紹介）らの企業関係者の皆様から，ご多忙のなか，パキスタンならびに現地でのビジネスにかんする多くの貴重な情報とご意見をいただいた。これらの皆様にも厚く御礼申し上げる。

2001年4月に，阪南大学経済学部に教員として採用していただいた。阪南大学では6年間お世話になり，「大学人」としての基礎を教えていただいた。特に国際・地域コースの樋口武先生，大田一廣先生，石井雄二先生，梶山国宏先生，藤川和隆先生には，右も左もわからなかった私に講義や演習のすすめ方について，学部内外の校務についてなど，実に多くのことを教えていただいた。

2007年4月に，石川健次郎先生にご推挽をいただき，同志社大学商学部に移籍することになった。同志社大学へ移った頃カルチャーの違いに戸惑っていた私に対し，事あるごとに手を差し伸べてくれた石川健次郎先生，向井公敏先生，森田雅憲先生，上田雅弘先生をはじめとする商学部の先生方，そして現商学部長の植田宏文先生ならびに歴代の商学部長には日ごろから心に留めていただき感謝の念でいっぱいである。また，最高の研究教育環境を提供している同志社大学の職員の皆さまならびに同志社大学にも御礼を申し上げたい。

私は，阪南大学と同志社大学で多くの素晴らしいゼミ生に出会った。川満ゼミでは，教室での座学だけではなく，「歩く学問」を実践するという名目で毎年外国へゼミ旅行に行っている。数日とはいえ，ゼミ生と寝食をともにするこ

とは，私にとって大変刺激的である。なぜなら，外国にいるという解放感も手伝い，私に対しゼミ生も本音で意見をいってくれるからである。これまで何度，ゼミ生の何気ない一言に落ち込み，何気ない一言に元気づけられたことかわからない。

　本書は，森田雅憲先生のご紹介により株式会社ミネルヴァ書房から刊行されることになった。出版事情の厳しいなか，本書の刊行をお引き受けくださったミネルヴァ書房編集部の堀川健太郎氏には心から御礼を申し上げる。堀川氏には，本書を編集するにあたり多くのアドバイスとアイディアをいただいた。本書は，資料的な意味も込めて多くの図ならびに表を掲載した。堀川氏には，多数の図と表を掲載するという著者のわがままをご理解いただき，図ならびに表のレイアウトを考え，1冊の本のなかにきれいに収めてくださった。堀川氏の支えがなければ本書が刊行されることはなかったと思う。

　最後に，私事で恐縮だが，日々の私の研究教育活動を理解し支えてくれた妻晴美，息子恵と基樹，そして沖縄と取手の両親に感謝したい。

　　　2016年7月

　　　　　　　　　　　　　　　　　　　　　　　　　　　　川　満　直　樹

人名索引

あ 行

アーガー・ハーン　24,27
アスガル・ハーン　183
アーダムジー, G.M.　37,108,110,114
アーダムジー, アブドゥッラザーク　115,
　121
アーダムジー, アブドゥル・ガッファール
　121,122
アーダムジー, アブドゥル・ハミード　115,
　121,122
アーダムジー, アブドゥル・ワヒード　114
アーダムジー, イクバール　121
アーダムジー, ザーヒド　113
アーダムジー, ムハンマド・ハニーフ　112,
　121,122
アフタル, ジャッバル　115,124
アブドゥッガニー・ハージー・ヌール・ムハン
　マド　128
アフマド　→　ダーウード, アフマド
アユーブ　→　アユーブ・ハーン, ムハンマド
アユーブ・ハーン, ゴーハル　182,184,186,
　199
アユーブ・ハーン　37,38,177,180,184,185,
　199,200,202,231,263
アユーブ・ハーン, ウマル　182,201
アリー・ラザー D.　→　ハビーブ, アリー・
　ラザー D.
イクバールアリー　→　ラーカーニー, イク
　バールアリー
イスハーク・ハーン, グラーム　182
イスファハーニー, M.A.　37
伊藤正二　260

ヴァリバーイー, ファフルッディーン　44
ウマル　→　アユーブ・ハーン, ウマル

か 行

カーラーバーイー, ハサンアリー　205,267
カルスーム　201
橘川武郎　5
ゴーハル　→　アユーブ・ハーン, ゴーハル
コチャネック, S.A.　7,25

さ 行

サー・アーダムジー・ハージー・ダーウード
　（アーダムジー家）　12,103-106,108,
　109,123,264,270
サー・ムハンマド・ザッファルラー・ハーン
　38
サーレ・ムハンマド・ガーズィヤーニー
　104,106
サイフッラー・ハーン, ハーン　178,180,
　182
シャーヒーン　→　ハタック, シャーヒーン・
　クッリー・ハーン
シャーヒドゥッラフマーン　7
シャイフ, N.A.　37
シャハナーズ・サッジャード・アフマド（ハ
　タック家）　193,198,236,239
シラーズィー, アーミル H.　170,173
シラーズィー, イフティハール H.　169,170
シラーズィー, ユースフ H.　149,153,163,
　169,171,173,235,266
ジンナー, M.A.　61,108,109,201,273
ジンナー, ファーティマ　180,201
ズィーナト・ジャハーン（ハタック家）

297

180, 182
ズィヤーウル・ハク　46-49, 52, 55, 56
末廣昭　261
スルターンアリー　→　ラーカーニー, スルターンアリー
ズルフィカールアリー　→　ラーカーニー, ズルフィカールアリー
ゼーブ（ハタック家）　182, 184, 186, 193, 198, 236
瀬岡誠　6, 25

た・な 行

ダーウード, アフマド　12, 44, 45, 128, 141, 143, 144, 238, 265
ダーウード, サマド A.　142, 143, 238
ダーウード, シャハザーダ　141-143, 238
ダーウード, ハージー（アーダムジー家）　104, 112
ダーウード, フサイン M.　141-143, 238
谷浦孝雄　261
チョウドリー・ラフマト・アリー　180
土井光男　178
中川敬一郎　275
中野勝一　178
ナワーズ・シャリーフ　110

は 行

橋本寿朗　5
ハタック, アフマド・クッリー・ハーン　182
ハタック, アリー・クッリー・ハーン　182
ハタック, シャーヒーン・クッリー・ハーン　193, 198, 236
ハタック, ハーン・バハードゥル・クッリー・ハーン　179
ハタック, ハビーブッラー・ハーン　13, 44, 144, 179, 183, 184, 199, 200, 202, 236, 266
ハタック, ムハンマド・アスラム・ハーン　179, 180, 199, 201, 266
ハタック, ムハンマド・ユースフ・ハーン　179, 180, 199, 266
ハタック, ラザー・クッリー・ハーン　189
ハニーファ・バーイー　104, 106
パパネック, G. F.　6, 214, 239, 240, 242
ハビーブ, アスガル D.　89, 90
ハビーブ, アッバース D.　89, 90
ハビーブ, アフメド H.　90, 96
ハビーブ, アリー S.　81, 82
ハビーブ, アリー・ラザー D.　89, 90, 237
ハビーブ, イスマーイール　58, 60, 85, 264
ハビーブ, クマイル R.　92
ハビーブ, ザイン H.　90, 96
ハビーブ, スライマーン M.　82
ハビーブ, ダーウード　60
ハビーブ, ハーミド D.　86
ハビーブ, ハイダル M.　82
ハビーブ, ハスナイン A.　90
ハビーブ, ハビーブ・ムハンマド D.　85, 89, 90
ハビーブ, ムスリム R.　92, 96
ハビーブ, ムハンマド H.　84
ハビーブ, ムハンマドアリー　37, 60
ハビーブ, ムハンマドアリー R.　82
ハビーブ, ラザー S.　84
ハビーブ, ラフィーク M.　81, 82, 238
ハビーブッラー　→　ハタック, ハビーブッラー・ハーン
ビアスン, M. N.　24
ファーティマ　→　ジンナー, ファーティマ
ファハルッディーン・ワリーバーイー　144
ブットー, B.　48, 49, 56
ブットー, Z. A.　40, 41, 43-47, 52, 55, 56, 62, 110, 186, 202, 263
ホワイト, L. J.　7
本田宗一郎　153

ま行

マフブーブル・ハク　39,202
マリアム　104
マンシャー, M. M.　115,124,125
マンシャー, ミヤーン・ウマル　115
マンシャー, ミヤーン・ハサン　115
三上敦史　260
ムシャッラフ　183,201
ムハンマド・ハニーフ　→　アーダムジー, ムハンマド・ハニーフ
ムハンマド・ムーサー　183
森川英正　5

や・ら行

安岡重明　5,14
山崎広明　5
山中一郎　6,16,25,202,273
ユースフ　→　シラーズィー, ユースフ H.
ユースフ　→　ハタック, ムハンマド・ユースフス・ハーン
ユースフザイー, マララ　1
ラーカーニー, アミーン・ムハンマド　206,213,214,216,267
ラーカーニー, イクバールアリー　206,212-214,216,267
ラーカーニー, スルターンアリー　205,213,214,267
ラーカーニー, ズルフィカールアリー　206,213,214,216,267
ラフィーク M.　→　ハビーブ, ラフィーク M.

事項索引

あ 行

アーダムジー・インシュアランス　112, 114, 118, 119, 124, 125
アーダムジー寄宿舎　106
アーダムジー家　120
アーダムジー・コーポレーション　113, 119, 120
アーダムジー財団　119, 120
アーダムジー財閥　8, 108, 233, 264
アーダムジー・ハージー・ダーウード & Co.　104
アーダムジー・ムスリム・ハイスクール　106
アジア開発銀行　150
アトラス財団　151, 166, 174
アトラス財閥　9, 233, 234, 249, 265, 266
　　――の組織図　168
アトラス・ホンダ　155
アフガニスタン　2, 50
アフメド・ハビーブ・グループ　58, 97
アライド・バンク・オブ・パキスタン　44
アワミ・オート　71
いすゞ自動車株式会社　13, 177, 187, 188
イスマイリー　205, 207
イスラーム金融　47
イスラーム法　47, 100, 226
イッテファーク　51
イフティハール・シラーズィー・ファミリー・トラスト　171
インダス・モーター・カンパニー　63, 64, 66, 70, 71, 73, 75, 76, 97, 157
インド財閥　59, 258, 273

インド的な家族形態　260
NWFP 州議会議員　180
NWFP 州知事　180, 201
MCB バンク　118
エングロ・ケミカル・パキスタン　132, 133
OJT　157
オフショア・カンパニー　79
オリエント・エアウェイズ　28, 54, 107, 264

か 行

カーティアーワール半島　23, 128
会社秘書役　253
カイゼンコンベンション　76
外的要因　226, 247
外務大臣　186
革新的な企業家　270
株式会社アスクテクニカ　153
株式会社アツミテック　153
株式会社ケーヒン　153
株式会社ショーワ　153
株式会社デンソー　153, 174
株式会社トーメン　188
株式所有関係率　243, 244
株式持合率　243-245, 247-250
カラーチー　3, 46, 73, 109, 129
カローラ　64, 66, 75, 76
ガンダーラ　200
ガンダーラ・インダストリーズ　196, 197
ガンダーラ・ニッサン　74, 196, 197
企業家精神　58
企業者活動　149
企業者史学　25, 54
企業者職能　202

事項索引

技術訓練センター　154
規制緩和　49
　——と民営化　50
QC 活動　154
給与所得者　226, 230, 261
キングス・カレッジ・ロンドン　193
空軍参謀総長　183
グジャラート　23
　——の商人　23
グループ執行委員会　168, 170, 173
軍政の悪循環　270
経営代理制度　41, 55
建国企業　4, 27, 38, 57, 109, 231
公開会社　252
工業・生産大臣　200
工業・生産省　48
高等教育機関　240
5カ年計画　50
国営シンド・エンジニアリング社　69
国営投資信託（NIT）　150
国営ナヤドール社　69
国営パキスタン自動車公団　69
国益志向的　270

さ　行

サー・アーダムジー・ハージー・エデュケーショナル　106
財閥経営　259
サイフ・グループ　201
サッカーワールドカップ　4, 209
サニー　74
産業会議　28
産業管理委員会　43, 48
産業政策声明　28, 29, 32, 203
シアルコット　208, 209, 228
GM → ジェネラル・モーターズ
ジェネラル・タイヤ＆ラバー　197
ジェネラル・モーターズ　184, 185, 187, 200

実業家の政府　39
支配的資本の鼎構造　207, 228
ジャーティ（職業集団）　24
社会・経済構造の変化　227
社会主義型経済政策　40, 45, 47, 52, 186, 202, 226
社会の潤滑油　38
ジャナナ・デ・マラチョ・テキスタイル　184
シャリーア　47, 100
自由化路線　49
州間調整大臣　180
宗教的避難民　22
10大基幹産業　43
準拠集団　25
準拠人　25
ショウカット・アズィーズ政権期　201
商業資本から産業資本へ　31, 32
商工会議所連盟　37
上場会社　252
女子教育　270
所有と経営　13, 94, 134, 227, 255, 267
シラーズィー・インベストメント　147, 148, 160, 161, 163, 166, 171, 174
シラーズィー・キャピタル　165
シラーズィー家　147, 152, 160, 161
シラーズィー財団　151
自立運動党　183
人材育成　239
スイス・ユニオン・バンク　96
ズィヤー政権期　200
水利・電力大臣　186
スズキ自動車　69, 75, 155
ステート・バンク・オブ・パキスタン　107, 108
Z. A. ブットー政権期　130, 182, 226
全インド・ムスリム連盟　27, 180
セントラル・バンク・オブ・インディア

301

　　　　105
専門経営者　238, 257
ソ連　50

　　　　　　た 行

ダーウード家　127
　——一族員　139, 141
ダーウード・コーポレーション　129, 130,
　　134, 137, 138
ダーウード財団　129
ダーウード財閥　8, 233, 234, 249, 265
ダーウード・ハビーブ一族　97
ダーウード・ハビーブ・グループ　8, 57, 58,
　　85, 87-89, 93, 94, 234
ダーウード・ヤマハ　155
タール・ボーショク・パキスタン　78
第1財閥形成・発展期　231
第3財閥形成・発展期　231
第2財閥形成・発展期　・231
多事業部制組織　261
タバコ・キング　206
チニョーティーズ　22
中央アジア　3
朝鮮戦争　29-31, 203
通信大臣　180
通信・鉄道大臣　180
出稼ぎ労働者　50, 56
東京三菱銀行　150
同時多発テロ事件（9.11事件）　1
東洋電装株式会社　153
ドバイ　210
富の集中　226
トヨタ　→　トヨタ自動車
　——紡織株式会社　78
　——自動車　64, 70, 72, 75, 76, 269
　——自動車の基本理念　75
豊田通商　64, 70, 72, 73, 188
トリクルダウン理論　45

　　　　　　な 行

内的要因　224, 225, 230, 247
内務大臣　180
『Now or Never』　180
ナショナル・バンク・オブ・パキスタン　44
ナショナル・モーターズ　71, 72, 186
ナワーズ・シャリーフ政権期　186
西パキスタン　35
西 PIDC　36
ニシャート財閥　114, 118, 122
「20家族」問題　202
22家族　4, 39
日系自動車メーカー　64, 68, 69, 156, 157
日産自動車　187
日産ディーゼル工業株式会社　177, 188, 200
日本電池株式会社　148, 149
日本とパキスタン国交樹立60周年　3
ネクストイレブン　2
燃料・電力・天然資源大臣　182

　　　　　　は 行

ハーバード大学　240
パールコンチネンタルホテル　51
パールスィー（拝火教徒）　54
ハウス・オブ・ハビーブ　81
パキスタン・イスラーム共和国　14
パキスタン国際航空　28
パキスタン国民同盟　46
パキスタン産業開発公社　29, 32-36
パキスタン人民党　40
パキスタン・モーター・カンパニー　70, 71
ハシュワーニー　51
ハタック家　177
パック・スズキ・モーター　2, 64, 66, 69
ハビーブ＆サンズ　58
ハビーブ・インシュアランス　59, 61
ハビーブ・ガールズ・スクール　88

事項索引

ハビーブ家　59
ハビーブ財閥　57, 73, 233, 263, 269
ハビーブ・スクール・トラスト　88
ハビーブ・パブリック・スクール　88
ハビーブ・バンク　12, 27, 44, 61
ハビーブ・バンク AG チューリッヒ　63
ハビーブ・メトロポリタン・バンク　63
ハラールフード　100
バンク AL ハビーブ　86
バングラデシュ　3
パンジャービー　11, 147
PIDC → パキスタン産業開発公社
東パキスタン　35
東 PIDC　36
非給与所得者　226, 230, 261
非公開会社　252, 253
ビジネス・コミュニティ　22, 23
非上場会社　252
1人会社　252
ビボージー・サービシーズ　184, 185, 194-196, 198
ビボージー財閥　9, 177, 200, 233, 234, 250
ビルマ・インド商業会議所　106
ビルマ・ムスリム商業会議所　106
ビルラ財団　27
ファミリービジネス　227
　──の継承　255
フィリップモリス・インターナショナル　211, 212
フェデレーション・オブ・ムスリム商工会議所　107
「プライベート・カンパニー」　13, 92, 93, 101, 131, 135, 137, 139, 144, 161-163, 166, 167, 175, 213, 218, 222, 223, 243, 247-249, 251, 253, 254, 256, 258, 261, 268
　──を介したファミリービジネス　252, 257-259, 268
BRICs　2

平均持株率　243-251
ホージャ　11, 22, 24, 26, 52
ボホラ　11, 22, 24, 52
ホンダ → 本田技研工業株式会社
　──・アトラス・カーズ・パキスタン　64, 68, 155-157
　──フィロソフィー　158, 159
本田技研工業株式会社　13, 147, 149, 152, 160, 175, 177, 238

ま 行

マージナル・シチュエイション　25, 26
マージナル・マン　25, 26
マクドナルド　207, 210, 227, 229
民活路線　233
ムガール帝国　209
ムスリム・エデュケーショナル・ソサエティ　107
ムスリム・コマーシャル・バンク　28, 44, 110, 112
ムダーラバ　79, 100, 271
ムハージル　4, 22, 125, 127, 272
ムハンマドアリー・ハビーブ一族　97
ムハンマドアリー・ハビーブ・グループ　8, 57, 58, 70-72, 76, 77, 79, 80, 83, 234, 248
メーモン　11, 22, 24, 26, 52, 125, 127
　カッチー・──　24
　ハーラーイ・──　24
　──・エデュケーショナル&ウェルフェア・ソサエティ　107

や・ら・わ 行

役員比率　235, 236, 238
UD トラックス株式会社　13, 177, 188, 197, 200
ユナイテッド・バンク　44
ユニバーサル・インシュアランス　198
ラーカーニー家　205, 222, 223

303

ラークサン財閥　10, 51, 233, 235, 251, 266, 269
ラーホール　46, 154
ラングーン・トラムウェイ　105, 106

陸軍参謀総長　183, 184, 202
利息取得　53
リバー　47, 53, 271
『ワシントンポスト』　44

《著者紹介》

川満直樹（かわみつ・なおき）

1970年　生まれ。
　　　　大阪学院大学大学院国際学研究科博士課程単位取得退学。
　　　　博士（国際学，大阪学院大学）。
現　在　同志社大学商学部准教授。
主　著　『商品と社会』（編著）同文舘出版，2015年。
　　　　『ランドマーク商品の研究』①〜⑤（共著）同文舘出版，2004, 2006, 2008,
　　　　2011, 2013年，ほか。

　　　　　　　　パキスタン財閥のファミリービジネス
　　　　　　　　――後発国における工業化の発展動力――

　　2017年3月10日　初版第1刷発行　　　　　　　〈検印省略〉

　　　　　　　　　　　　　　　　　　　　　　定価はカバーに
　　　　　　　　　　　　　　　　　　　　　　表示しています

　　　　　　　　著　者　　川　満　直　樹
　　　　　　　　発行者　　杉　田　啓　三
　　　　　　　　印刷者　　坂　本　喜　杏

　　　　　　　　発行所　株式会社　ミネルヴァ書房
　　　　　　　　607-8494　京都市山科区日ノ岡堤谷町1
　　　　　　　　　　　　　電話代表（075）581-5191
　　　　　　　　　　　　　振替口座 01020-0-8076

　　　　©川満直樹, 2017　　　冨山房インターナショナル・新生製本

　　　　　　　ISBN 978-4-623-07856-1
　　　　　　　　　Printed in Japan

木山 実 著
近代日本と三井物産　　　　　　A5判／288頁／本体5000円
◎総合商社の起源

速水 融 編著
近代移行期の人口と歴史　　　　A5判／256頁／本体4000円

速水 融 編著
近代移行期の家族と歴史　　　　A5判／256頁／本体4000円

大島真理夫 編著
土地希少化と勤勉革命の比較史　A5判／396頁／本体6500円
◎経済史上の近世

向井公敏 著
貨幣と賃労働の再定義　　　　　A5判／376頁／本体4000円
◎異端派マルクス経済学の系譜

森田雅憲 著
入門 経済学（オイコノミカ）〔増訂版〕　四六判／320頁／本体2800円

―――― ミネルヴァ書房 ――――
http://www.minervashobo.co.jp/